新闻传播学新视野丛书

邵培仁 陈 龙 主编

全国30所新闻与传播学院联合编写

媒介文化通论

陈 龙 著

江苏教育出版社
JIANGSU EDUCATION PUBLISHING HOUSE

图书在版编目(CIP)数据

新闻传播学新视野:媒介文化通论/邵培仁,陈龙主编. —南京:江苏教育出版社,2011.9(2018.6重印)
ISBN 978-7-5499-1046-5

Ⅰ.①新… Ⅱ.①邵…②陈… Ⅲ.①传播媒介-文化-研究 Ⅳ.①G206.2

中国版本图书馆 CIP 数据核字(2011)第 197402 号

目 录

绪 论:走向科学的媒介文化研究
　　一、正视当下媒介文化传播的社会现实/1
　　二、媒介文化研究中的社会主体关注/3
　　三、媒介文化研究中批判立场的坚守/4
　　四、媒介文化研究的空间与边界/4

第一章　媒介文化研究的理论谱系(上)
　　一、文化危机与"文化工业"的批判研究/8
　　二、媒介与文化领导权研究/12
　　三、"葛兰西转向"/16
　　四、阿尔都塞与召唤主体性/17

第二章　媒介文化研究的理论谱系(下)
　　一、福柯的话语规训理论/20
　　二、布尔迪厄的场域理论/22
　　三、霍尔的媒介文化政治学与阅读理论/25
　　四、费斯克的文本与快感理论/30
　　五、后现代主义的媒介文化研究/35

第三章　媒介文化的基本特征
　　一、媒介文化的社会特性/40
　　二、媒介文化的文本特性/42
　　三、媒介文化的传播劝服形式/46

四、媒介文化与消费认同/52

第四章　媒介文化的生产
　　一、媒介文化的文本与话语生产/57
　　二、媒介文化生产中的明星制造与偶像崇拜/60
　　三、媒介文化中的消费欲望生产/65
　　四、追星与文化经济/67

第五章　媒介生态与媒介制度
　　一、媒介文化与媒介生态结构/70
　　二、媒介文化的社会格局/73
　　三、媒介文化生态中商业化机制/77

第六章　媒介文化中权力结构
　　一、媒介权力的生成/83
　　二、媒介接触方式与媒介霸权/90
　　三、媒介权力的实现途径/93

第七章　媒介文化与媒介的真实建构
　　一、客观真实、符号真实与主观真实/96
　　二、意识形态与"真实建构"/98
　　三、新闻框架与媒介真实的建构/101
　　四、"真实"与再现真实/108
　　五、媒介真实的文化属性/112

第八章　媒介文化的奇观化
　　一、"奇观"理论起源/114
　　二、媒介文化：从景观到奇观/116
　　三、媒介的视觉化奇观/118
　　四、情欲的奇观——身体叙事/121
　　五、媒介政治奇观与奇观化的政治/127

第九章　媒介文化的现代性、后现代性及其社会认同性

一、都市消费与视听形式的变迁/132

二、媒介文化与现代性/134

三、媒介文化与后现代性/136

四、媒介文化与社会认同性/143

第十章　媒介文化研究的新领域——新媒介文化

一、虚拟世界与符号化生存/150

二、互动性与文化生产全民参与/151

三、个体化与传播秩序困境/152

第十一章　当代媒介文化的社会性问题

一、媒介的物化与媒介文化低俗化倾向/154

二、娱乐至死的社会风潮/157

三、代理经验与"童年的消逝"/158

第十二章　青年亚文化与媒介素养教育

一、青年亚文化的发展历史/163

二、当代媒介文化中的青年亚文化/166

三、媒介青年亚文化与媒介素养教育/168

主要参考文献/170

后　记/175

绪论：走向科学的媒介文化研究

现代传媒在日常生活中所扮演的角色越来越重要，媒介文化毫无疑问已是当代文化的主流，成为当代文化的新景观或新现实。大众传播全球性形式的崛起已改变了日常生活的经验性内容。媒介文化也日益构成日常生活的主体，影响着人们的意识形态，媒介文化所裹挟的种种症候逐步侵入人们的精神世界，精神殖民化问题日益严重，传统文化价值观念也逐渐被蚕食而被迫退守边缘。学人们切身地感受到，媒介文化及其所带来的社会问题，到了必须面对的时候了。20世纪90年代以来，随着网络、多媒体技术的进步，媒介文化实现了视觉化的转型，这种视觉化转型促成了浅阅读现象的产生，感性化的文化消费行为成为社会潮流。传统的行为主义媒介研究已不能回答现实的问题，于是，发现范式必然地与批判范式合流，传统意义上的媒介研究自然而然地被提升为媒介文化研究。

那么，如何建构科学的媒介文化研究体系？如何开展有效的媒介文化批评？这些都是摆在我们面前亟待研究的课题。

一、正视当下媒介文化传播的社会现实

媒介文化研究的出发点是本土文化传播现实，由本土出发反思全球化问题是文化研究的一般策略和途径。中国当下的文化传播现实是什么呢？毋庸讳言，从计划经济、主旋律文化占据日常生活的时代，进入到一个消费主义时代，媒介文化转型所导致的混乱局面是不可避免的，大众文化填补了中国现代文化的真空，感性文化大行其道，造成了社会的不适应，新生一代面对的是全球化裹挟来的新文化，这种文化与传统基本隔绝。随着传播技术的迅猛发展，特别是随着网络等传播技术的普及以及消费时代的到来，原来较为稳定的传媒外在形态，已经显得不太重要了，媒介融合开始出现，文化传播的性质发生了翻天覆地的变化。

媒介文化的变迁,主要体现在以下几个方面:

1. **传统文化退居到日常生活的边缘,渐渐淡出文化传播潮流**。体现了传统价值观念的传统文化,因在内容、形式上与消费社会不合拍,因而不再成为大众文化实践的选择。传统文化的接受重习得,强调底蕴,从一开始就设定了门槛,最根本的是,传统文化偏重教育感化功能和审美功能,不同于以消费为特征的现代快感文化,现代媒介文化极大地满足了人们的感性需求,特别是在媒介文化的视觉化转型后,人们视听感官的满足达到极限,而这一点是传统文化形式无法达到的。

2. **文化进入极速传播时代,快餐化成为主要形式**。随着消费社会的到来,文化被纳入了商品生产与消费的轨道,在传播技术为快速商品化提供保障的前提下,市场化的运作,需要文化生产按市场规律运转,于是,按市场化规律生产的文化,就自然而然地体现出快餐化的特性,充满时尚和流行形式,但缺乏内涵、缺乏底蕴,生命力也就难以长久。

3. **狂欢化奇观营造成为经常性活动**。由于受市场规律制约,传统的传播者摇身一变为传媒企业生产者,市场竞争环境要求传媒生产者以另一种态度来面对信息内容,信息与娱乐的界限逐渐模糊,许多文化产品都必须强调娱乐价值,才能打开和占有市场,这种发展趋势使得文化的生产者的自主性倍受考验。无论是娱乐活动还是新闻事件,只要加以炒作,就可形成"卖点",媒介的大规模群体炒作就可形成奇观效应。媒介奇观是新自由主义的产物,其特性便是释放市场力量,奇观表现在包装、展示、商品消费、媒介事件等的穿透,如今人们已走到另一个奇观阶段,在此阶段奇观支配了媒介、政治以及越来越多的日常生活。

4. **内容平面化、低俗化之风越演越烈**。正因为媒介处于消费主义时代,受众作为市场消费的买方,市场直接对传媒的生产活动产生制约性的影响,因此,为了争取受众,实现市场利益的最大化,传媒往往把迎合受众的需求作为市场策略。因为媒介文化的消费是休闲性的,所以,快感满足成效最高,这样,诸如满足窥视欲、好奇心、感官刺激、情绪发泄等感性化的内容就会充斥媒体。娱乐需求在新自由主义时代无限膨胀,感性化的文化就自然而然成为传媒娱乐文化的主体。我们看到,一些媒体谈话、真人秀、相亲等节目发展走向低俗化正成为一个趋势和潮流。

5. **技术理性、键盘理性取代了审美感性,商业气息取代了人文气息**。由传媒技术进步带来的文化变革是影响深远的,最突出的是技术提供了新的文化实现形式甚至内容,这正应验了麦克卢汉所说的"媒介即讯息"的观点。人们的思维方式也伴随着技术的革新而发生变化,久而久之技术理性、键盘理性就将控制我们的思维,人文精神将从文化中渐渐淡化。

二、媒介文化研究中的社会主体关注

文化价值的根本是"人",主体性的有和无决定了文化的生命力大小。在媒介化社会,人们已不仅仅只是一个社会人,更重要的是一个信息人、媒介人。这个媒介人在很大程度上被媒介"塑形":人们的生活、工作、思维不仅已经程序化,实际上许多都已经被纳入了媒介设定的框架。由媒介主导的社会文化实践,会形成什么品格的文化,形成什么样的人格,这是媒介文化研究必须首先关注的课题。

媒介成了人们生活的重要内容,成了人们的生活方式。广播、电视、报纸、网络、手机短讯、博客、微博等,人们的生活完完全全地被媒体所包围,成了围城中人,离开现代媒介人们几乎无法生存。在这个围城中,媒体文化不仅仅是生活内容,也是生活方式,不仅仅是物质需求,也是精神享受。现实环境在人们生活中所占的比重越来越小,而虚拟环境所占的比重则越来越大。媒介围城亦改变了人们生活的公共性与私密性的平衡,公共性越来越多,私密性越来越少,更多的内容被纳入到公共视野中。

马克·波斯特在《信息方式》一书中曾关注到在电子媒介时代,主体稳定性会受到冲击。德里达认为这是电脑可进行逆向性操作等因素造成的。然而这些都源于上世纪90年代的文化实践格局,在Web2.0、Web3.0时代,情况已发生了深刻的变革,主体普遍性的趋向稳定化。在信息方式中,"主体已不再居于绝对的时空的某一点,不再享有物质世界中某个固定的制高点,再不能从这一制高点对诸多可能选择进行理性的推算。相反这一主体因数据库而被多重化,被电脑化的信息传递及意义协商所消散,被电视广告去语境化,并被重新制定身份,在符号的电子化传输中被持续分解和物质化"。[①] 在波斯特看来,阿尔都塞的理论,强调意识形态对虚拟的中心主体具有"召唤"作用,那么,媒介文化强化的正是一个失去中心的主体。

在媒介化环境下大众不是被动的接受者,他们既是文化传播者也是接受者。市场环境下,传播者的主体地位往往隐遁,文化总在"看不见的手"指挥下发展,主体消失是市场竞争的结果,主体被扭曲,是文化变质的根源,认清这一现实,就知道现代传播体系建构的关键,即恢复传播主体,机械复制的文化产

---

① 【美】马克·波斯特:《信息方式》,商务印书馆2000年版,第25页。

品如何建构主体,恢复主体意识才是关键。大众狂欢是需要的,但不是现代文化的发展方向,大众娱乐+主旋律思想,这种超稳定结构也不是现代文化发展的方向,现代媒介文化的主体,应是广大人民群众日常生活的积极反映,具有参与社会、批判社会的主体姿态。某些人的趣味不可能成为大众的趣味,媒体不是迎合而是引导,受众作为主体是参与创造,而不是简单的消费。

三、媒介文化研究中批判立场的坚守

面对日新月异的媒介文化格局,到底应采取何种观察视角来洞察文化本质,当下没有任何一种观点或立场可以独立完成对媒介文化的探讨和研究,但有些理论和方法仍然具有历久弥新的价值。现象学、社会学、政治学、文化学等都有对媒介文化的阐述和探讨,但是这些理论都不是当下文化研究实践中最迫切的,批判立场不仅没有过时而且使命变得越来越重。英国学者尼克·史蒂文森在谈到大众媒介与文化的关系时曾这样说:"许多现代文化是依凭大众传播媒介来传达的。各种各样的媒介传播着古典的歌剧、音乐、关于政客私生活的庸俗故事、好莱坞最新近的流言蜚语以及来自全球四面八方的新闻。这已深刻地改变了现象学意义上的现代生活经验,以及社会权力的网络系统。"①其实,最根本一点是精神生态领域产生的问题更为严重。主体性问题、文化领导权问题、人文关怀问题等,都容易在文化实践中被淡忘。

媒介文化研究,就研究的目标对象来说,就是要密切关注媒介的"出神"状态,而不为浮云遮望眼,与媒介生产保持一种若即若离的批判关系。布尔迪厄就曾用自己的实践来表明这种立场和姿态。他利用电视来为电视祛魅,对电视进行文化批判,提供了一种出色的策略和思路。当今中国媒介文化也出现了前所未有的复杂状况,市场化给中国的媒介文化发展带来了无限生机和活力,但在竞争日益激烈的意识形态空间里,却又充满着矛盾的身份认同和主体性。媒介一方面代表某种特定阶层的利益,另一方面又成为意识形态竞争和意义重建的场域。放弃批判立场往往会为眼花缭乱的媒介现实所迷惑,最终导致"单向度"人格的出现。

四、媒介文化研究的空间与边界

媒介文化研究要确立其空间和边界,首先就是要确立媒介文化本身的价值体系。中国媒介文化受全球化潮流的影响是毋庸置疑的,全球化带来的最

---

① 【英】尼克·史蒂文森:《认识媒介文化》,商务印书馆2001年版,第12页。

大特征是按照市场体系布局,媒介文化生产按照市场逻辑运转时,不可避免地把某些在市场环境中具有合理性的价值观念无限放大,这必然与传统文化形成冲突。人们对当前青少年媒介亚文化中透露出的价值取向的异类特征,往往会感到惊讶和难以理解,这种态度正源于价值观念的冲突。

在价值观混乱的当下,媒介文化研究的使命就是要使社会明白,中国的媒介文化仍然是本土的,它必须具有本土的品格,即它植根于中国传统文化的价值体系,同时又有所创新、有所超越,它创建的起点和基础,既不是中国传统文化理念也不是西方既有文化理念,而是一种基于人的存在价值的全新的文化理念,这种理念所构成的文化体系是以往世界所不完全具有的,却是基于人类的全部文明经验积累,兼收并蓄、优化组合与超越升华所产生的文化体系。媒介文化研究就是要引导媒介文化走向一个体系明确的发展状态。

媒介文化核心价值体系的建立,首先体现为如何弘扬民族精神、时代精神,既包含了传统价值观中的礼义廉耻,温良恭俭让等,也包含了西方价值观中的合理成分如重个人价值的相关表述,同时更凸显了当代社会主流价值观中的民主、公正、公平、和谐、进取等。现代文化核心价值体系的凝练,只有转化到传媒活动的自觉行为中才能彻底改变当下媒介文化中价值观念混乱的局面。

媒介文化价值体系的完善,取决于四个方面:传播力、透明度、话语权、传播的自由度与社会责任。传播力是考验传媒舞台由谁占领的问题。传播力决定影响力。只有具备了传播力,才有资格考虑为谁服务、为谁讲话。透明度决定公信度,只有透明度的实现,才能保障信息对称,信息对称才是和谐社会的基础。话语权决定主动权,在文化传播中,政府应当有所作为,有所不为,政治理念合乎民意,就能形成权威性,因而就具有话语权,不会被其他声音所干扰。传播的自由度是公民权利的保障,但传播的自由必须与社会责任挂钩,否则会造成大众精神世界的混乱。

其次,要认清媒介技术与传播方式对文化的改造力。交通的改善,卫星传输、新印刷技术的运用,电信技术的发展及电话、电视的普及,因特网等使时间与空间分离,构建了新的社会和生活空间。媒介文化研究需要着重理解新媒介的特性和功能对文化传播的影响。新媒介的不断涌现与新的媒介文化内容的产生,使得当下社会真正进入了麦克卢汉所说的"媒介即讯息"的时代。网络、博客、微博等媒介形式改变了传统的媒介生态,"维基解密"改写了传统的新闻传播理念。文化的视觉化转型,造成了"浅阅读时代"的到来。传播技术的变革必然带来政治文化的变革,网络上呈现的"民意"不是传统意义的民意概念,它极有可能是商业推手的"炒作",因此我们不仅置身于现代传媒技术中感受媒介文化的力量，在传媒实践中感受、适应、理解文化，同时又得在媒介文化与传统文化的矛盾纠结中感受文化。在这种背景下，文化传播体系需要适应技术的变化而做出调整，因为文化传播中的"权力"，也许不再由某个人或某个阶层掌握。文化传播既然能产生权力，就一定会产生其他社会问题如网络暴力等。建立现代文化传播的危机防范机制十分必要。

再次，要构建媒介文化传播的内容体系。在当下中国道德国家化、信仰权力化、文化资本化的时代，文化、道德、精神等都被扭曲了，不是文化中没有这些要素，而是早已变质。主流意识形态控制下的大众文化消费，实际上是一种"国家消费"，在消费活动及其仪式中呈现出国家伦理及其教化要求，实际上是国家权力及其"总体主义"借助于经济发展而强烈膨胀，是权力与资本的合作与交换。文化的传播体系重建，实际上是社会的重建，因此，消费时代文化传播体系重建的前提，就是要把文化、道德、信仰从上层建筑落地，还原到民间，扎根草根社会，将核心价值观转化为人们日常生活的行动逻辑。

最后，媒介文化研究要关注文化在消费社会的现实。媒介文化离开消费社会，其主要特征就不复存在。在消费社会，文化走下了审美的神坛，转化为消费品，并按照市场交换的规则进行交换、流通。在媒介技术高度发达的今天，消费社会开始向虚拟的方向发展，因此也可以看做是文化经济。因为任何人已无法将经济中的文化成分剥离出来。以往的商品中的高附加值是技术带来的，技术就是文化，是由一连串复杂的制作行为构成的。而现今的媒介文化往往是伴随着轰动效应、明星效应、奇观化营销、热点炒作等因素产生高附加值。文化消费在受众那里就是满足好奇心、满足窥视欲、满足求知欲、满足感官刺激等的需求。鲍德里亚说："消费是个神话。……它是当代社会关于自身的一种言说，是我们社会进行自我表达的方式。在某种程度上消费的惟一客观现实，正是消费的思想，正是这种不断被日常话语和知识界话语提及而获得了常识力量的自省和推论。"[①] 包装、炒作作为文化生产的主要形式，在消费社会日益变得常态化。无论是文化批判还是学术思辨，都不能漠视这种市场化行为可能带来某些新问题，特别是文化异化对人的影响。

媒介文化研究还应当关注这样的事实，即媒介技术与全球化的结合，使得新媒介文化不断涌现，西方国家的所谓文化创意，在当下完全是以市场占领为目标，但资本贪婪的本性在攫取商业利益的同时，时机成熟必然也会影响政治层面。因此，人们在津津乐道新媒体形式带来的愉悦的同时，不知不觉间也有

---

① 【法】让·鲍德里亚：《消费社会》，南京大学出版社2000年版，第227页。

可能交出自己的意识形态。这种倾向值得警惕。

就媒介文化研究而言,当前两种立场、路线需要摒弃:一是完全看好媒介和媒介文化产业,认为其中蕴藏着无限的矿藏,竭力加以推广和发展,从而使媒介文化研究走向重商主义;另一是强调受众接受过程中的能动性,崇拜受众,坚信受众有积极、抵抗和攫取文本意义的强大能力,从而使文化研究走向民粹主义。

思考题:
1. 媒介文化的变迁主要表现在哪些方面?
2. 为什么媒介文化研究中要突出主体关注?
3. 媒介文化的价值体系主要要考虑哪些方面?
4. 为什么说媒介文化研究要关注消费社会的现实?

第一章 媒介文化研究的理论谱系（上）

一、文化危机与"文化工业"的批判研究

"文化工业"的提法来源于法兰克福学派阿多诺（Theodor Adorno）和霍克海姆（Max Horkheimer）的著作，特指在晚期资本主义社会出现的标准化、规格化、类型化、机械复制、大批量、覆盖广的文化，其特性是容易产生心理依赖，并容易导致人性异化、审美能力退化等，有助于文化企业市场化生产。上世纪30年代，通俗电影、爵士乐、唱片、畅销书等媒介文化产业刚兴起不久，便引起一些知识阶层的警惕，他们发出了抵制这类文化的声音。其中最猛烈的批评来自法兰克福社会学研究所的学者，由于对文化工业共同发声，渐渐地他们形成了一个独特的批判流派——法兰克福学派。这一学派的学术活动肇始于30年代后期阿多诺对流行音乐的分析以及马尔库塞（Herbert Marcuse）的《论文化的肯定性质》。按照这派学者的观点，文化工业往往打着大众的旗号，标榜大众喜闻乐见，实际却是企业家财团掌控、自上而下强加给社会大众。

1933年，希特勒上台，法兰克福学派的学者纷纷逃到美国，这些学者于是就以美国社会文化现实为研究、分析对象。在美国，传媒机构如出版社、唱片公司、电影制作公司、电视台等都是资本家经营的，这是美国社会的现实。在法兰克福学派学者们看来，晚期资本主义社会，资本主义的统治形式已由政治经济垄断过渡到文化垄断，而此时的文化垄断是经由一套体系来完成的，它有冠冕堂皇的旗号即满足受众文化需求，有科学的生产程序，有很强的销售渠道和网络，也就是说，资本主义工业社会通过合理、科学的程序来垄断文化的生产，并进而控制文化的消费。文化工业试图用一般商品的生产与流通的基本原理来论证文化产品生产、流通的合理性，但法兰克福学派学者揭示了文化工业的实质，指出这套合理、科学的工业生产过程本身就是反人性的，当今的大

众文化已经从一般意义上的文化转化为一种特殊商品。

要认清文化工业反人性的本质,还需从马克思的"商品拜物教"理论和西方马克思主义的宗师卢卡奇(Georg Lukacs)的"物化"理论说起。马克思早在《资本论》一书中就指出,资本主义商品交换的出现,意味着商品的交换价值压倒了使用价值,抽象的、量化的劳动压倒了具体的、质化的劳动,而且劳动中物的因素压倒了人的因素。劳动者是谁变得不重要了,重要的是他们在同一时间里的劳动等值。马克思对生产劳动过程中异化问题的揭示,对新马克思主义者具有启发意义,他们不再在资本主义生产过程中寻找社会问题的答案,而是在文化领域来揭示社会症结的根源。

在法兰克福的学者们看来,资本主义社会的大众传播媒介在形式上虽然是企业,但其本质却是为现存的社会制度辩护的"意识形态国家机器"。他们认为:"广播系统是一种私人的企业,但是它已经代表了整个国家权力……切斯特农场不过是国家烟草供给地,而无线电广播电台则是国家的话筒。"①马尔库塞指出:"发达工业社会的显著特点是,它有效地窒息了那些要求解放的需求——也是从可容忍的、报偿性的和舒适的东西中解放出来——同时它维护和开脱富裕社会的破坏力和压制性功能。"②在压制性总体统治下,自由可以成为一种统治工具。个人虽然有选择的自由,但并不意味着真正的自由,在这里"人民本身会感觉到并满足于那些现在强加给他们的需求。这一异议忽视了要害问题这种预先决定作用并不是随着广播和电视的大众生产、它们的集中控制而开始的。……在这里所谓的阶级差别平等化显示了它的意识形态功能。如果工人和他的老板享受同样的电视节目并游览同样的娱乐场所……那么这种同化并不意味着阶级的消失,而是表明那些用来维护现存制度的需求和满足在何种程度上被下层人民所分享"。"社会需求向个人需求的移植是非常有效的,以致它们之间的差别看起来纯粹是理论的。人们真的能把作为信息和娱乐工具的大众媒介同作为操纵和灌输力量的大众媒介区别开来吗?"③整个大众传播媒介的运转方式便是根据"决策者"的意识形态目标来制作的,"大众传播媒介的专家们传播着必要的价值标准。他们提供了效率、意志、人格、愿望和冒险等方面的完整的训练"④,大众传播手段以及"娱乐和信息工业

---

① 霍克海默、阿多尔诺:《启蒙辩证法》,重庆出版社1990年版,第150页。
② 马尔库塞:《单向度的人》,重庆出版社1988年版,第8-9页。
③ 同上。
④ 马尔库塞:《爱欲与文明》,上海译文出版社1987年版,第68页。

不可抵抗的输出,都带有了规定的态度和习惯",①这种价值标准和被规定的意志、人格、态度和愿望,便是统治阶级的意识形态。按照马尔库塞的说法,在发达的晚期资本主义社会,"政治的制造者和他们的大众信息供应商系统地助长了单向度的思索。"②

以电视、广播为代表的文化工业以"标准化"(standardization)和"伪个人化"(pseudo-individualization)的方式,破坏了艺术与文化的自主性。大众文化的"大众性"并不意味着文化大众的主人翁地位,相反,"大众性从来不被大众直接所决定","大众性包含着无限制地把人们调节成娱乐工业所期望成为的那类人"。③正是这标准化的、大量生产的文化工业产品过滤了不合时尚的观点,复制了现存的社会关系,而且以休闲娱乐麻痹大众意识,满足虚假的需要。面对标准化的文化产品,受众放弃了作为主体的思维语言乃至主体的思想。大众文化褫夺了作为主体的这些主观能动性因素,取而代之的是感性化、同质化和简易化倾向。

法兰克福学派早期先驱们认为,重感性就忽略理性,行为常显现出多变与短暂,诸如听摇滚乐、看足球赛等带有感官刺激的成分,这种被夸大的热爱意识,实际上都是说不清、道不明的集体无意识在起作用。同质化是在人类失去审美能力之后的一种相互模仿所造成的文化特征。人的媒介化则以媒介所展示的意象为样板导致思想、行动等方面的趋同,这包含了儿童向成人世界的趋同。"同一是现实,人人都在同一的现实中被异化。"④大众文化诸如肥皂剧、情节剧一切都是按照模式化的简单原则来处理,人们的天才、创造力往往显得多余。据此,大众文化提供人们以代理经验的世界。社会大众在这种文化面前被异化是不可避免的。

另一方面,老法兰克福的学者们认为,文化工业也有利于资本主义社会体系的维护和发展。阿多诺分析了喜剧电视连续剧(comedy series),得出结论:个人或家庭的命运并不是以个人意志为转移的,个人只有向宰制的社会屈服,并在社会活动中不断调适自己。这种服从社会、屈服于命运的社会大众心理趋向,符合资本主义意识形态的需要,大众文化"表明了资本主义的统一力量。就是说不用公开的镇压,大众文化把广大居民的意识与政治状况的命运连接

---

① 马尔库塞:《单向度的人》,第12页。
② 同上书,第14页。
③ 霍克海默:《批判理论》,重庆出版社1989年3月版,第274-275页。
④ 马尔库塞:《单向度的人》,第11页。

起来"①。即使某些"工业化的文化可以像民族文化一样,对资本主义制度发泄愤怒",②也不能从根本上威胁资本主义制度。

法兰克福学派的媒介文化理论表现出了强烈的精英主义文化价值取向,它备受思想界、学术界批评的地方也正在于此。法兰克福学派囿于精英立场和二元化价值取向,对具体鲜活的媒介文本不做体验和深入研究,甚至避之唯恐不及,在一定程度上表现出了对媒介文化的先验偏见和拒斥。他们的著作中字里行间流露出天生的悲观论调,他们认为大众文化是资本主义工业强加给受众的东西,着力于批判文化的物化本质,所以有人说他们的审美本质是"无望的救赎"。这种悲观论调在法兰克福早期和晚期都有很强烈的表现。例如,在霍尔海默、阿多诺的《启蒙辩证法》中,受众的无权和受控制性随着他们对媒介的依赖性的增强而增加,久而久之,人成为媒介等机器的奴隶,即人成为物的奴隶。霍、阿在《启蒙辩证法》中的研究主题是"启蒙"是如何变成"反启蒙"的,导致这种变化的是大众传播体系的发达和消费社会的兴起,媒介文化遮蔽了人的知识,浸淫了人的思维,妨害了人的自由扩展。受众要自由,必须进行启蒙,而启蒙的过程也是"祛魅"、去蔽的过程,也是一种批判的过程。他们通过批判资产阶级时代(大工业时代)的生产机制、媒介体制及其物化过程,试图开启民智,达到启蒙。至于民众被启蒙之后还会不会受商品拜物教的指使,那倒难说了。这正是有些人明明知道广告是骗人的,而他还要相信广告说词、仍要购买其商品的原因了。所以霍、阿的贡献在于启蒙本身,而不在启蒙之后。这也是他们之所以悲观的总根源。法兰克福晚期的哈贝马斯在《公共领域的结构转型》一书中,一如既往承继了学派早期的悲观语调,对公共领域重新封建化的忧虑无疑具有深深的宿命色彩。

法兰克福学派的学者虽没有媒介文化方面的专论,但从有关材料来看,特别是50年代以来的研究著作中均把电视作为文化工业中的一分子加以研究,实际上准确地说是对媒介文化进行形而上的研究。法兰克福学派的哲学研究倾向以及他们对文化工业所持的批判和排斥态度致使他们未能心平气和地转向实践的领域,不能正确地看取电视这一媒介及其文化的正面积极功能。由于法兰克福学派继承马克思主义对资本主义制度进行批判,所以他们的着眼点一开始就是十分宏观的,也正是这一着眼点使该学派对电视以及媒介文化研究具有了某种独特性。

---

① 哈贝马斯:《交往行动理论》(I),重庆出版社1994年版,第464页。
② 霍克海默、阿多尔诺:《启蒙辩证法》,重庆出版社1990年版,第132页。

法兰克福学派学者在流亡美国期间,亲眼目睹了美国文化工业的现实,对其有较为清醒的认识。传媒作为文化工业,在商业化社会总是扮演中立、公正、公平、人性化的角色,但是,在涉及自身利益时,它往往会脱下这些美丽的外衣,扮演另一种角色。报业大亨赫斯特为了控制美国人的注意力,亲自披挂上阵,创下了报业导演历史的先河。其中他是如何建立起一种愤怒的"美国人意识",如何鼓动了全美国人对西班牙人的仇恨,这里的玄机很值得玩味。"你提供故事,我提供新闻"这句话已成新闻史上的经典丑闻,却与今天网络推手的做法如出一辙。法兰克福学派正是看到大众传媒的这种政治潜能,因而十分警觉和担忧。

二、媒介与文化领导权研究

马克思主义中的行动观点一派,早就专注于资本家如何使用传媒企业来作为利益追逐及巩固权力与特权的工具。简言之,这种工具式的分析关注资本家个人如何利用特定传媒企业追求他们的利益;另一种情形,则从概括层面入手,视文化工业为一个整体经营方式,来提升资产阶级的群体利益或其中宰制派系的利益,马克思在《德意志意识形态》中指出:"控制物质生产工具的阶级,同时也控制心灵生产工具……因此,当他们成为统治阶级,必定也掌管当代理念的生产与传播;这样他们的理念自然成为同时期的统治理念。"[①]从马克思的观点来看,传媒企业的拥有者同时就是一般资产阶级的成员,用他们对文化生产的控制力,来确保主流的意见和再现对现行体制安排的支持。后马克思主义者的研究更加关注这一领域,他们仔细分析传媒工业与资产阶级在物质与意识形态层次上的关联。在意识形态层面尝试详细解释占主流地位的媒介观点如何将资本主义教义合法化;而物质层面则主要研究社会经济关系如何稳固了传媒大亨与资产阶级商业巨头之间的结盟关系。于是,社会问题就由此产生,假设社会问题源自一个不公平的权力机制,而传媒是这一机制中的重要组成部分,那么,人们必然会关心这样的问题:传媒在霸权体制运作中扮演了什么角色?文本意义的生产如何受制于现行的权力体制?传媒如何将统治阶级的利益再现为"普遍的利益""大众的利益"?

意大利马克思主义思想家葛兰西(Antonio Gramsci)反对简单的经济化约论,而倾向于一种人文主义的马克思主义观点。他在墨索里尼法西斯政权上台后身陷囹圄,在11年的牢狱生活中反复思考一个问题:一个现代国家的统

---

① K. Marx & F. Engels (1974), *The Germany Ideology*, London: Lawrence & Wishart, pp. 64-65.

治秩序是靠什么去维持的？作为意共领导者，亲眼目睹十月革命胜利，但是在工人阶级势力强盛的欧洲却屡屡失败，他必须做出理论的解释。

（一）"南方问题"与知识分子

第一次世界大战后，意大利面临重大经济危机，战争导致人口下降，农业凋敝，国家债务沉重……严重的通货膨胀，加剧了社会矛盾。意大利此时面临着最突出的两个重大问题：南方问题与社会问题。南方问题是如何将意大利南方包括撒丁尼亚与西西里整合到国家中来。南方曾经壮大意大利的资本主义，但自身却没有得到利益。南方农民是意大利境内受压迫最深，却是最缺乏组织的阶级，而身处南方的知识分子阶层作为有理想的布尔乔亚，一直蓄势待发，是一股富有潜力的革命力量。而意大利所面临的社会问题则是如何解除北方贫穷无力的产业工人的痛苦。葛兰西与南方激进知识分子主张北方工人阶级要与意大利南北的农民组成革命联盟，1919—1920年意大利工人革命失败，葛兰西发现，布尔乔亚改革主义的社会主义领导者背叛了劳工阶层并大规模倒向了法西斯主义，于是他开始高度注意知识分子与工人阶级知识分子的自主性问题，并探讨共产党如何协助工人阶级摆脱对小布尔乔亚知识分子的文化与政治依赖。他认为，工人阶级必须具备思考能力，以便为自己发展出一套新的哲学和世界观，所以如何协助工人阶级养成自主思考的能力，这便是葛兰西《狱中札记》一书的基本政治目的。

葛兰西重视知识分子的社会角色与功能，他倾向从整体系统与社会关系来观察知识分子所占有的位置。他进一步区分两种知识分子类型，即"传统知识分子"和"有机知识分子"（organic intellectual），这为后来市民社会理论打下了理论基础。传统知识分子是一个历史概念，在葛兰西看来他们属于即将消失的阶级，具有保守性，是旧制度残余的维护者；而有机知识分子的角色能够将理论与实践相结合，成为现实生活的主动建构者、组织者、参与者。传统的布尔乔亚知识分子没有继承"民族—人民"的"雅各宾"传统，结果背离了普罗大众，伤害了意大利的历史与文化，也正是这种高度的精英化布尔乔亚文化成为法西斯主义在意大利崛起的关键因素。葛兰西指出，工人阶级只有发展出自己的知识分子队伍，才能推广属于普罗大众的新的世界观。[①]

（二）文化霸权与市民社会

葛兰西一直反对各种形式的经济化约论，他主张为马克思主义文化理论找到一条开放的道路，在他看来，经济基础与上层建筑之间具有弹性的辩证关

---

① McLellan, D. (1979), *Marxism after Marx*, New York: Harper & Raw, p. 5.

系,意识形态既不是一种"错觉",也不是一种单纯地"反映"经济过程,相反,它是斗争的场域,一个政治抗争的重要领域。葛兰西主张在某些情况下,观念、象征与符号能够组成一个社会整体的意见和态度。意识形态组织了"市民社会"(civil society)再现自身的方式,决定了特定文化的整体思想内容。因此,文化批判的任务就是要揭露意识形态如何将阶级利益粉饰为文化价值。

葛兰西对媒介文化研究的最大影响是他关于"文化霸权"理论的阐述,这也是他长期思想的结晶。他虽然继承了马克思主义关于经济基础决定上层建筑的观点,但对文化的社会角色和意义进行了重新的诠释。其主要观点是国家的形成及社会秩序的维系,主要不是靠统治者高压性的统治,而是基于统治者通过各种教育、文化和传播的渠道等意识形态制度及活动,塑造共识及文化领导权。在这些文化中,经济是重要的结构资源,但如何运用,则有赖有机知识分子的主动创造。[1]

葛兰西认为,马克思主义的"上层建筑"概念应包括两个方面,"我们目前可以确定两个上层建筑'阶层':一个可称作'市民社会',即通常称作'私人的'组织的总和,另一个是'政治社会'或'国家'。这两个阶层一方面相当于统治集团通过社会行使的'霸权'职能,另一方面相当于通过国家和'司法'政府所行使的'直接统治'或管辖职能。"[2]这也就是说,在"政治社会"或"国家"中,统治集团主要通过军队、警察、法庭、监狱等暴力机关对被统治集团进行直接的、强制的统治;而"市民社会"作为一切"私人的组织的总和",是指统治集团在意识形态领域内对被统治集团进行宣传、教化和渗透的组织和机构,诸如政党、工会、学校、教会、新闻机构等。在西方资本主义国家,由于市民社会比较发达,有着较为悠久的民主传统,资产阶级不仅可以通过国家机器从政治上压迫、从经济上剥削被统治阶级,而且更多可以通过意识形态的作用使被统治阶级认同资本主义统治的文化秩序,自愿地接受资产阶级的统治。因此,所谓"文化霸权",其实质就是一种意识形态领导权:"一个社会集团的霸权地位表现在以下两个方面,即'统治'和'智识与道德的领导权'……一个社会集团能够也必须在赢得政权之前开始行使'领导权'(这就是赢得政权的首要条件之一);当它行使政权的时候就最终成了统治者,但它即使是牢牢地掌握了政权,也必须继续以往的'领导'。"[3]这里可以看出,葛兰西心目中的领导权之于霸

---

[1] 【意】安东尼奥·葛兰西:《狱中札记》,中国社会科学出版社 2000 年版,第 5—38 页。
[2] 【意】安东尼奥·葛兰西:《狱中札记》,中国社会科学出版社 2000 年版,第 7 页。
[3] See Meenakshi Gigi Durham & Douglas M. Kellner (2001). (Eds.), *Media and culture studies: Keywords*, Malden, Massachusetts: Blackwell. p. 44.

权是至关重要的。利益相关的集团加盟进来的结果是阶级霸权联盟的形成，或者说是权力集团的形成。反过来说，被统治和被"领导"的社会集团，他们对其自身的理解，他们同社会乃至世界所发生的关联已是身不由己了，或者说是屈从了统治集团的话语权威。在一定程度上，我们可以把他们看成是与统治集团的意识形态相共谋的产物。当然，由于霸权是占统治地位的集团与居从属地位的集团之间相互"谈判"的结果，所以它实际上是一个以"抵抗"和"融合"作为标志的过程；它绝不是一种由前者自上而下强加给后者的权力。不过另一方面，我们也应该看到，这样的"谈判"和让步是有一定限制的。正如葛兰西所论述的那样，它绝不可以动摇或影响到统治阶级权力的经济基础，而且，当发生危机之时，当道德和精神方面的领导层不能够确保持续的权威时，霸权过程就会暂时由"强制性国家机器"，如军队、警察和监狱系统等所取代。

　　葛兰西霸权理论的第二个内涵就是他认为，霸权的生产、再生产以及转换(transformation)都是市民社会应该负责任的，而国家则应该对运用高压(coercion)手段担负责任。对于葛兰西来说，国家实行压制，而市民社会则行使霸权。因为大众传媒和大众文化与霸权的生产、再生产及转换密切相关，霸权又通过市民社会的各种机构覆盖了文化生产和消费的各个领域。霸权在文化和意识形态的运作上必须通过市民社会的各种机构，如教育、家庭、教会以及大众文化和大众传媒等一切自由民主的社会机制来得以实施。换而言之，市民社会是葛兰西把文化和意识形态的地位放到社会中去的途径，而霸权则是他试图理解它们如何起作用的途径。显然，葛兰西赋予了市民社会或意识形态高于政治、法律等上层建筑（即政治社会）的优先地位。他认为，在西方资本主义社会中，资产阶级的统治主要不是依靠其政治社会（军队和暴力）来维持的，而是主要依靠其凌驾于整个社会各阶级之上的意识形态优势或霸权地位来得以维持的。因此，葛兰西强调指出，革命必须首先在文化意识形态领域内进行。就葛兰西的观点来看，如果我们根据霸权的概念来理解和阐释媒介文化就会相对容易一些。

　　为了获得霸权，统治集团不得不对被统治集团的利益和需求作出一定的让步。因此在葛兰西看来，文化既是支配的，又是对抗的，它的内容是由统治集团获得霸权的努力和被统治集团对各种霸权的抵抗共同构成的。法兰克福学派观点不同，他们认为文化不再是政治操纵的文化，也不是社会颓败和腐朽的标志；既不是某些自上而下的文化论述，也不是将主观性强加给某些被动主体的意义机器，而是一个经由谈判和斗争达成妥协的动态领域，是一个支配与抵抗之间的力量不断调整、趋于平衡的过程。① 葛兰西给文化研究的学者们带来的启发是,占据统治地位的主流霸权的获得,并不是自上而下体现统治阶级意志的产物,也不是自下而上的人民的声音,而是一种协商的过程,也就是说主流意识形态的获得必然包含着被压迫阶级的声音,或者说霸权的建立不是一成不变的,而是一个动态的过程,这样就引出了霸权争夺战的概念。

三、"葛兰西转向"

20世纪70年代以后,文化研究借助于葛兰西对文化"霸权"性质与内涵的分析揭示,形成了以"文化霸权"理论为思想前提的"葛兰西转向"(The Gramscian turn)。这种转向不仅加深了我们对文化概念自身的理解,而且为文化研究开辟了新的广阔空间。"葛兰西转向"结束了文化主义与结构主义这两种范式之争,在扭转了文化研究的结构主义趋势的同时,又没有回到人道主义的老路。对葛兰西来说,既不存在一个纯粹的工人阶级文化,也不存在一个地地道道的、作为"社会水泥"的、自上而下的大众文化。它始终是一个不同阶级力量在其中斗争、博弈的空间,一个争夺霸权的永不停止的斗争空间。这样,就把文化研究带出了文化主义和结构主义的理论困境,文化研究者在处理大众文化时就不用事先选择立场,其工作就是发现文化霸权得以建构的机制,积极地参与到霸权的争夺战之中,当然,这里的参与者也就成为了有机知识分子。

我们从霍尔的《编码/解码》中,明显可以看出"葛兰西转向"的痕迹,意义的传输不再是直线式的从媒介到观众,而是包含着协商与能动性。"葛兰西转向"改变了文化实践的内涵,关于这一点,托尼·班内特(T. Bennett)就曾有过研究,他在《通俗文化与"葛兰西转向"》一文中指出:"文化实践并不随身携带它的政治内涵,日日夜夜将其写在额头上面,相反,它的政治功能有赖于社会与意识形态的关系网络,在该网络中,文化的政治功能被记为文化在一特定的接合中与其他实践链接的方式的一种结果。简言之,表明文化实践的政治和意识形态的接合是动态的——今天同资产阶级链接的实践,明天可能同这些价值脱钩,与社会主义价值链接。"②

---

① A. Gramsci(1971), *Selections from the Prison Notebooks*, New York: International Publishers, p. 328.
② 托尼·班内特:《通俗文化与"葛兰西转向"》,见【英】奥利弗·博伊特-巴雷特等编《媒介研究的进路:经典读本》,新华出版社2004年版,第431页。

从外部环境来说,促成"葛兰西转向"的发生,无疑是80年代撒切尔在英国推行的新自由主义政策,这些削减政府开支和公共福利的作法,严重地损害了工人阶级的利益,但是工人阶级却支持撒切尔政府,这种现实,使文化研究者意识到新自由主义以倡导家庭伦理等保守主义的宣传政策来建立了一套霸权叙述,以获得工人阶级的由衷拥戴。在具体操作上,"葛兰西转向"给文化研究提供了一个重要的概念,就是"接合理论"(theory of articulation)。

所谓的"接合",是指意识形态的"嫁接",传统观念中,资产阶级成为文化的支配者,全面接管普通大众的文化与意识形态,直接构建劳工阶层的经验,主导其文化实践。葛兰西认为,资产阶级只有吸收或同化反对阶级的文化与价值时,才能变成领导阶级。所以要确立资产阶级意识形态在文化中的霸权,通过否定普通大众的文化是无效的,只有将普通大众文化"接合"到资产阶级文化中,并借助大众化的形式表达出来,才能有效。在这个过程中,两个对立阶级的政治关系已经发生改变。在这种情形下,文化已不再属于某一个具体阶级,而是由不同阶级意识形态构成的一种动态组合,是一个意识的"共同体",主流文化成为一种"妥协"与"协商"后的统治阶级文化。

"葛兰西转向"的核心意义在于,揭示了经济化约论、阶级化约论的局限,强调了抗争的可能性。葛兰西反对决定论式的历史唯物主义,转而寻求重新导入一种人类"实践哲学",继而能够摆脱机械式的解释模式,以便彰显历史的辩证过程。传统马克思主义将许多社会冲突化约到阶级因素,霸权观念摆脱这种思考,因而能够在阶级之外考虑更多样的权力支配现象。例如,后殖民研究的代表人物赛义德就曾指出,"东方主义"是一种霸权式的西方话语,其中显示,西方文化如何借助文化再现,进行某种形式的话语宰制。实际产生了对东方文化与东方社会的扭曲再现。① 受葛兰西学术的影响,媒介文化研究终结了一元化、整体化、化约论的研究路线,努力将探讨范围扩大到性别、种族、生态等更多领域。与法兰克福学派不同,霸权理论不是简单将传媒视为文化工业的一部分,也没有发展出媒介操纵的悲观论调,而是认为媒介具有某种相对自主性,也相信受众并不完全为媒介所控制。

四、阿尔都塞与召唤主体性

谈意识形态理论,不能不谈到法国马克思主义的结构主义学者阿尔都塞(Louis Althusser)。有别于其他意识形态概念,阿尔都塞强调意识形态具有

---

① 爱德华·赛义德:《东方主义》,王淑燕译,台湾立绪文化出版有限公司1999年版。

物质性,并且属于一种潜意识,很显然,这种观点受到了法国精神分析学家拉康的影响。

阿尔都塞在20世纪70年代就曾对意识形态进行界定,他指出,意识形态是"个体与其实际生存条件的想象性关系的再现"①。换句话说,意识形态是再现想象性社会关系的机制。

(一)意识形态、文化实践与再现体系

阿尔都塞反对传统的意识形态概念,他认为,一个社会阶级的意识形态位置,并非总是对应于它在社会生产关系中的位置。由于传统马克思主义的意识形态理论,通常假定统治观念总是对应统治阶级所处的位置,这种观点经常受到具体历史分析的否定。他反对"虚假意识形态",因为人们总是处于虚假意识形态中,并受到支配意识形态的迷惑,因而总是将社会大众视为愚昧无知。他指出,知识是实践的产物,社会关系必须在话语(discourse)与语言(language)中再现以便获得意义,意义的产生就是意识形态的一个结果。

阿尔都塞依据拉康的理论,将意识形态联系到拉康对想象界、符号界与真实界的探讨,即人们是依据自己进入的符号界而建构周遭世界。在阿尔都塞看来,人们不可能触及"真正的"存在条件,因为人们必须仰赖语言,但若经由一种严谨的科学途径,才有可能接近和认识那些"真实条件",至少可以认识人们"被铭刻"于意识形态中的方式。符号界是由媒介提供的,想象界则是符号界内容在人们心灵中的反映,然而,无论是符号界还是想象界,都不能保证它们总是"真实"的反映。

(二)意识形态国家机器、媒介再现

阿尔都塞重新解释马克思的上层建筑概念,他沿用葛兰西的模式,将上层建筑一分为二:一是强制性国家机器(repressive state apparatuses),另一是意识形态国家机器(ideological state apparatuses)。前者包括军队、警察、法院等系统;后者包括学校、教会、传媒等私人组织,后者不受国家控制,但仍是国家机器的一部分。意识形态国家机器貌似中立,但实际往往为权力集团、经济势力所控制。例如,西方传媒总是宣称自己是客观、公平、公正的,但在报道中国问题时往往带有偏见,自觉不自觉地把中国发生的事实纳入负面报道的范畴。

(三)媒介再现与主体"召唤"

阿尔都塞特别重视拉康"镜像阶段"(mirror phase)理论。拉康对主题特

---

① L. Althusser (1971), *Ideology and ideological state apparatuses*, Lenin and philosophy and other essays, London: New Left Books. p. 162.

性的解释,对他很有启发。主体是想象整合的自我(ideal unified self or "imago"),意识形态国家机器把个体建构成某种社会角色,阿尔都塞称之为意识形态主体(subject-in-ideology)——即父亲、儿子、妻子、丈夫、学生、工人等等,而这一建构是在一片亲切自然的召唤声中实现的。阿尔都塞相信,意识形态国家机器有将个体"召唤"(interpellate)或建构成主体的功能,但是这个主体不是哲学意义上的真正主体,而是伪主体。大众传播媒介作为意识形态国家机器,往往宣称把受众放在第一位,"您所关心的正是我们所关注的"(What concerns you concerns us),表面上放下身段,为受众服务,实际是在日复一日的传播活动中,向受众灌输某种观念,将受众"召唤"成了它所需要的主体。再比如,电视广告制造某种幻觉,将受众建构成主动的接受者,使他们形成某种消费潮流。

思考题:

1. 为什么说法兰克福学派的批判研究是一种悲观的文化理论?
2. 如何理解葛兰西文化领导权思想?
3. 如何理解阿尔都塞媒介再现与召唤主体性理论?

第二章 媒介文化研究的
理论谱系（下）

一、福柯的话语规训理论

与其他后结构主义者相比，福柯的谱系学立足于话语分析，在考古学、谱系学、伦理学三个阶段，福柯都运用历史研究方法进行分析，他将主体视作由话语建构、在某一时期的知识型中产生的。在福柯所有著作中，一直反复处理权力概念，探讨不平等与压迫的权力关系如何经过一个看似公正的社会实现渠道，不断地创造与维持，借此去质疑现代社会理性。

（一）知识/权力。对福柯来说，权力是知识中所体现出的权力，他主张知识是被应用的权力，知识由权力关系所产生，以便更有效地得到扩散与传播。他反对自由主义的观念，因为自由主义总是倾向于认为若能去除所有扭曲的权力，"真理"便自然会出现。但福柯坚持认为，没有权力就根本不会产生"真理"，所以并非知识产生权力，而是权力生产关于主体性的科学，以便为了生产主体。福柯指出："'真理'应该被理解为关于叙述的生产、控制、分配、循环与运作的井然有序的程序体系。"[1]在这里，真理被理解为一种考古学。福柯又说："'真理'通过一种循环的关系与各种权力系统相关联，这些权力系统生产并支持真理，并且，真理被联系到它所产生的、同时又把它加以扩展的权力效应。一个真理的'政体'。"[2]在这里，真理被理解为谱系学。根据第一种定义，福柯提出了"知识考古学"（archaeology of knowledge）的概念，一种关于话语如何在历史特定时期被赋予秩序成为知识方法或知识型（episteme）的历史。各种现代科学，创造了它们所需要的知识体系，以便规范、型塑功能正常的个

---

[1]【英】阿雷恩·鲍尔德温等：《文化研究导论》，高等教育出版社 2004 年版，第 210 页。
[2] 同上。

体。知识向权力转换的过程,包含四个原则:一是私人空间的个别化管理,即利用理性管理技术来进行社会区隔;二是制定活动规范,即行为管理;三是活动的常规化,通过学校等训练机构,使行为符合标准;四是活动的协调化(synchronization)。通过严格的分工,各个部门执行命令,发挥各自的功能,达到协同功效。

(二) **媒介与权力**。福柯认为,现代权力的重点之一,就是要求以最小的付出获得最大的回报,而它的主要原则便是规训。[①] 福柯主张探讨权力运作的最直接方式,便是研究躯体的政治经济学,因为躯体与政治领域直接发生关系,权力关系对躯体产生直接影响,包括注意躯体、标记躯体、折磨躯体、强迫躯体工作、要求躯体参与仪式、展示符号等。对人的规训,最典型的便是法国圆形监狱设计,福柯根据这一监狱特点发展出"全景敞视主义"(panopticon)的概念。在圆形监狱中,处在当中的哨兵瞭望监视塔,可以观察各个监室的动静,而对于监室中的犯人来说,久而久之监视塔就成了心中的达摩克利斯之剑,于是看到监视塔,犯人就会变得很老实、规矩。这一概念被应用于媒介研究。受众从某种意义上说,是在相对封闭的私有空间中消费媒介产物,所以受众的观看活动似乎与象征权力的媒介之间形成了某种关系。国家规范性凝视的扩大导致一些隐私权问题出现。根据福柯的观点,现代权力本身隐而不彰,这种隐藏性破坏了强调代表性与分散性的民主观念。民主的观念是要使社会各个角落都暴露在阳光下,而不是隐藏在黑箱中。传统社会的权力行使,往往对此讳莫如深,但现代传媒社会则是将这种传统的权力运作正当化与日常化。大众传播并非实现了监视机制,而是产生了新的专制。

英国学者汤普森(J. B. Thompson)认为,福柯虽然未直接讨论媒介的性质及其对现代社会的影响,但在他的《规训与惩罚》以及其他一些著作中发展出一种权力与可视度(visibility)之间关系的论断。虽然不能直接解释媒介监视权力运作,但换个角度说,全景敞视可以用来描述电视系统进行控制的方式,进而说明传播与权力的关系,但权力方向与监狱监视塔的权力方向刚好相反。所谓全景敞视模式,是一种组织空间、控制时间、持续监看个体以确保积极生产特定行为的方式。全景敞视在家庭环境中逆转了监视方向,让原先被监看者——观众能够去看而不被看到,并且它不再完全经由规训控制而运作,反而透过迷惑于吸引力而产生效果,这种情形被称为"逆向的全景敞视"

[①] Focaut, M. (1977), *Discipline and punish*, New York: Pantheon.

(reverse panopticon)①。简单说,就是受众借助电视媒介监视社会中的其他人,使得原本私人化的、隐秘的生活变得常态化了。

(三) **媒介与规训**。媒介往往通过传播特定立场的话语、建构虚假的真实而运作,媒介再现特殊观念和意向,能够影响人们的思想和行动,因此媒介被认为是能够施展话语或意识形态的力量,受众依据媒介所传递的"真相"对世界发生的事件进行判断,媒介也协助人们建立关于世界的常识,同时也协助建构人们的认同与趣味。在媒介面前,人们没有选择的权利,长期形成的信息传播与接收之间的默契关系,使受众在不知不觉间,受到了媒介提供的影像和信息的规训。这一观点值得人们去反思。

二、布尔迪厄的场域理论

法国学者布尔迪厄(Pierre Bourdieu)较早从文化社会学角度阐述媒介的象征权力问题。在布氏看来,掌握象征权力与行使符号暴力,是现代社会主控者的主要控制工具和方式,而大众传播媒介与象征权力具有密切的关系,但是布尔迪厄认为现实生活中,电视媒介根本未能扮演应有的社会角色,它只是批量生产简化与偏颇的内容,这种现象甚至还波及整个文化生产领域。布尔迪厄的理论主要有以下一些关键概念。

首先是"习性"。习性(habitus)是布尔迪厄文化社会学理论中最著名的一个概念,布氏使用这个概念,目的是要探讨客观可能性如何内化为主观期望。他认为习性是一种持久的但能改变的气质体系(system of dispositions),它是实践与再现的生产与结构原则。换句话说,人类的实践与认识活动都呈现某些规律性,而形成规律性的原因,就是个体所具有的习性在发挥作用。实践不断加深习性,在某种意义上说,习性或气质是客观结构的内化,习性产生了个体的所有思想、知觉和行动,并与那些特定条件维持一致性。② 由此可见,习性是一种心理认知结构,个体由此去面对外在环境。即人们在实践中形成的一整套内化结构,根据这个结构人们可以认识、了解、欣赏和评价周遭世界,借助这个结构再不断实践,逐渐形成对自身实践的认识与评价。如一个人欣赏绘画作品,从不懂到懂,就是一个知识内化的过程,在审美实践中不断形成某些眼光,这种眼光又来指导自己的实践,在不断实践中提升自己的眼光。布氏认

---

① Mattelart, A. & Mattelart, M. (1998), *Theories of communication: A short introduction*. London: Sage. p.79.
② Bourdieu, P. (1977), *Outline of a theory of practice* (Richard Nice Trans.) Cambridge: Cambridge University Press.

为,那些占有相同位置的人容易发展出相同的习性。

其次是"气质"。布尔迪厄指出,人们之所以具有某种文化气质,能够享受正统或经典的艺术,这主要凭借其自身的教育水平,养成了某些主控性的审美倾向,主控阶级的习性与品味往往被看成是自然天成,没有人工造作的痕迹。由于知识分子向来远离世俗物质,他们因此误认为自己的文化是超然中立的。布尔迪厄指出,一些看似中立的实践其实是一种获取金钱与权力的策略性手段,知识分子的审美品味把他们的特殊生产与使用某种象征财物予以自然化。相反,流行美学是工人阶级文化习性的产物,它表达出一种期望参与和要求立即满足的心愿。流行美学所展现的文化实践与主控美学有很大差异,因为主控的美学有着严格的准入门槛。所以,布尔迪厄所讨论的文化消费场域涉及——包括衣着、室内装潢、高雅艺术等,皆成为阶级习性的指标。布尔迪厄重点探讨并非针对特定的文化形态,而是要说明特定文化产品及实践与特定阶级习性之间的关系。中产阶级总是觉得自己的生活形态与文化形式具有普遍价值且是中立的。传播媒介宣扬了中产阶级趣味存在的合理性,使得象征权力成为重要的主控工具,虽然这种权力亦必须有其他经济力量的支撑,但能够掌握决定正当化与否的权力,便能够控制某些"误解"的形成。支配的发生,是通过一些制度与实践的间接运作,同时这些制度与实践还配合着被支配者的顺从而共同产生作用。

再次是"场域"。"新闻场"是布尔迪厄最著名的理论概念,这里有必要先解释一下布氏的"场域"理论。

什么是场域?场域(field)是一种社会空间,是人与人之间得以区别的差异关系,不管是个体还是团体,都是按照差异关系而存在的。换句话说,这是一种由许多相对性位置所构成的关系空间,这种关系空间虽然在现实中很难直接观察到,也难以用具体方式显现出来,但布氏认为它才是最真的真实。按照布氏的理解,社会科学建构的不是阶级,而应该是社会空间。"它应建构与找出分化的原则,这种原则让人们得以重新看到理论与实证观察的社会空间。"[1]"所有的社会都呈现为社会空间,也就是差异的结构,对此的了解唯有经由建构出造成差异之客观基础的原则。这种原则就是权力形式或资本种类的分配结构……当我描述整个社会空间是一个场域时,我是指它既是力量的场域,它的必然性会影响参与其中的能动者,也是抗争场域,在此能动者彼此对峙,他们依据在力量场域结构中的位置,而具有不同的手段与目的,并因而维

---

[1] Bourdieu, P. (1998). *Practical reason: On the theory of action*, Cambridge: Polity. P. 22.

持或改变场域结构。"①这里,布氏赋予了场域以丰富的哲学内涵,对当代哲学、社会学、政治学都产生了深远的影响。

布尔迪厄对场域的研究,最具影响力的莫过于其对"新闻场"的研究了。布氏用这一概念来阐释新闻媒介的运作过程。新闻可被看作一个独立的场域。整体来看,新闻场域依据"自律原则"去描述、正当化、评价自身对社区的影响与价值。这些原则常以一种专业的伦理规范表达出来,并包含着一种对真理、正确性、言论自由、知情权、公正报道、客观立场等的信念。从理论上说,这些可以塑造新闻从业人员的所有层面。

(一)**看不见的审查**。布尔迪厄历数电视业种种不为人们觉察的审查:主题是强加的,交流的环境是强加的,甚至讲话的时间也是强加的,因此真正意义上的表达几乎不可能。他由此给出了极端的结论:上电视的代价就是自主性的丧失。垄断导致一体化,竞争导致多样化。这一常识在新闻场中则完全失灵,媒介竞争导致新闻内容的趋同。部分原因是新闻生产的集体化,媒介之间互为参照,彼此的竞争表现为对于同一新闻事实的争抢。媒介中流动着有关信息。布尔迪厄讽刺说,新闻媒介的竞争就像照镜子,这种镜子游戏的结果,是在新闻场内部造成了可怕的封闭现象,一种"精神上的幽禁"。现实的制造者——电视的选择原则是双重戏剧化:将某一事件搬上荧幕,制成影像;同时又夸大其重要性、严重性、戏剧性以及悲剧性的特征。对非同寻常之物拼命的、又有着利害关系的追求,必然产生政治危害,因为影像具有特殊性,可以制造真实效果,让人目睹并相信影像所展现的一切。

电视可以在大众意识中建构某些观念、事件、群体,甚至是关于整个世界的真相。电视在客观世界和大众意识中穿针引线,它自称录制事实、反映现实,但实质却是一个制造现实的工具。布尔迪厄认为电视自身的传播机制与广告、政府补贴等因素形成了"一种绝妙的审查",这种审查是匿名与无形的,但是它却形成一种无法改变的规范与机制,使电视传播的主体性丧失,使电视成为维护象征秩序的了不起的工具。电视"行使了一种形式特别有害的象征暴力。象征暴力是一种通过施行者与承受者的合谋和默契而施加的一种暴力,通常双方都意识不到自己是在施行或在承受"②。这种"象征暴力"之所以成为一种"无意识行为",是因为它以一种隐性的机制渗透到日常生活之中,使媒介化的社会生活变得自然而然。布尔迪厄强调这种状况的危险后果,因为

---

① Bourdieu, P. (1998). *Practical reason*: *On the theory of action*, Cambridge: Polity. P. 22.
② 皮埃尔·布尔迪厄:《关于电视》,辽宁教育出版社 2000 年版,第 14 页。

当今社会很大一部分人把自己的身体和灵魂都交给了电视。

（二）**新闻场的支配功能**。收视率主宰着电视生产，这是一个不争的事实。新闻场是一个场域，是一个被经济场通过收视率加以控制的场。通过收视率这一压力，经济在向电视施加影响，而通过电视对新闻场的影响，经济又向其他报纸和记者施加影响。同样，借助整个新闻场的作用，经济又以自己的影响控制着所有的文化生产场。同时，由于新闻场牢牢受制于商业化的场，新闻本身就不可避免地发生重大转变，新闻场以利润为导向时，就会刻意去寻求受众人数的最大化，收视率成为最重要的因素。在这种情况下，那些能吸引受众的内容诸如犯罪、暴力、灾难和名人绯闻、隐私等自然就会泛滥。

布尔迪厄认为，透过收视率，他看到了经济逻辑对于文化生产的植入，因为市场成了公认的、对于文化的合法裁判机构。在布尔迪厄看来，收视率就是一个隐匿的上帝，它统治着新闻场，也成为记者的最后的判断标准。通过收视率，经济逻辑被置入文化生产之中，由此形成收视率的经济逻辑。而那些最崇高的人类文化，如数学、诗歌、文学、哲学，都是反经济逻辑的。因此收视率心理的危害不仅仅在于它使得低俗文化泛滥，更在于它威胁到了人类社会文化产品的生产逻辑，人类将因此彻底丧失生产这些崇高文化产品的能力。适合紧急和快速思维的电视是不太利于思想表达的。布尔迪厄对电视上充斥着"fast-thinkers（快思手）"提出质疑：人是否可以在快速中思维？电视为何赋予了那些自认为可以进行快速思维的思想者以话语权？他通过分析指出，电视上的快思手有特殊的方式，即福楼拜所说的以"固有的思想"进行思维，"固有思想"是指所有人业已接受的一些平庸的、约定的和共同的思想，也指一些在你接受时实际上早已被认可的思想。这样交流就失去了意义，对话只是表面文章，因为在交流之前大家已经接受了同一思想，而这种思维方式正是电视快餐式运作的需要。

布尔迪厄关于新闻场的理论，对于揭示当下商品化社会中新闻传播的本质，具有现实启发意义。

三、霍尔的媒介文化政治学与阅读理论

作为文化研究的一代宗师，斯图亚特·霍尔充分吸收了索绪尔、罗兰·巴特、米歇尔·福柯、路易·阿尔都塞以及雅克·德里达等人的理论精髓，把原本属于哲学认识论的"再现"（representation）概念转换为结构主义符号学与"文化研究"（cultural studies）相结合的"表征"（representation）概念，文字表面没有改变，但内涵却发生了"文化转向"。霍尔在其文化研究实践中，以表征概

念为基石,形成了一种系统的表征理论。

(一) 表征与文化意义的生产

霍尔通过"表征"概念来讨论事物文化意义的来源问题,并认为事物本身没有意义,事物的意义是由语言和其他以语言方式运作的各种文化符号所生产和建构的。在具体的论述中,霍尔以不同的方式定义表征概念。首先,"表征是在我们头脑中通过语言对各种概念的意义的生产。它就是诸概念与语言之间的联系,这种联系使我们既能指称'真实的'物、人、事的世界,又确实能想象虚构的物、人、事的世界"①。简单地说,表征是一个把各种事物(包括现实存在的和想象虚构的)、人们头脑中的概念图和各种语言文化符号这三个要素联结起来的过程。这里存在两个"再现"系统。在第一个"再现"系统中,人们头脑中的概念图"象征"各种事物;在第二个"象征"系统中,各种语言文化符号"象征"人们头脑中的概念图。其次,"我们所说的'表征的实践',是指把各种概念、观念和情感在一个可被转达和阐释的符号形式中的具体化。意义必须进入这些实践的领域,如果它想在某一文化中有效地循环。"②。结合霍尔文化表征理论的整体,"表征"可以理解为:通过语言及其他文化符号或再现某个事物,并生产与这一事物有关的某种文化意义与价值观念;并且,表征参与了整个文化意义与价值系统的生产、增殖、交换与流通。

在霍尔的理论框架中,文化表征实践的重要性在于,它参与了文化意义与价值观念的生产和流通。霍尔有时把文化定义为"共享的意义或共享的概念图"③,亦即文化是一个意义的海洋,它首先涉及一个社会或集团的成员间的意义生产和交换。文化不再被视为经济与政治进程的消极反映或附属品,而被视为与经济、政治一样,是社会整体进程中的生产性和建构性因素。霍尔说:"文化意义不只在'头脑中'。它组织和规范社会实践,影响我们的行为,从而产生真实的、实际的后果……文化可以说涉及那些实践活动的全部:它们并非简单地编入我们体内的生物遗传程序(就像敲击膝盖会引起膝跳反射),而是对我们来说具有意义和价值,需要他人富有意义的解释,或需要依赖意义才能有效地运作。在此意义上,文化渗入了整个社会。"④文化的意义与价值系统具有现实效果,它有助于建立起使社会生活秩序化和得以控制的各种规则、标准和惯例,从而规范人们的行为。

---

① 【英】S. 霍尔:《表征——文化表象与意指实践》,徐亮、陆兴华译,商务印书馆2003年版,第17页。
② 同上,第10页。
③ 同上,第18页。
④ 同上,第3页。

文化是一个意义的海洋,某一文化表征实践作为一种通过建构符号以生产意义与价值观念的活动,实际上参与了整个文化符号领域中意义的生产、增殖和流通。在文化表征中生产的意义与价值在受众解码之后,有可能转化为他们的意识和实践,从而产生现实的效果。从这个意义上说,霍尔的文化表征理论突出了文化符号领域在社会生活中的重要地位。

(二) 文化表征与意义博弈

文化符号的表征领域,不仅仅是一个知识生产、信息交流和审美愉悦的领域,它还是一个利益争夺和权力斗争的领域,人类社会迄今最主要的几种权力关系——阶级、性别、民族和种族等权力关系,会以各种形式渗入其中。在现实生活中,人们总是面临着权力和利益的分配与争夺,面临着价值观念的冲突,面临着在主流与边缘、顺从与叛逆之间的选择。作为两个互动的领域,现实生活中的种种冲突与选择也会表现在文化表征之中。相对于现实中的各种权力关系而言,文化表征领域是一个争夺文化领导权的领域,是不同价值观念之间垄断与反垄断的领域,是一个压制与反压制的领域。总的来说,文化表征领域是一个意义博弈的领域。

霍尔主要从主流与边缘的角度分析文化符号场域中的意义争夺现象。他从罗兰·巴特的"神话学"(mythology)获得启发,揭示了文化表征实践过程中的"符码"(code)、"编码"(encoding)和"解码"(decoding)现象,并通过区分"主导符码""协商符码"和"对抗符码"来谈论文化表征领域中的意义争夺问题。巴特在其"神话学"分析中曾用"符码"来讨论文化表征中能指与所指、"直接意指层"与"间接意指层"之间的结合关系。这里的"符码"包括两种不同的类型。前者是语言学符码,它是比较严格的文化契约和惯例,决定着语言或文化符号中能指与所指的结合,以便人们能够顺利地交流信息;后者实际上是一种"文化符码",是决定整个符号与其携带的深层文化意义与价值观念之间关系的符码,这种符码不是严格的语言学符码,具有"阐释性"。霍尔已经认识到巴特力图建立一种"意义科学"的方案站不住脚,因为意义和表征涉及的问题——社会、文化、人的主体——并不受实证主义科学规律的支配,它们不可避免地是"阐释性"的[1]。

受葛兰西、阿尔都塞等的结构主义影响,霍尔的"符码"概念,也是具有"阐释性"的,即文化表征实践所采用的价值或意识形态立场。霍尔在《电视话语的编码和解码》一文中把这种文化符码称为"文化的深层语意符码",并指出文

---

[1] 【英】S. 霍尔:《表征——文化表象与意指实践》,徐亮、陆兴华译,商务印书馆2003年版,第42页。

化"符码使符号与社会中更广泛的意识形态领域拉上关系。这些符码就是促使权力和意识形态在各种特殊的话语中表达意义的途径"①。某一文化表征实践采用某种文化符码去生产符号序列,实际上就是采用了某种思想和价值观念立场去创造一个完整的可以解码的符号文本。换言之,文化表征就是采用具有立场性的文化符码去生产和建构某种文化意义和意识形态价值观念。比如,当前我国网络上蔓延的仇富、仇官的民粹主义的言论,都是某些人所做的社会对抗性文化表征实践。

霍尔认为:"任何社会/文化都有着不同程度的封闭,都倾向于强制推行其社会、文化和政治的分类。这些分类构成一个主导文化秩序。"②作为主导文化秩序的分类系统所选定的主导文化符码(dominant code),是占统治地位的社会秩序、政治经济秩序的表达,它决定整个文化表征系统中占主导地位的意义与价值的生产与流通。然而,某一历史时期的文化不仅存在主导符码,而且存在"协商符码"(negotiated code)和"对抗符码"(oppositional code)。因此,同一历史时期的文化中,存在着使用不同符码进行编码的文本生产,从而使文化中的意义生产呈现为一种斗争和争夺的状态。而且,即使用主导符码进行编码的文化文本,也可能被接受者用对立符码进行解读,从而在接受过程中生产出完全相反的意义。霍尔提出,"文化研究"的目的就是揭示表征过程中符码的存在及其所代表的价值观念和权力关系:"我们必须通过符码来谈社会生活秩序、经济政治权力的秩序以及意识形态秩序。"③

(三)传媒文化政治学

霍尔的理论视点是葛兰西式的,认为传媒与家庭、教会和学校一样,是资产阶级上层统治机器实施其意识形态霸权所赖以凭借的机制。这一观点显然迥异于哈贝马斯所谓的"传媒运作的空间是公共领域"的论述。在霍尔看来,那种假想性的民主化的公共空间有如海市蜃楼,传媒真正运作的机制取决于意识形态的霸权与斗争。

霍尔在论及大众传媒时,首先驳斥了"共谋论""取代论"和"听任论"等颇为流行的传媒理论。当时一些左派理论家想当然地以为:播音员和政治家之间存有共谋关系,以遮蔽观众和全体选民的眼睛。霍尔对此论调不以为然,并援引阿尔都塞关于"意识形态国家机器"的文章,认为电视和政府的关系是相

---

① 霍尔:《电视话语的编码与解码》,见罗钢、刘象愚编《文化研究读本》,中国社会科学出版社2000版,第352页。
② 同上,第353页。
③ 同上,第354页。

对自主的,媒体从业者均按照其自身的专业编码来运作,即使是 BBC 这样的国有新闻机构,其新闻工作者也并不直接对政治家负责,当然,特殊的紧急情况除外。

首先,霍尔吸收了阿尔都塞的意识形态国家机器论。按照阿尔都塞的观点,媒体的意识形态作用就是恢复和维持现存的阶级关系。霍尔在阐述中显然又融合了葛兰西的文化霸权,认为媒体"恢复和维持现存的阶级关系"的目标从未实现过,总是存在新的被瓦解的可能性。因而,媒体与政治之间不存在某种固定的决定与被决定的关系,媒体与政治的关系类似于中立国与政治的关系:"既需要政治家遵守媒体规则,同时也需要媒体提防对选择性和偏见的指责,而通过对政治家'现场直播'或'用他们自己的话',就可以创造一个看上去中立的空间。"① 传媒已然成为当代资本主义国家各党派政治纷争的角斗场所,形形色色的意识形态和权力斗争在此上演。

其次,霍尔通过《应对危机》(*Policing the Crisis*)中对"民间魔鬼"所引起的"道德恐慌"的关注,以及 20 世纪 80 年代后期对撒切尔主义(Thatcherism)的批判,别具匠心地指出:大众传媒承担着将主流意识形态转化为通俗习语,从而达到对民众的规训的目的。霍尔在对撒切尔政府,包括对后来的布莱尔政府的批判中始终着眼于文化政治学,创造了"权威民粹主义"(authoritarian populism)(即资本主义作为一种经济体系,并不只为财富或中产阶级服务,也为普通民众效力;普通民众也可以变成获利者和新型私有化的公共设施中的投资者,即通过争取平民的赞同而重建霸权)的新术语。撒切尔夫人执政期间,英国的传媒机构不时报道:撒切尔夫人站在工人阶级立场上说话,同工人阶级一起抱怨过分官僚化的左派、工会和地方政权,关心普通民众的生活,承诺向福利国家迈进,如此等等。霍尔清醒地认识到:资本主义传媒的实质就是将意识形态生活化或文化化,撒切尔主义的实质就是要通过争取平民的赞同而重建其政治统治霸权。

(四) 文本解读理论

在《编码/解码》一文中,霍尔提出了他的解读理论:观众解读已制作好的电视讯息可能出现的三种立场,他称之为"三个假想的解码立场",分别为:主导—霸权立场、协商立场、对抗立场,由此三种解码立场而来的信息解读相应

---

① S. Hall(1991). Signification, representation, ideology: Althusser and the Poststructuralist debates. In R. K. Avery & D. Eason (Eds), *Critical perspectives on media and society*: New York: The Guilford Press, pp. 99~113.

为:"优先解读"(preferred reading)、"协商解读"(negotiated reading)与"对抗解读"(oppositional reading)。这就是著名的"霍尔模式"(Hall model)。

霍尔所说的第一个假想的立场是主导—霸权的地位(dominant—hegemonic position)。比如说,电视观众直接从电视新闻广播或者时事节目中获取内涵的意义,并据此对信息进行解码,这可看作是电视观众在主导符码范围内进行操作。霍尔称之为"优先解读",即那种主导的意识形态的东西已经在观众的头脑中根深蒂固,受众会自觉不自觉地从这个立场观点出发来思考问题。受众最终给出的理解答案也符合传媒的最初设定。

第二个假想的立场是协调的符码(negotiated code)。在协调的看法内解码包含着相容因素与对抗因素的混合:它既认可旨在形成宏大意义(抽象的)的霸权性界定的合法性,又在一个更有限的、情境层次上,制定自己的基本规则——依据背离规则的例外运作。它使自己的独特地位与对各种事件的主导界定相一致,同时,保留权力以更加协调地使这种主导界定适合于"局部条件"、适合于它本身团体的地位。媒体设定了某种符码和解读路线,但受众却从中作出自己的解读,或补充,或调整,受众的有意无意的"误读",都有其内在根源。霍尔认为,媒介传播中大多数所谓的"误解",就产生于主导—霸权代码和协商代码直接的冲突分歧,这是精英们感叹"传播失败"的缘由所在。

第三种立场是"对抗符码"(oppositional code)。电视观众有可能完全理解话语赋予的字面和内涵意义的曲折变化,但以一种全然相反的方式去解读信息。比如观众收看限制工资有无必要的电视辩论,每次都将"国家利益"解读成"阶级利益"。这就是观众利用"对抗符码"在为信息解码,"意义的政治策略"即话语的斗争,由此参与其中。

很显然,这三种解码立场中,对抗解码是最为激进的一种。在这三种立场中,后两种解读方式的提出无疑显示了文化研究力图摆脱阿尔都塞结构主义思想的影响,并开始导入葛兰西霸权理论。他们不再认为文本结构将主导受众讯息接收的结果,而是认为意识形态与被统治者的社会经验之间存在着持续不断的矛盾,其交汇处就是一个意识形态进行斗争的场所,受众成为不断抗争的积极主体。

四、费斯克的文本与快感理论

费斯克以一系列"解读"电视、"解读"大众文化的著作构建了他的学术基石,也捍卫了文化研究的声誉。1978年,他与约翰·哈特利(John Hartley)一起合作完成了《解读电视》(*Reading Television*);1987年身为美国威斯康辛大学麦迪逊分校教授的他又出版了《电视文化》一书;在1989年,又相继完成了姊妹著作《解读流行》(Reading the Popular)与《理解大众文化》(Understanding Popular Culture)。特别是后两本著作,集中地阐明了他对大众文化的一些思考,构成了他文化民粹主义的理论体系,也代表了媒介文化研究的理论来源之一。

费斯克的媒介文化理论来源于两种当代思想文化资源。其一是法国文化理论家德塞都的学说。德塞都在《日常生活实践》一书中强调,被支配的社会集团可以通过采用某些策略从占支配地位的文化体系中夺取某些局部的利益。他指出,尽管大众文化的消费者不能控制它的生产,却能控制它的消费。在这种意义上,文化商品不仅是消费者接受的对象,也是接受者可以利用的资源和材料。接受者可以在使用过程中颠倒其使用价值和功能,使之部分符合自身的利益。费斯克第二个思想来源是巴赫金的"狂欢化"理论。这种理论把快感看作是一种对等级秩序和权威控制进行抵抗的重要资源。但对费斯克快感理论更重要的支持则来自于法国思想家罗兰·巴特对身体快感的论述。巴特认为,身体是脱离意识形态的,因为它是自然而非文化的产物,这样它就成了抵抗文化控制的最后一个据点,身体为我们提供了一个抵御意识形态的有限的空间,属于身体的快感也就成了意识形态的对立物,具有了积极意义。

费斯克媒介文化研究的主要观点,着重体现在以下几个方面:

(一) 多元的大众与多义的大众文化

费斯克不同意他的前辈学者认为"大众文化"是由"文化工业"创造的观点。他认为:"大众文化是大众创造的,而不是加在大众身上的;它产生于内部和底层,而不是来自上方。"他认为"大众文化"中"大众力量"是"一组变动的效忠从属关系,它们跨越了所有的社会范畴,而形形色色的个人在不同的时间内,可以属于不同的大众层理(formation),并时常在各层理间频繁流动"。[①] 在这种"变动的社会效忠从属关系"中,大众具有"游牧式的主体性"(nomadic subjectivities)。这种文化的"游牧者"的姿态是"以主动的行动者,而非屈从式主体的方式,在各种社会范畴间穿梭往来"。他们是充满抵抗精神的、积极、主动的"大众"。[②]

费斯克的"大众"观较之前辈学者把"大众"看作僵化的"铁板一块"有一定的进步性,他提出"大众的流动性"和"变动的社会效忠从属关系",对"大众"的

[①] 费斯克:《理解大众文化》,王晓珏、宋伟强译,北京:中央编译出版社,2001年版,第31页。
[②] 同上。

复杂形态的理解要更加客观和理性化。他认为"大众的流动性"是指："一个人,当他或她在社会层理中运动时,可以在不同的时间,对不同的(并不一定是矛盾的)社会群体,形成文化上的效忠从属关系。"①这些效忠从属关系又分别是从"年龄轴""性别轴""阶级轴""种族轴"中形成的。大众在解读"大众文化"时就会把他们放在不同的社会层理和文化效忠从属关系中来作不同的理解,在各"轴"间"移动不止"。② 于是,大众文本呈现出"多义的开放性"(polysemic openness),不同的"大众"和不同"社会层理和文化效忠从属关系中"的"大众"能各取所需。大众这种"游牧式的主体性或流动性"也就保证了费斯克以"快感、权力、意义"为中心的大众文化理论的建构。

为了阐述大众文化的复杂性,费斯克提出了著名的"两种经济"说,即"金融经济"和"文化经济"。费斯克指出,电视节目作为商品,存在于"文化经济"和"金融经济"这两种平行而且共时的经济系统内。"文化经济"系统注重的是电视节目的使用价值,流通的是意义、快感,是形象、思想、符号等日常生活文化资源,受众在观看的过程中得到消息与资讯、知识与经验、思想与观念、娱乐与审美;"金融经济"系统关注的是电视节目的交换价值,流通的是金钱。他承认大众文化具有商品属性,同时他又指出,这种文化不同于一般商品,他不仅在金融体制中流通,也在与之相平行的文化经济体制中流通。从财经经济体制的角度来看,文化的接受者完全是被动的,因为在金融经济的生产和消费过程中,接受者自身也变成了商品。费斯克指出,大众在这种意义和快感的生产当中创造出一种"大众文化资本"。这种"大众文化资本"包括从属阶级可利用的意义和快感,以表达和促进他们的利益,其表达方式有多种,不过都是处于与主导力量相对抗的位置。

(二) 大众文化的快感理论

费斯克的主要理论包括大众文化的快感理论、文化经济和文化政治理论。

费斯克的"快感"理论宣称快感和意义的生产是从大众文化所提供的资源中进行的。文化工业所批量炮制的流行文化在费斯克看来就是人民自己的文化,是人民颠覆和反抗资本的有利武器。在他看来,商业流行文化从本质上讲即使不是激进的,也是进步的。因为他在人们琐碎的日常生活中看到了活力和创造力,因而也从中找到了社会变革的机会和动力。

他的研究注重观众的能动性,强调受众在媒介文化中的积极作用与法

---

① 费斯克：《理解大众文化》,王晓珏、宋伟强译,北京：中央编译出版社,2001年版,第23页。
② 同上。

兰克福学派将受众视为被动的接收者有所区别,费斯克认为大众是具有创造性的,大众传媒的文本建构并不是由媒介单独完成的,而是大众共同完成;大众在解读的过程中能产生不同于最初编码者所预设的优先意义,这与霍尔的观点有所不同。在费斯克的世界里,没有文本,也没有受众,只有观看的过程——那些发生在屏幕前面的多种多样的文化活动。因为大众解码的过程也是文本生产和编码的过程,在这过程中产生了身体和心理的双重快感,大众就是在屏幕前面通过这种解读的快感不断地和威权进行着意义的反抗与协商,因而大众不是被动的接收者,而是积极的解码和编码者,和大众传媒共同完成文本的生产过程。

费斯克认为,大众在消费文化商品的过程中能进行富含文化意义、权力运作的抵抗,以大众的日常生活实践装扮起来的大众文化是弱者对统治者灵活的进攻,具有微观政治学抵抗的意义,大众文化的最大驱动力在于其能给大众提供快感,文化经济中运作着能为大众拥有的意义、符号、价值。费斯克创造性地提出了"生产式文本""大众文化快感理论"来阐明大众在消费过程中所进行的抵抗。

"生产式文本"是费斯克分析大众文化文本特征时所做的一种归纳。这是一种什么样的文本呢?在费斯克看来,大众是能动的、自由的主体。他认为大众具有一定的辨别力,这种辨识行为往往出乎文化工业本身的意料之外,因为它取决于文本的特征,也同样取决于大众的社会状况,大众会从相关性、符号生产力、消费模式的灵活性这三个方面来选择他自己所需要的文化商品。因积极参与、主动介入大众可以生产一种"意识形态暂时丧失""对宰制力量的逃避"效果的快感,这种"选择有用东西做成菜肴"的"符号生产力"行为,其大众主体就像一个在意义超市中挑拣商品的"文本偷猎者"一样,其消费模式就像家庭中男人、主妇、小孩等角色观看电视的节目内容、欣赏方式的巨大差异一样,他们从原初的文化资源中挖掘出关联自身个性、富有创造性、吻合相关性的意义、快感、权力。

大众文化文本,"必须具备一定的文本条件,是'生产者式的'(producerly)"。它"凸显了文本本身的'被建构性',邀请读者参与意义的建构"[①]。"生产式文本"具有"作者式文本"同样的文本开放性,它不断地要求读者去重新书写文本,并从中创造出意义,但同时"生产式文本"不强求读者的主动阅读、不包含控制规则,它并不将文本本身的建构法则强加于读者身上,以

[①]【美】费斯克:《理解大众文化》,中央编译出版社2001年版,第127页。

至于读者只能依照该文本才能进行解读,而不能有自己的选择。从这一意义上说,生产者式文本是一种难以规训的文本。

费斯克大众文化理论一个最大的特点在于其成功地变换了法兰克福学派以来的思维路径,认为各种文化产品和实践的含义并不是由生产意图一劳永逸地决定的,必须对文化生产、传播和消费的详细情况进行具体分析和不断阐释,才能弄清含义的轨迹,强调大众在大众文化中积极主动的意义的生产,是对将大众视为"文化傻瓜"的理论的有力反驳。

费斯克一向以理论旅行家自居,他坦言自己是个"大众文化迷",多年穿梭往来于英国、澳大利亚和美国各地。这种不同国度的文化体验使得他能够以多种视角去考察分析多姿多彩的大众文化现象。他将目光从死的、静止的文本转向灵活的、丰富的、动态的大众文化实践,在《理解大众文化》、《解读大众文化》等著作中,他注重对大众文本的个案研究,从麦当娜到牛仔裤,从海滩文化到摩天大楼,他以宽阔的视野、独特的角度对这些被大众所钟爱的大众文化产品和文化现象进行细致的分析。

费斯克的大众个案解读是动态式的解读,他的视角并不是将大众文化当成静止的文本进行意义阐释,而是在他一向关注的大众文化鲜活的实践过程中,从大众消费者自身的体验视角去关注意义生成、文化出现、快感萌生、权力运作的整个过程,他关注的是大众文化消费中未完成性到完成性的过渡、递进、深化,着重分析实践主体运用现有的文化资源进行意义生产的方式,分析其快感、权力抵制产生的机制、效果。法兰克福学派的学者作为早期批判学者,对大众文化基本上是持一种悲观态度,批判的对象和场域基本上集中在政治领域。而费斯克则自下而上地将文化批判实践建立在自身文化实践基础之上,所持的是文化民粹主义立场,这种重视快感、强调大众文化与日常生活的相关性、关注大众文化主体的民粹主义立场对于真正分析大众文化无疑具有积极的价值。

(三) 追星文化与追星经济

费斯克和追星文化(fandom)理论实际上就是从能动观众理论中产生和发展出来的。他认为,追星文化就是工业化社会中大众文化的一种提升(heightened)形式,粉丝则是一些"过度的读者"(excessive reader)。费斯克把追星文化视做特殊类型的大众文化,因为它是区别于"较'正常'的大众受众文化"的大众文化(the culture of more 'normal' popular audience)。要理解这一观点,就必须明白费斯克的分类法。首先,费斯克认为,大众受众区别于精英受众,前者以"为我所用"的方式对待大众文化文本,而后者则极度敬畏精英文化文本(各种所谓的"不朽经典"),不敢对文本抱一种实用主义的态度。其次,较"正常"的受众又区别于狂热的追星受众。后一种区别主要在于:所有大众受众都能够通过从文化工业产品创造出与自身社会情境相关的意义及快感,从而不同程度地从事着符号/文化生产,但"追星族却经常将这些符号生产转化为可在追星族社群中传播的符号,并以此来帮助界定该粉丝社群的某种文本生产形式。追星族创造了一种拥有自己的生产及流通体系的追星文化"[1]。也就是说,一般的大众虽然也积极地解读和消费文化产品,却止于个人的解读,而追星族则在此基础上创造出了可以在自己的圈子内进行交流的文化产品。可贵的是,虽然费斯克竭力为追星族的创造力辩护,但由于受葛兰西文化霸权理论的影响,他认识到追星文化与文化工业的关系是非常复杂的,既不是简单的合谋,也不是绝对的对抗。一方面,逐星者无法独立于资本主义的工商业体系而存在,相反,他们为文化工业提供了一个巨大的"额外"市场,追星族不仅经常大量购买大众文化产品,而且为文化工业部门提供了许多宝贵而又免费的有关市场趋势和偏好的反馈。追星族与文化工业之间的斗争一直不断,在这场斗争中,文化工业试图收编追星族的文化趣味,而追星族则对文化工业产品进行反收编。费斯克指出:"在资本主义社会,大众文化必然是从资本主义的产品中生产出来的,因为民众拥有的就是这些东西。大众文化和文化工业的关系因而是复杂和迷人的,这种关系有时候是对抗性的,有时候又是共谋或合作性的,但民众从来没有听任文化工业的摆布——他们选择将某些商品打造成通俗文化,但他们拒绝的商品远比其采纳的要多。追星者是民众中最具辨识力、最挑剔的群体,追星族生产的文化资本也是所有文化资本中最发达、最显眼的。"[2]

五、后现代主义的媒介文化研究

后现代主义的媒介文化研究可以追溯到 20 世纪五六十年代后现代主义理论在美国和英国的起源。20 世纪 50 年代后期和 60 年代早期,后现代主义的端倪就已经出现了。苏珊·桑塔格用"新感性"来称谓这一文化现象。但是,奇怪的是早期的后现代主义研究,一般较热衷于阐明与现代主义有关的高级艺术,特别是建筑、绘画与文学。晚近,德勒兹将后现代主义的讨论延伸到

---

[1] Fiske, John(1992). "The Cultural Economy of Fandom" In *The Adoring Audience: Fan Culture and Popular Media*, ed. Lisa Lewis, London:Routledge, p. 39.
[2] Fiske, John(1992). "The Cultural Economy of Fandom" In *The Adoring Audience: Fan Culture and Popular Media*, ed. Lisa Lewis, London:Routledge, p. 48.

有关电影的讨论中,报刊、广播电视等大众媒介文化研究在那个时代的后现代研究中始终处于边缘地位。在具有代表性的后现代理论家中,鲍德里亚真正将研究的触角伸向了大众传媒,于是,后现代的媒介文化研究才成为一个十分重要的领域。

　　后现代主义所探讨的问题是多元的,然而,虽然内部千变万化,后现代主义在与一些批判性问题的联系中已获得某种凝聚力。早在20世纪60年代,后现代媒介文化研究就开始出现自身的一些个性特点。在苏珊·桑塔格和莱斯利·费德勒的研究中,就已出现对所谓"新感性"的颂扬,她们的研究表明对文化进行"高级"与"低级"的区分已没有意义。"新感性"崇尚自由、感性,反对现代主义文化杰出人物统治论。反叛性、消解性是后现代文化的一种特质。英国学者哈尔·福斯特将后现代主义划分为反抗的后现代主义和极端保守的后现代主义。前者对文化持有积极的态度,而后者对文化持有的是消极的态度,认为文化正在走向衰落。特别是到了20世纪90年代以后电子媒介迅猛发展,使人们对后现代主义文化的认知更加清晰,争论、分歧越来越少。网络空间、信息高速公路、虚拟时空使人们对现实产生质疑。

　　后现代主义媒介文化研究将传媒作为游戏世界,显然富有创新意义。所谓"游戏世界"意义乃在消解此前的意义世界(文化世界、权力世界、文本世界),但是却并非没有意义,而是具备无意义的意义。在它看来,意识形态、政治经济、文化权力、性别话语、全球视角等等,都并非最重要、最根本的意义,真正重要、真正根本的意义还在"播撒""替补""延宕"之中。既定的意义中心,只有通过反本质、反中心的游戏才能够解构。因此,以无意义的世界(游戏世界)来消解此前的意义世界(文化世界、权力世界、文本世界),这本身就颇具意义。尽管反对经济化约论,但与文化研究学派等不同,后现代主义关注的不是一个权力核心,而是强调权力无处不在,消解意义、消解权力核心的意图十分明显。对传媒所创造的新世界,后现代主义研究者都给予了高度的关注,鲍德里亚对于传媒功能的批判,居伊·德波对于传媒所创造的奇观世界的批判等都具有鲜明的特色。

　　鲍德里亚1981年在《拟像与仿真》一书中提出了一个"拟像世界"的概念,在这个世界里,人们对真实世界失去兴趣,却沉溺在"拟像"(simulation)之中。这"拟像"不是复制真实世界的能指,而是虚无缥缈的、与真实世界毫无关系的能指游戏。例如,人们对名牌商品青睐有加,但人们喜欢的是品牌"符号",而这符号与其真实价值无关。人们为何会如此对待现代商品?因为现代传媒与商品生产的合谋,使得现象与真实之间的区别慢慢被腐蚀,真与假的边界渐渐融化,人们长期浸淫在大众媒体炮制的"信息"或"噪声"之中,再分不出真实和现象。鲍德里亚把"拟像"概念推向极致:世界不再有真实,一切"真实"都因"拟像"或"虚拟"而生,人们以为电视中的医生演员真是医生,人们以为电影中的一切都是真实的。传统的"真实感"消失殆尽。在海湾战争期间,鲍德里亚甚至对英国《卫报》声称:"海湾战争并未发生。"其实,在鲍德里亚看来,世界各国的人们对海湾战争的认知绝大多数是建立在美国等国家的新闻媒体的报道上,这样一来,对于战争的态度、意见等完全受制于西方媒体,于是真实的战争与媒体上的"战争"就混淆了,人们误以为那些媒体报道的就是真实的战争情景。媒体上的"战争"与逼真的好莱坞"战争大片"并无多大区别。鲍德里亚质疑的就是媒体的"在场性"。

鲍德里亚认为媒介从根本瓦解了现代社会和现代主体,媒介充斥着表征的逻辑和自由主义/决定主义二元律,更重要的是媒介充斥自由主体的形象。他指出:"媒介只不过是一种奇妙无比的工具,使现实(the real)与真实(the true)以及所有的历史或政治之真(truth)全都失去稳定性……我们沉迷于媒介,失去它们便难以为继……这一结果不是因为我们渴求文化、交流与信息,而是由于媒介的操作颠倒真伪、摧毁意义。人们渴求作秀表演和拟仿……便是对历史及政治理智的最后通牒做自发的全面抵制。"①在鲍德里亚看来,媒介将一种新的文化形态植入日常生活的中心,这是一种置于启蒙主义理智与非理性对立之外的新文化。在他看来,媒介只生产拟像,既创造现实的强化形式又创造现实的替代品。在媒介的例证中,鲍德里亚最喜欢的是民意测验,尽管这并非他所期望的。电影、电台和电视一样,民意测验将拟仿的某个层面引入日常生活。而最重要的特征是媒介引入了一种文化原则,而这种原则不符合现代的任何形态。媒介还给现代政治的实践和观念造成极大的破坏。

鲍德里亚描述了一种新的围绕着模拟而组织起来的后现代社会,在这种模拟中,模态(models)、语码(codes)、传播、信息和媒体等都是完全不同于现代主义的创造性产物。在鲍德里亚的理论中,主体性被分化并且失落了。波斯特指出:"电子传播构建主体的方式与构建现代主要机构的方式不同。模式化实践促成的主体身份具有自律性和工具理性,如果说现代性或生产方式所意指的是这些模式化实践,那么后现代性或信息方式所标明的交往实践则构建了不稳定的、多重的和分散的主体。"②

---

① 转引自马克·波斯特:《第二媒介时代》,南京大学出版社2000年版,第20页。
② 马克·波斯特:《第二媒体时代》,南京大学出版社2000年版,第45页。

随着消费与传媒的结合,传媒成为消费最适合最忠实的载体。鲍德里亚在《消费社会》中对大众传媒有专门章节论述,这表明大众传媒在消费社会的重要性。鲍德里亚对大众传媒的本质进行了揭露,揭示出了大众传媒在消费社会中的真正面目。"铁路带来的'信息',并非它运送的煤炭或旅客,而是一种世界观,一种新的结合状态,等等。电视带来的'信息',并非它传送的画面,而是它造成的新的关系和感知模式,家庭和集团传统结构的改变。谈得更远一些,在电视和当代大众传媒的情形中,被接受、吸收、'消费'的,与其说是某个场景,不如说是所有场景的潜在性。"①每一种媒介所承载的信息是经过剪辑和过滤的世界实体,我们解读的是已变为符号系统的世界。我们进行的是信息无比丰富的封闭式日常生活,这其中不在场的"事实"恰恰是最真实的。人们坐在家中就可知天下大事和大势,传媒技术的完善与世界真实的缺席互相填补。消费的物质性与传媒的功利性达成了完美的价值契合,显现出"大众传媒的真相:它们的功能是对世界的特性、唯一只叙述事件的特性进行中性化,代之以一个配备了多种相互同质、互为意义并互相参照的传媒宇宙。在此范围内,它们互相成为内容——而这便是消费社会的总体'信息'。"②媒介的大肆传播,为大众带来便利,都是以获得利润为前提的,在最大多数时候,媒介的私利远远高出真实的信息传播功能。

居伊·德波强调在资本主义社会,由于商品与劳动相分离,商品就成了一种客观化的存在,从而使工人异化于真正的自我。这一过程的强化,不仅仅使工人在公共场合受到异化,而且在个人生活方面也同样受到异化。媒介和文化的商品化铸造了在表面上看起来同样像物的各种影像和表征。人们每天晚上在电视新闻上看到的各种图像已呈现出一种自主性的表象,这种表象看起来与日常生活几乎没有多少联系。德波认为,这就是我们能够在收看电视里反映海湾战争的密集轰炸新闻时,从表面上看几乎没有什么政治效果的原因。场景具有意识形态的性质,因为民众远离于影像制造的方法,并且被迫进入一种麻木被动的形式。他们的娱乐消费渐渐具有了某种被强制性,而在娱乐中掩盖了决定现有诸种权力的关系。传媒富有想象力,总是千方百计维持一种与日常生活更为互动的关系。

在德波写于 20 世纪 90 年代的著作中,他对媒介文化带来的后现代性的变化进行了批判,采访录音器、速时新闻、千变万化的时装和三分钟的通俗录

---

① 让·鲍德里亚:《消费社会》,南京大学出版社 2000 年版,第 15 页。
② 同上,第 129 页。

像泯灭了历史感。媒介话语动荡和变幻的特性决定了许多重要的事情没有思考的空间,以印刷文化和面对面交流为基础的传统公共领域,已经被不给回应留有空间的顺时的单向话语所取代。现代传播系统惊人的速度,使主体的能力逐步丧失,再也没有能力对过去构建起一种稳定的看法。在媒介胡言乱语的白色噪音里,历史和社会语境已销声匿迹。德波指出,对社会概念的物化和离散化,还有对批判论辩和历史知识的消灭,都是为跨国资本的阶级利益服务的。传媒造成的结果是"真实的世界已变成实际的形象,纯粹的形象已转换成实际的存在——可感知到的碎片,它们是催眠行为的有效动力"[1]。德波认为,当代社会商品生产、流通和消费,已经呈现为对"奇观"的生产、流通和消费。因此"奇观即商品"的现象无所不在,"奇观使得一个同时既在又不在的世界变得醒目了,这个世界就是商品控制着生活一切方面的世界"[2]。显然,德波是从这个社会的发展趋势来解释"奇观"问题的,也就是在当代社会,传统的生产方式和法则已经失效,现在重要的是"奇观"的生产、流动与消费。其实,按照德波的观点,整个娱乐文化产业都是"奇观"。从某种商品的促销到新影片的推介活动,越来越像是大众的狂欢活动。其实,大众的参与只是在帮媒体的忙,那个由大众参与的"奇观"与大众没有太多的关系,真正"偷着乐"的是媒体和广告商。在中国,那一个一个的洋节日被炒得沸沸扬扬,渐渐已本土化融入新生一代的生活中,本身就验证了德波的观点。德波的观点算是把握到了后现代阶段媒介文化的某些本质特征。

思考题:

1. 如何理解福柯的规训理论?
2. 如何理解布尔迪厄的场域理论?
3. 霍尔的编码/解码理论的主要内容是什么?
4. 费斯克大众文化快感理论的主要内涵是什么?

---

[1] Guy Debord (1995), *The Society of Spectacle*, New York: Zone, p. 12.
[2] Guy Debord (1995), *The Society of Spectacle*, New York: Zone, p. 23.

第三章 媒介文化的基本特征

法兰克福学派的早期学者阿多诺、霍克海姆在研究"文化工业"这一领域问题时,就曾指出在晚期资本主义阶段媒介文化具有标准化、规格化、可互换性和虚假个人化等特性,这种文化形式将使受众与消费者成为分散与依赖的个体,进而成为媒介生产机构市场营销的目标对象。法兰克福学派关于文化工业特征的观点在今天仍然具有启发意义。与其他文化样式一样,媒介文化也有它自身的一些特性,我们可以从外部关系和内部关系来加以认识。

一、媒介文化的社会特性

从外部关系看,媒介文化的基本特性就是它的社会特性。几乎所有的文化都有群众性,但是没有哪种文化有媒介文化这样广泛的群众参与性,而媒介文化的群众性本身也有明显的特点:休闲性。也就是说,这种文化具有亲和力。在大众传媒传播的文化产生以前,文化的休闲性存在于农业社会中的某些活动中,比如勾栏瓦肆的演出活动、杂耍、斗鸡之类,但并不具有普遍性。文人的活动,往往进入审美形态,与下层民众的文化需求大不相同。大众传播兴起之后,特别是视觉化的电视产生以后,对人们的文化门槛要求大大降低,这使得媒介文化的大众参与程度达到史无前例的状态。所以,当代媒介文化的大众化无论从质的方面还是从量的方面,都不同于历史上任何类型的大众文化。这个特性是由当代社会特殊条件作为其实际基础的。所以,媒介文化的大众性是与其时代特征有密切关系的。

总体而言,当代媒介文化的时代特征表现为:一、它比历史上任何类型的文化都在量的方面更多地影响大众的生活,不论是产量、品种、类型还是人口覆盖范围等;二、当代资本主义经济全球化,带来了生活方式的全球化,因而也带来了文化实践的全球化。全球化的文化工业的运作是以人类基本趣味和生理需求为出发点的,因而也很注重本土化对策,对于调动本土民众文化趣味,文化工业可以说是不遗余力,这是媒介文化大众广泛参与的外来因素;三、媒介技术的突飞猛进,极大地方便了受众的使用,媒介易得性使当代媒介文化进入百姓的日常生活范畴,媒介信息的接受、媒介文化的消费,成为百姓的"第四餐";四、当代社会前所未有的强大生产力和消费能力,使当代媒介文化具有很强的商业色彩。在此背景下,媒介的社会特性就显得异常复杂。

媒介文化不是一个简单的存在。它从不宣称是为政治宣传服务,却潜藏着权力。媒介文化的影响力与受众的参与程度有着密切的关系。到底是先有受众还是先有媒介文化,两者之间的关系充满了悖论。一方面,媒介文化总是由媒体主导从低级形态向高级形态发展,这符合社会大众的愿望;另一方面,媒体为了经济利益,往往迎合部分受众,总是在低层次趣味上寻求受众最大化,这实际造成媒介文化无法真正得到提升。大众传播媒介的存在从根本上决定了媒介文化的影响力。大众传播媒介对当代社会生活的影响,已经渗透到社会的各个方面,也对人们的信息方式产生革命性的影响。在媒介影响力日益强大的今天,谁掌控了媒体,谁就拥有了话语权,谁掌握媒体就掌握政治权力。

媒介文化介入人们的日常生活,构成了它的日常生活性,媒介文化的日常生活性表明,当代社会中的意识形态生产及其传播已经改变了形式。由于媒介文化本身就是一种消费文化,它在日常生活中的渗透使得媒介文化中隐藏的意识形态,特别是生产这种文化的机构所主张的那种意识形态,得以广泛传播。

媒介文化的传播、兴盛、更迭不是仅仅靠理性和逻辑分析可以说清楚的。由于其高度的复杂性及与社会文化结构紧密关联,它在一定周期里产生、传播、兴衰,除了某些可以分析和条理化的部分外,相当一部分内容存在着非理性因素。首先是媒介文化往往涉及人的主观情感、欲望和冲动。这往往与马斯洛所说的"需求层次论"中的"生理需求"有很大的关系。人们的好奇、好思、好名、好利、好戏、好窥视等心理特征,都是媒介文化生产、更新的精神动力,但其中包含了许多非理性的成分。爱和欲望是群众心理学的基本部分,也是力比多(libido)驱力的来源,大众往往陷于激情的漩涡,形成对某种内容的疯狂痴迷或对某个明星的狂热崇拜,从众、追星等现象均是非理性的,布尔迪厄(P. Bourdieu)在分析当代消费社会的种种非理性状态时,提出了一个"场域"理论,无论是科学场、艺术场、新闻场或政治场,都具有这样一种特性和力量:它能使参与到场域中去的人,都不得不与场域保持某种"幻觉"的状态。布尔迪厄强调"场域"对造成个人非理性状态的决定性作用。随着时间的推移,媒介文化也形成一个媒介场,这个媒介场能够让受众放弃自身的思维,跟着"场域"的节奏跳舞。

二、媒介文化的文本特性

(一) 媒介文化的同质化

同质化最初是一个经济学概念,主要指产品在功能、造型、款式等方面趋同,消费者很难区分产品质量的差别。所谓媒介文化的同质化是指在经济全球化的背景下,世界范围的媒介文化内容出现的某种程度的"互文本"现象。媒介文化的同质化则表现为媒介内容的相互模仿、克隆、复制,缺少创新。同质化首先是市场竞争的产物。在媒介林立,市场竞争日益残酷的背景下,媒体的创新动力往往不足,其根源在于,市场前景难以准确判断,弄不好会遭遇失败。为了避免在媒介文化产品市场不必要的创新尝试失败,当他人的市场实践已经有了成功的结果时,照搬他人的现成模式往往是成本最低的市场捷径。伴随着经济生活领域的全球化,文化领域的全球化也在所难免。文化研究学者雷蒙德·威廉斯指出:"文化即是社会生活方式。"[1]社会生活领域的全球化必然在文化领域里反映出来。正如我们今天同样穿耐克鞋、开福特车,人们也一定会追赶同样风格的媒介文化,如同迪斯尼乐园、好莱坞大片风靡全球一样,媒体文化在全球也开始趋同,媒介的普及在瞬间就实现了生活风尚的合并,真正实现了麦克卢汉所说的"地球村"概念。资本与市场的全球化是现代媒介手段导致的一种结果,而随着全球化影响的逐渐深入,人们在接触相同介质的文化后,在审美趣味、文化经验、生活风尚等方面会越来越趋同,从而丧失本土文化的价值和影响力。

同质化在媒介文化的很多领域都有所表现。有新闻同质化、电视节目同质化、电视剧题材同质化等。新闻同质化主要表现为新闻来源单一,媒体记者不关注普通大众的生活,只关注某些热点问题;报纸版面"千报一律",谁的时髦、新潮就克隆谁。选题、组稿一哄而上,缺乏真正独家报道。其实,新闻同质化早在19世纪30年代就已经开始了。19世纪上半叶,美国两大报纸赫斯特的《纽约太阳报》和普利策的《纽约世界报》之间的竞争就最为典型。普利策的"黄童连载漫画故事"在当时获得了巨大的成功,为了争夺读者,《纽约太阳报》也拷贝《纽约世界报》这一版面内容,最后甚至直接用挖墙脚的方式,将《纽约世界报》的人才招到自己的报社来。有些人离开普利策的报纸后转到赫斯特

---

[1]【英】雷蒙德·威廉斯:《文化与社会》,北京大学出版社1991年版,第399页。

所办报纸,仍然照搬普利策报纸的编辑路线,造成两家报纸内容、形式实际的直接雷同。上世纪初,美国大众化报业总体风格都呈现相似性,正是对同质化最好的说明。

电视节目的同质化更为普遍。在一些电视娱乐节目中,如何实现受众参与的最大化,自然是媒体经营者所要考虑的。很显然,自我创新往往要承担失败的风险,而直接照搬现成模式,却容易分得市场一杯羹,因而同质化也表现得更为直接和鲜明。曾经在某省级卫视昙花一现的大型益智电视互动节目"以一敌百"便是对美国 NBC 电视网益智游戏类节目"1 VS 100"(一对百)的克隆。在节目中,1 个选手站在舞台中央与台下的 100 个观众争夺高额奖金,选手和受众同时答题,奖金由最终胜出者获得。节目的核心就是集中凸显 1 个人与 100 人的智力对抗,双方围绕着高额奖金进行着心理和智力上的搏斗,营造出一种紧张、刺激、惊喜的节目氛围。"以一敌百"除了奖金数额、现场情绪、主持人个人感染力、问题设置、互动活跃度等之外,无论是其节目名称、舞台设置、节目流程还是主持人的程式化话语等都是对"1 VS 100"的直接克隆。同样,某省级卫视"我爱记歌词"节目则脱胎于美国 NBC 电视台"合唱小蜜蜂",该节目不仅全盘复制了选手闯关、歌星引唱、现场乐队、伴舞女郎等节目程式,甚至在舞美效果上也力求向该节目靠拢。该节目也同样沿袭了原版节目的理念,即不需要表演,不需要动听,甚至不需要音准,只要你能记住歌词并且大声唱出来(甚至是念出来),你就是胜利者。由此"我爱记歌词"一举成为我国首个门槛最低的互动音乐节目。随后全民唱歌类娱乐节目在各电视台遍地开花,发展态势迅猛。某省级卫视"非诚勿扰"克隆英国同类相亲节目的创意,节目播出后迅速窜红,在全国引起相亲节目热,省市县电视台均有模仿的节目播出。

电视节目同质化现象不仅纵横东西、南北半球,而且其自我复制的速度也是令人咋舌的。在电视连续剧题材领域内,同质化表现为哪类题材火就一哄而上拍哪类题材。《雍正王朝》、《汉武大帝》热播以后,电视屏幕上就流行宫廷戏;《牵手》、《新结婚时代》等剧火了,各家电视台一哄而上,争先恐后地播情感剧;《潜伏》、《暗战》收视率高,于是就有很多机构投拍"谍战剧"。媒介文化产品的雷同,并没有影响到受众的需求,相反,却培养了受众接受某类信息的兴趣和热情。例如,"鉴宝"一类节目热播后,各地电视台都开播"寻宝""收藏"一类节目,引发了受众对收藏的兴趣;"百家讲坛"热播后,各地也开设类似"讲坛",引发人们对历史问题的关注。

这种现象与市场经济环境下的竞争有很大关系,因为媒介生产企业都不愿做没把握的市场探路,市场产品有成熟的市场,只要有同质的产品总能分到一杯羹。另一方面,文化全球化也是媒介内容同质化的主要原因之一。跨国公司通过对受众普遍趣味的研究,制定了适当的传播策略,行之有效的传播策略,使得某类媒介文化形式广泛流行,这种文化生产方式与其他形式的工业生产有相似之处。法国学者阿芒·马特拉认为,跨国公司生产的文化产品在不同的国家、不同的领域都畅通无阻,在不同社会群体不同文化层次的接受范围中成为一种消费对象,并且人们同时发现信息接受过程的中介过程成为一种新的意义生产机制,在不同的试听文化产品中,文化因素是一种混合物,既有本土的,也有时髦。这些越来越多的文化产品成为链接传统性和现代性的中介,它们本身亦成为一种进步的标志。[①]

同质化对媒介内容的丰富性、多样性是一种损害。由受众需要的多样性决定的媒介内容市场也应保持多样性、多层次。合理的发展,是各同类媒体之间呈一种互补性竞争关系。媒介文化同质化将会使媒介内容对受众需求的满足集中在较为单一的层次,并且十分容易造成某类信息传播过量,形成低效重复,这样,不仅对有限的信息资源造成极大浪费,也会使媒体忽略对节目潜在受众的挖掘和开发,致使媒介文化发展处于停滞阶段,极易造成同类节目竞争的无序。同时,媒介文化同质化竞争容易导致新闻内容报道娱乐化、媚俗化。

媒介文化的同质化是十分迅速的,甚至像瘟疫般流行。在当前的媒体环境中,发展中国家不可能发展出纯粹的本土媒体文化去抵抗西方的媒体文化,也不可能以本土的媒介娱乐形式来冲淡西方媒介娱乐风潮的影响,因为一进入媒体文化的大环境,文化的同质化现象就会加剧。

同质化所带来的深层次问题值得关注。文化工业的问题不在于它的内容粗鄙、简单和欠优雅,实际上文化工业往往很自觉地改进、更新,从而不断翻出新花样,不断更新包装形式,转化新的产品。然而,在消费主义时代,原本独立的文化、艺术与娱乐,现在都从属于一个目的,并被吸纳于一个虚假的公式之下。这个产业的制造模式就是不断重复,它最具特性的创新只是对大量生产进行改良,而这种所谓的创新仍然不脱离原来的系统范围。媒介技术的迅猛发展,给形式带来无限幻彩。在这种情形下,无数消费者的兴趣也被导向只注意形式,而不关注内容,因为这些内容总是千篇一律,陈腔滥调。

媒介文化生产领域常常也有人提到所谓原创,如原创音乐、原创节目之

---

① 【法】阿芒·马特拉:《世界传播与文化霸权》,陈卫星译,代译序,中央编译出版社,2000年10月,第6页。

类,但实际上与真正的原创相差十万八千里。因为媒介机械复制性是造成同质化的根本原因,媒介文化生产的机械复制的负面影响是对艺术原创性的破坏,是对创新精神的消解。因为现代大众传媒以商业化效果为追求目标,以迎合、满足受众的口味来实现收视率、读报率、点击率的最大化,创新只能是在这个框架中进行,因此,媒介文化中所谓原创只不过是适应大众口味的微调。真正的审美探索,通常是不受欢迎的,例如,20世纪电影领域内进行的种种艺术创新尝试,在今天就无法开展,因为市场要求你随大流而不是独辟蹊径。

阿多诺强调文化产业的标准化并非全部由大量生产所导致,他指出文化工业的"工业"一词不能简单地从字面理解为生产方式或过程。相反,标准化是大量消费的一种必然结果。没有大众参与,就不可能有真正的大众文化,因此,必须让受众感觉起来是自然的,是属于他们自己的文化。标准化的对立面是个性化。在媒介文化生产过程中往往都宣称是有创意的、个性化的,实际上这种个性化是一种伪个性化。伪个性化旨在预防受众抗拒标准化。阿多诺谴责这是通过让听众忘记音乐是被标准化的,而将听众降低到动物或兽性的层次。[①]

(二) 媒介文化的感性化

大众传媒的出现,按照加拿大学者麦克卢汉的说法,既是感官的延伸,反过来也是对感官的按摩。阅读时代,书籍是一种话语世界,它造就的是一种理性文化,但在印刷媒介之后接踵而来的电子媒介使整个文化形态发生了改变,现代文化在现代传播科技的作用下,特别是在数字传播技术、网络技术、多媒体技术等的综合作用下,脱离了以语言为中心的理想主义轨道,日益转向以视觉化内容为中心的感性主义形态。马斯洛的需求层次理论可以为我们找到感性化的脉络。马斯洛需求层次论的第一层是生理需求,而媒介经营者清楚地认识到,只有在第一层次即生理需求上才能寻求到受众人数的最大化。随着物质生活的提高,感性需求越来越成为一种时尚,既是迎合这种潮流,也是自身特征所致。文化只有诉诸感性化的形式,才能引发受众的情感共鸣。

社会大众今天的经验比以往任何时候都视觉化和具象化,信息的直觉化、感性化传播提高了信息接受的效率,而且也产生愉悦和快感。这种"享乐的合理性"的满足,恰好同现代人的心理需求和快节奏的现代生活相契合。

媒介文化本质上是一种快感文化。所谓快感文化,"大众的快感通过身体

[①] T. W. Adorno (2001), *Culture Industry Reconsidered*, In Theodor W. Adorno, *The Adorno Reader* (Brian O'Connor, Ed.), Oxford: Blackwell, pp. 230-238.

来运作,并经由身体被体验或被表达,所以对身体的意义与行为的控制,便成为一种主要的规训机器。"[1]电视中的职业摔跤比赛便是有说服力的文本之一,观众通过观看这样的比赛,获得了冒犯式的身体快感。享乐主义的意识形态和都市生活方式被放大,主要根源乃在于媒介文化的商业化。商业策略、广告效应代替了对人文关怀、审美品位的执著追求。

(三) 媒介文化文本的"生产者式"

媒介文化的文本是一种什么性质的文本呢?费斯克认为,媒介文化的文本属于大众文本,其最终的形式是由大众决定的,他认为正是大众决定了媒介文化的文本形态,"某些文本被大众选择而变成大众文化,另一些文本却被大众抛弃。"[2]他总结了大众文化的种种特征,指出大众文本是一种"生产者式"的(producerly)文本。"'生产者式文本'这个范畴,是用来描述'大众的作者式文本'的,对这样的文本作'作者式'解读,不一定困难,它并未要求读者从文本中创造意义,也不以它和其他文本或日常生活的惊人差异来困扰读者。"[3]费斯克的观点,与传统批判学者观点不同,他基本把握了当代大众文化文本的本质特性。生产者式的文本是一种特殊文本,与传统的精英文化文本有很大差异,它不以生产者的意志为转移,而是引导文化生产者不断调整其文化内容和样式。

例如,风靡中国的"超级女声"就是一个典型的"生产者式文本"。它来源于大众,节目的整个过程受到大众的绝对影响,它所产生的意义、快感和狂欢是大众在接受节目的过程中自己赋予的。节目本身的平民化,大众解读文本意义的开放性都证明了"超级女声"是名副其实的"生产者式文本"。当受众喜欢海选歌星,电视节目就有"超级女声""加油,好男儿";当受众喜欢选秀,电视上就会有各种形式的"达人秀";当受众喜欢相亲节目,就会流行"非诚勿扰""为爱向前冲"一类的节目。当下的许多文化娱乐形式都以大众的趣味为转移。

三、媒介文化的传播劝服形式

20世纪50年代末和60年代初的美国民权运动也极大地借助了电视的影响力和冲击力。马丁·路德·金的助手约翰·刘易斯认为:"这是一个很长的故事。我们没有必要把它讲出来,因为电视记录下了一切。当看到游行的群

---

[1] 费斯克:《理解大众文化》,中央编译出版社2001年版,第98页。
[2] 同上,第127页。
[3] 同上,第128页。

众在催泪瓦斯中挣扎,被马蹄践踏得鲜血直流,被打得青一块紫一块时,电视机前的观众能不感到震惊吗?这些电视画面对观众造成了一种紧迫感——我们必须行动起来,我们必须马上行动起来。"①肯尼迪总统的司法部长尼古拉斯·卡曾巴赫也有相似的看法:"电视屏幕上有许多最令我难忘的场面。其中之一便是当马丁·路德·金带领群众在亚拉巴马南部游行时,三K党人对他们的攻击。三K党人用警棍、水龙头驱赶游行队伍。那是令人心碎的场面。我认为这件事导致了1965年选举法的顺利通过。"②而马丁·路德·金本人也非常了解电视的政治功用,他总要求游行队伍坚持到三大电视网的晚间新闻开播为止。

美国对越战争的终结,与媒体大量报道越南战场血淋淋的实况有很大的关系。正是大量的直观化的新闻报道,再现了越战生灵涂炭的现实,激起了公众的愤怒,导致了全国的反战情绪。是什么力量阻止了战争的继续?是真实的力量,眼见为实的感染力、震撼力激发了公众的正义感和人道主义精神。

逼真诱惑是媒介文化在视觉转向时代最为突出的特点。电视标志着图像时代的来临,技术的发展和后现代的动力一道完成了视觉转向的彻底完成,在此之前"对图像的捍卫"(阿莱斯语)是对"眼见为实"这一原则的捍卫。而图像转向则直接使这一原则不再成为真理,这体现在两点:一方面,电子媒介的虚拟技术的发展让图像有能力在更深的层次上撼动真实与虚假的界限,广告化了的影视文化让图像将能指和所指的关系随意化从而令现实变得不稳定;另一方面,图像技术对现实的再现和表征能力超过了人的视觉感官,放大、重放、慢镜头、蒙太奇等提供了一种比现实自身更加令人信服的现实,由此,它对现实的其他表征方式提出了质疑。网络时代特别是数字化技术的出现,使得信息传递更为快捷,网络的方便快捷,使得公众更便于求得对事件真实性的证明。真实性成为文化消费的一个重要指标。

提供真实性信息传媒所能做的就是再现现实。提供静态的图像和动态的影像,就是满足眼见为实的需求,于是导致在现代条件下的视觉化转向。媒介文化视觉化转向的主要特征,首先是图像占绝对的统治地位,文字游移到后台,文化舞台被图像的灿烂色彩所占据,而且,这个文化舞台不仅仅是舞台,还包括整个世界;其次,这种图像是商品化的,与印刷图像相比极为廉价,图像的泛滥造成了图像的贬值,它丰富而廉价,人们不再试图细读图像,视觉刺激让

---

① 胡讴:《世界电视史话》,中国文联出版公司1992年版,第77页。
② 同上。

人们应接不暇,技术上更具层次感和纵深感的图像在人们的视野中一目了然,在理解中更加平面化;再次,它还可以随时地切换和抓取,数码照相机和数码摄像机的出现成就了此一便利之举;最后也是更深刻的是,丰富且过剩的媒介图像文化开始了对线形逻辑的解构,诸多二元对立开始逐步化解,艺术由个体创作变成了工业化生产,不再是习得的神圣而是日常生活的卑琐,深度削平和所指的随意性使解码在很大程度上失去了意义。逼真的图像文化到底会对社会大众产生什么样的影响?在后现代时代,媒介文化的逼真性已突破了技术上的缺陷,达到了出神入化的境界,我们不禁要担心,人们对真实孜孜以求,最终还是陷入虚拟乃至虚妄的囚笼,这不能不说是现代社会生活的悖论。

　　再来看广告,人们看广告心里很明白,知道那是不真实的,但广告还是吸引了受众的眼球。广告吸引注意力的手段通常包括:违背现实、超现实主义的视觉象征、滑稽视觉模仿、引发情感、高人一等的外表等,运用这些手段来引发认同。

　　广告除了有传递信息的作用之外,还肩负着劝服消费者的目的。在诸多劝服手段中,运用视觉符号进行劝服已成为广告传播的一种重要手段。"换言之,形象或图像正在取代语言成为现代广告的主因,并对其他符号形式形成强大压力。"①

　　在《当代广告学》中,威廉·F·阿伦斯从经济角度将广告发展历程分为四个时期——前工业化时期、工业化时期、工业时期和后工业化时期。而整个广告符号发展历程也是一个由视觉主因——视觉主因向语言主因过渡——语言主因——语言符号与视觉符号不相上下——视觉主因的演变过程。

　　在前工业化早期,"由于大多数人都不识字,因此人们采用代表商品或服务的符号或象征物进行广告宣传,如用一只靴子代表修鞋铺"②。因此,除了纯粹诉诸听觉的叫卖广告外,占据广告的主因是视觉。而到了前工业化晚期,"随着报纸、印刷术的发明和运用,这时盛行的广告形式是印刷广告。在广告中,视觉符号的霸主地位受到文字的挑战,出现了从视觉向语言过渡的趋势。"③工业化时期及工业时期前半期,"大众传播的时代已经到来,社会变得更为城市化和工业化,人民受到更好的教育,生活步调更快。文化水平的提高和印刷费用的降低,形成一种合力,扩展了读者群,还开启了对书面新闻和娱乐

---

① 章俊、饶德江:《读图时代广告符号发展特点及成因》,《当代传播》,2005年第4期。
② 威廉·阿伦斯:《当代广告学》,华夏出版社2000年1月版,第25页。
③ 章俊、饶德江:《读图时代广告符号发展特点及成因》,《当代传播》,2005年第4期。

难以满足的欲望。这些识文断字的读者主要集中在城市和大城镇里,成为我们现在称作大众传播媒介的传播目标,也就是报纸、杂志、书籍、'廉价'小说还有广告等的目标。""在此背景下,语言终于在广告中取得了视觉的霸主地位,虽然广告插图技术也有了很大提高,但它仍然是从属性的。""工业时期后半期,即二战后期,直至70年代,图像因素在经过一段时间沉寂之后卷土重来,短时间内就取得和语言符号并驾齐驱之势。"[①]这一时期,图片在广告中所占的比例越来越重,而新兴的电视广告的影响也越来越大。

"后工业时期大约从1980年开始,这是一个充满剧烈变化的时期,广告表现为视觉符号彻底战胜语言符号,并对语言符号形成威胁和束缚。"[②]造成广告的这种视觉化转向的有着如下社会动因:

1. 社会文化的视觉化转向

随着新世纪电影、电视、网络等大众传播媒介的迅猛发展,我们正进入一个视觉文化时代,图像在不断挤占甚至凌越文字,视觉文化或图像文化已逐渐成为现代文化的主导形态。正如丹尼尔·贝尔所认为的:"目前居统治地位的是视觉观念。声音和影像,尤其是后者组织了美学、统率了观众。在一个大众社会里,这几乎是不可避免的"。[③] 图像崇拜已成为当今文化的盛景,视觉僭越文字的情况无处不在,处于现代社会的人们几乎已经被光怪陆离的形象的海洋淹没了。与直接诉诸人的感官的形象相比,文字受到了巨大的挑战,文化符号趋向于图像霸权已是不争的事实。

作为站在时代风头浪尖上的广告文化,它当然不可能逃脱当代文化整体走向的制约。在广告传播中,视觉符号已占据着绝对性的优越地位,对语言符号形成威胁和束缚。

2. 全球经济一体化的潮流促使现代广告视觉霸权的形成

随着全球经济一体化趋势的加强,世界市场的范围空前扩大,全球性的世界大市场正在形成。而全球经济一体化的发展趋势使全球性企业竞争的焦点已集中为成本竞争、形象竞争及品牌竞争。品牌国际化已是大势所趋。品牌国际化意味着品牌传播也需要国际化,而广告传播的范围也要随之扩展到全世界。李奥贝纳广告公司全球创意总监米格尔·安其拉在谈到2002年戛纳广告节的创意走势时说:"在品牌国际化的背景下,每个品牌都期望把自己的

[①] 朱丽安·西沃卡:《肥皂、性和香烟——美国广告200年经典范例》,光明日报出版社1999年4月版,第38页。
[②] 章俊、饶德江:《读图时代广告符号发展特点及成因》,《当代传播》,2005年第4期。
[③] 罗宣、林亚斐《视觉冲击下的广告文案的唯美诉求》,《宁波广播电视大学学报》2004年第6期。

触角伸向每个角落。因此,广告趋向于尽量不通过本地的语言、文字,而是通过画面或人物表情来表现。"①因为画面、人物表情这些视觉符号具有直观性、易读性等特征,尤其在跨文化传播的背景下,采用这些视觉符号来传播广告信息将更有利于广告目标的达成。

3. 新生代消费者正在成为社会消费主流,这为现代广告视觉转向提供了受众基础

受众的媒介特性会对现代广告传播产生重要影响。当电视在20世纪中叶开始普及后,实际上培育出了第二代消费者——电视的一代或者说"影像的一代",他们是由电视陪伴长大的。而随着互联网的兴起,则形成了第三代消费者——"网络的一代"。"第三代消费者在感知和把握世界时的直观化和形象化上与第二代消费者相比是有过之而无不及",这些新生代消费者是"属于图像思考视觉型的年轻族群……善于运用图像的表达方式,较不习惯阅读文字……"而他们正在成为社会消费主流,他们的生活形态、思维模式、媒介接触习惯等,必然会对广告传播产生直接的制约和影响。

基于这些原因,形象或图像正在取代语言成为现代广告的主因,由此视觉符号也转而成为广告的主导形态。因此,在今天广告创作中,影视类广告特别是电视广告空前繁荣。在中国,"早在1991年,电视广告经营额就占全国广告经营额的28.5%,超过了报纸。而与视觉无关的广播广告却在减少,2001年美国广播广告仅占广告总投放的7.7%,同年中国大陆广播广告的比例是3.6%,而台湾地区也仅为4.9%。"而在非影视类的平面广告中视觉的霸主地位也在日益彰显。威廉·F·阿伦斯认为:"在印刷广告中,图像元素对广告的成败负有重大责任。图片可以用来抓住读者的注意力,表明广告的主体,创造有利的印象,发挥其他众多功能。"以何辉对1979年来《新民晚报》、《羊城晚报》、《北京青年报》等报纸中近5 000条广告的实证研究为证。"从1990年开始,文字和视觉内容并重、互补传递广告信息的创作思想一直保持上升趋势。到了1995年,这种报纸广告创作思想替代以文字单独传达广告信息的思想占据了主流地位,并仍呈上升趋势。1995—1997年,视觉内容在广告文本中占较大比重的广告,占报纸广告总量的比例维持在6%—7%之间(此前,这个比例在大多数年份不超过2%)。1997年至今,视觉内容在广告文本中占较大比重的广告,占报纸广告总量的比例则从7%继续大幅度上升。广告文本的形象化

---

① 章俊、饶德江:《读图时代广告符号发展特点及成因》,《当代传播》,2005年第4期。

特征已经相当明显。"①

现代广告的视觉狂欢趋向对社会文化有着深远的影响。首先它加剧了审美的物化,"当代视觉形象的一个重要功能是将意义的丰富性让位于欲望的诉求","这种形象塑造原则的转变,说到底乃是视觉形象从自律的表现功能向工具理性功能转变的反映。换一种说法,亦即视觉形象正在从无功利的审美向功利性的视觉诉求转变"。这种视觉形象审美物化的现象在广告中表现得非常明显。广告中的视觉表现日益走向物质化、媚俗化。所以,"我们不难发现蒙娜丽莎不断在各种广告作品中出现,而且往往被涂上化妆品,安上胡子,露出洁白的牙齿以宣传产品。而痔疮药的视觉符号表征赫然是罗丹的沉思者"。随之而来,视觉符号的意义也表现出平面化和表层化的倾向。人们在视觉形象的接受上,"已经从本雅明所言审美的静观和意义的体味变成注重当下视觉快感的获得"。对此,周宪先生有过专门的论述:"在商业性的视觉形象中,存在着视觉意义平面化和表层化的倾向。换言之,如果说现代主义绘画的视觉形象要求诉诸观众的深思冥想,诉诸一种静观的话,那么,当代视觉文化更多地是诉诸观众当下的即时反应,一种视觉的表层搜索和欲望唤起,从这个相对的角度来说,当代视觉形象是一种表层形象。"②

另一方面,广告视觉符号的极大丰富在一定程度上也造成了视觉符号的泛滥,由此形成了周宪先生所说的视觉符号意义通货膨胀现象的出现,他提出正像心理学上的知觉研究所揭示的规律一样,外部刺激越强烈,主体的期待水平就越高,而导致感知过度和神经餍足的可能性就越大。因此当视觉符号刺激到达一定程度时,观众一方面对不够刺激的视觉形象无动于衷,另一方面则又会对具有强烈视觉刺激的符号产生依赖性,这就必然导致视觉符号意义的通货膨胀,亦即视觉意义的衰减和退化。"现代广告视觉符号的通货膨胀在加大对消费者视觉冲击的同时,必然不可避免地带来消费者视觉神经的麻痹。"③所以广告创作者不得不想方设法地加强广告作品的视觉刺激以求确保广告对观众的吸引力,这使得广告作品中经常会出现过度夸张、过度刺激的视觉形象。而当观众习惯了这些过度夸张、过度刺激的视觉形象后,广告创作者又要去构思更刺激、更夸张的视觉符号,由此开始了新一轮的恶性循环。

---

① 以上引文见章俊、饶德江:《读图时代广告符号发展特点及成因》,《当代传播》,2005年第4期。
② 以上引文见饶德江、章俊:《现代广告视觉转向的文化批判》,《广告星空》,2006年第2期。
③ 饶德江、章俊:《现代广告视觉转向的文化批判》,《广告星空》,2006年第2期。

四、媒介文化与消费认同

我们已进入一个崇尚消费的社会,消费社会的一个明显特点就是销售与消费无限膨胀。在消费社会背景下,消费文化打破了旧存的交易关系,不仅以漫无节制的"消费欲望"(desire to consume)和"消费癖好"(propensity to consume)取代特定而明确的需求(need),将消费蔓延为生活重心,并且使商品活动渗入生活的每个领域。由此,消费品被赋予过分的价值,整个经济、社会和文化制度被一种消费物质商品的动力所支配和渗透,消费开始控制社会,成为一种完全的生活方式以及生活的目的。

美国市场营销专家菲利普·科特勒曾把人的消费行为分成三个阶段:"第一是量的消费阶段;第二是质的消费阶段;第三是感性消费阶段。"[①]前两个消费阶段是在生活条件制约下自然形成的消费,是较为理性的、实惠型的消费方式。在这两个阶段中,广告对消费观念的影响是有限的。而在第三消费阶段,消费者所重视的已不完全是根据自己必需的物质消费而选择商品,他们购物在很多时候是为了追求一种情感上的渴求,或者是追求一种商品与理想的自我概念的吻合。在这一阶段,生活观念和舆论导向可以产生极为重要的影响,而这正是广告宣传最大的用武之地。广告的最终目的就是刺激、诱惑消费者进行消费,从而使商家、厂家和广告商获利。广告文化的这种功利性与消费文化的物质性在价值上形成了契合,由此广告文化也理所当然在消费社会中扮演了核心角色。"广告文化一旦入主消费社会的文化语境,消费社会的最终目的——把消费者充分调动起来,对于一切需求实行一种心理上的垄断,从而使消费方面的一致与生产方面的完全控制达到完美的统一就指日可待了。"[②]

那么广告是如何刺激、诱导消费者进行消费的呢?

(一)广告引起人们欲求的不断膨胀,进而促使人们不断地购买

广告实际上就是造梦过程,而这些梦与其说是广告制作者外在强加的,不如说是潜藏在消费者心中,广告人以其特有的敏感和表现能力将消费者或意识到或还未觉察的欲望挖掘出来,转化为形象化的符号传达。"如果要想使形象起作用,就必须在消费者那里存在着欲望,同时,广告形象必须与这个欲望相吻合。"[③]所以,"广告所反应的,并非是人们正在进行的活动,而是人们的潜

[①] 陈翔:《消费社会背景下的广告文化批判》,《新闻与传播研究》,2002年第2期。
[②] 同上。
[③] 易乐:《形象之名——当代中国广告透视》,《探求》,2005年第1期。

想总出现在广告里,就某个意义上说,我们所做的,正是把你的情绪包装起来,而后卖给你"。① 由此现代的广告已经超越了市场沟通的功能,开始专注于制造消费动机并使之合理化了。它依靠自身运作的合理性,不靠高压,无需暴力,通过名人明星、俊男美女等形象,或建构美好的生活观念,或绘制温情的神话等,使人们的种种欲望,如归属欲、理想欲、权力欲、安全欲、性欲、刺激欲等在广告中被揭露、被挑起、被煽动,从而使他们积极加入采购大军的行列。广告的连续出现,就是对消费者的消费兴趣与物质欲求进行不断地刺激,从而引起消费者的购买欲望,进而促成其购买行为。

广告作为一种激发人们购买欲望的工具,它不仅满足于迎合消费者的需求,还要不断制造出缺失感来刺激人们的超前消费,使他们渴望购买一些本来不需要的东西。为了达到这一目的,广告往往在人们中间制造一些"虚拟的需求",于是,我们便看到商业广告传播中大量存在的如下事实:对超越现实的富裕生活方式的着力描述;对五光十色、流光溢彩的享乐世界的竭力展示;对充满诱惑力的超前消费的尽情渲染。

于是广告通过制造和召唤新的需要不断打破消费需要的平衡状态,使消费者跟着消费潮流漂浮。这样,人与商品的关系就发生了变化,商品本来是应该为满足人类的需求而生产的,是受人支配的客体,但一旦人们在广告的影响下把这些"虚假的需求"当成真实的需求来满足,这样人的需求事实上已经不能完全受自己的控制,作为客体的商品通过广告反过来支配了人。广告及其刺激的消费充分强化了物对人的支配性和人对物的依附性。

这种"虚假的需求"之所以难以挣脱,归根结底是因为它满足了我们深层的无意识需求。正如詹姆逊所说:"正是这些广告告诉我们,什么是人们无意识的欲望,使我们知道人们对一个乌托邦式的社会有什么样的设想。""广告必须作用于更深一层的欲望,甚至是无意识的需要,有些还和性欲有关。某些饮料广告便有这个特色,宣传说你只要喝这种饮料,不仅会有妙龄女郎偎依着你,而且你会感到生活极其美好,充满了浪漫色彩,诸如此类的夸张。这样,直接的欲望和深层的无意识的需求都得到了满足;你可以梦想一个妙龄女郎甚至更进一步,你可以幻想全部生活都发生改观,四周都是美丽的人,你有充足的时间,无忧无虑,也就是说世界上所有的一切都在这种乌托邦式的状态下改变了、变形了。这些广告正是在悄无声息地告诉你,难道你所渴望的不正是这

---

① 【美】萨特·加利:《广告的符码》,台湾远流图书出版公司1993年8月版,第89页。

种乌托邦式的对世界的改造吗？如果是这样,为什么不用我们的产品呢?"①

（二）广告赋予商品以某种符号意义,人们消费的正是这种符号意义

西方的马克思主义者在论述人的接受条件的变化时曾提出了两个阶段的理论,第一个阶段是从存在向占有的过渡,即人们从创造性的实践活动中退缩到单纯的占有上,需要转化为自我的贪婪;第二个阶段是从占有过渡到炫耀,即特定的物质对象让位于其符号学的表征,对实物的欲求转化为对意义的重视。从后者来说,消费不仅意味着一种物质性的消耗,更是一种对符号价值的占有。商品的符号价值不是凭空产生的而是人为建构和主观赋予的,广告活动就是一个为商品赋值的过程。

广告一词源于拉丁语,含有"广而告之,诱导注意"的意思,是向公众介绍商品,报道服务内容或文化节目等的一种宣传方式。与飞速发展的社会现实相适应,广告传播历经千百年早已今非昔比,和早期简单告知式的广告不同,现代劝服式广告的最大特征是通过对某种生活方式的描述使商品情境化以塑造特定的商品形象来为商品赋值。所以物质方面的功能赋予了商品使用价值,而广告传播则赋予商品符号价值。这些符号价值表达着身份、地位、风格、品位等象征意义,现代人的消费活动所更多看中的不是商品的使用价值,而是这些带有某种象征意义的符号价值。

符号由能指、所指与具体的指涉物组成。符号的能指和所指之间本身并没有必然的关系,是一种自由创造并且约定俗成的过程。当能指与所指的关系是确定和一一对应时,这种对应有助于人们形成对周遭世界的稳定感与实在感。而在如今商品逻辑支配的时代,广告的大批量无限度生产使得能指符号泛滥蔓延,与此同时,却并没有确定具体的指涉物与能指相对应。能指与所指的关系成了一种模糊抽象的关系,即能指不再指涉具体的对象而是自我指涉。在这一过程中,广告人所要做的就是强行赋予广告中符号以意义。

从符号学的角度看,广告中最常见的修辞与叙事技巧就是意义的嫁接。也就是说,把一种与某个商品的符号学上说的能指并不只有必然联系的意义"嫁接"到该商品上。鲍德里亚认为"产品本身并非首要的兴趣所在,必须在该产品上嫁接一套与该产品没有内在联系的意义才能把它卖掉"②,当代销售专家韦勒也指出:"产品广告如果仅仅是将产品简单地介绍给消费者,那是难以吸引消费者的,广告应在介绍使用或享受这种产品时,赋予其一种生动、美好

---

① 【美】詹姆逊:《后现代主义与文化理论》,唐小兵译,北京大学出版社1997年版,第222-223页。
② 【美】马克·波斯特:《第二媒介时代》,南京大学出版社2000年版,第146页。

的形象——如果这种形象是独一无二的,那么效果更好。"①

J.威廉姆生对一则法国香水广告的分析很好地说明了这一过程:"这则广告上并置着两种形象:一瓶法国夏奈尔5号香水和一幅法国著名女影星凯塞琳·德纳芙的肖像。在当代法国社会,德纳芙是高贵、优雅的古典美的代表,是法国女性美的典范,这则广告通过二者的并置,把德纳芙优雅的气质转移到了香水上。从符号学的观点来看,夏奈尔5号与德纳芙的美之间的关系完全是人为的、任意的,二者之间没有任何必然联系,这则广告却使这种人为的东西转变成了香水的一种自然属性,广告强烈地暗示观众:如果你购买一瓶夏奈尔5号香水,你就拥有了德纳芙式的优雅和美丽。罗兰·巴特把这一过程称之为'自然化',即把原本属于文化范畴的东西转变为物的自然属性。"②这样,消费一种产品与消费一种意义就被牵强地,但常常又是不被知觉地联系起来,这种意义常常是非商业化的、非功利的。受广告影响的消费者所消费的就不仅是产品的使用价值,还有人为地、不乏强暴地焊接上去的符号价值或象征"意义"。类似的例子还有很多,如娃哈哈纯净水是纯真爱情的象征,万宝路香烟是真正男子汉的代表,拉芳洗发水是美好生活的标志,等等。总之,在现代广告营造的符号世界中,所指意义使人眼花缭乱、难以辨认。

在广告传播中,能指的漂浮所制造出的符号价值已经成为商品和消费品的重要组成部分。人们购置物品已经不仅是因为这些物品本身具有的内涵,而更多的是因为这些物品所代表的符号价值。当那些原本只是大众世俗的日常生活用品与种种文化特征联系在一起的时候,它们被赋予了新的符号价值,此时再去认真辨认其原有的使用功能就不那么容易了。"也就是说,当这些符号形象充斥广告并被发挥到极致时,我们就进入了波德里亚所说的模拟世界或时代。难以计数的符号和形象流动生产出无休止的现实模拟,消费者往往失去对现实的把握,好比当一个男人抽着万宝路香烟的时候,他就成为一个真正的男人,用了飘柔洗发水他就会更自信。"③由此在广告中符号消费开始获得了与实物消费同等的意义:只要你购买此物,就会获得某种欲望满足的快感,成就某种价值意义。广告制造出的虚拟世界已使商品的符号价值大大超过了商品的本身具有的物质价值,人们生活在广告虚拟的仿像世界中而不自知,甚至不由自主地按广告宣传来消费。但实际上这种仿像或者说比真实还真实的

---

① 李敏:《试论消费社会背景下现代广告的文化意义》,《武汉科技学院学报》,2004年12月。
② 罗钢、王中忱主编:《消费文化读本·前言》,中国社会科学出版社2003年版,第25-26页。
③ 饶德江、章俊:《现代广告视觉转向的文化批判》,《广告星空》,2006年第2期。

形象符号是不可能永远真实的,能指与所指,产品与意义之间的任意联结使得它常常具有欺骗的性质,它只是诱惑并操纵消费者的手段而已。"如果人们在广告中看到世界各国儿童和谐友爱地站在一起高唱《可口可乐之歌》时就以为这个世界真是如此安详和平那可就太天真了!"①

思考题:

1. 媒介文化的社会特征有哪些?
2. 媒介文化的同质化主要表现在哪些方面?
3. 为什么说媒介文化的文本是"生产者式"的文本?

---

① 饶德江、章俊:《现代广告视觉转向的文化批判》,《广告星空》,2006年第2期。

第四章 媒介文化的生产

大众传媒的生产是一个复杂过程,探讨媒介文化不能不对它的生产过程有所了解。大众传媒为什么而存在?或者说大众传媒存在的社会意义是什么?很显然,大众传媒不可能专门提供给社会"免费的午餐"而自己分文不取。那么,它又是如何运作的呢?首先,媒介文化具有使用价值,也具有交换价值,只不过使用价值在受众那里体现出来,交换价值却是发生在广告商与传媒之间。传媒用自己生产的文化产品换取了受众的注意力,然后再拿受众注意力指标去与广告商谈判。于是,关键点产生了:究竟什么样的传媒内容才能实现受众的最大化?这取决于传媒生产行为——生产什么,如何生产等。

一、媒介文化的文本与话语生产

斯图亚特·霍尔指出,信息传播应该通过生产、流通、分配/消费、再生产这一"主导的复杂结构"来考察信息传播过程[①],其传播实践对象乃是以特殊方式组织起来并以符号载体的形式出现的各种意义和信息,它们像任何形式的传播或语言一样,在一种话语的语义链范围之内通过符码的运作而组织起来,其产品以"话语"形式流通。虽然他的主要研究对象是电视话语生产,但在一定程度上揭示了传媒话语生产的普遍意义。

约翰·费斯克提出的文化经济概念认为,文化经济的流通是意义和快感的传播而非货币的周转,"在这种文化经济中,原来的商品(无论是电视节目还是牛仔裤)变成了一个文本,一种具有潜在意义和快感的话语结构,这一话语结构形成了大众文化的重要资源。"[②]费斯克提出了一个生产性受众的概念,而这个生产性受众来源于生产性文本,生产性文本表现为文本具有开放性。生

---

① 【英】斯图亚特·霍尔:《编码,解码》,《文化研究读本》,中国社会科学出版社2000年版,第345页。
② 【美】约翰·费斯克:《理解大众文化》,中央编译出版社2001年版,第33页。

产性文本的概念是费斯克从意大利学者艾柯（Eco）和法国结构主义学者罗兰·巴特（Roland Barthes）的有关文本理论中引申出来的。艾柯把文本分为开放和封闭两种，开放的文本（open text）蕴涵多种含义，是允许丰富而复杂地阅读的文本，要求受众参与；而封闭式文本则相反。巴特则把文本作了可读文本（the readerly text）和可写文本（the writerly text）的区别，简单说来，前者吸引的是一个本质上消极的、接受式的、被规训了的读者，这样的读者倾向于将文本的意义作为既成的意义来接受，是一种相对封闭的文本，易于读者阅读，对读者的要求甚微；相反，后者则不断地要求读者去重新书写文本，并从中创造出意义。诚如费斯克所言，可写文本"凸显了文本本身的'被建构性'（constructedness），邀请读者参与意义的建构"[①]。费斯克认为，电视文本既有可写文本的开放特点，又有可读文本易懂的特点，是种生产性的文本。这种文本"为了满足多种多样的观众，它必须允许阅读中存在大量的文化差别，因而必须在符号中留出相当大的空白，以便亚文化用来协和，来形成他们的意义，而不是发行人想提供的意义"[②]。这也是电视文本能够流行的一个原因。电视反映的是正在发生的事件，这种"现在时"的特征使受众对文本采取生产者的立场。

传媒营造了一个巨大的话语场或话语生产平台，正是这个话语场，容纳并呈现政治、经济、科学、宗教、道德、文学、艺术以及日常生活等各种话语形式，根据自己的意图与模式给予改造，通过转换、移植、膨化、过滤等方式对这些话语进行再组织。社会各种话语都可以进入这个"生产场"，在其中激荡、博弈，优胜劣汰。传媒始终支持强势话语——那个在社会中代表大多数人意志的话语。在这个话语生产场中，市场与商业需要构成了生产的巨大动力，消费主义成为一种新的意识形态，其运行机制则是由政治、经济及文化等规范结构所决定的。

世界上没有一家传媒不声称自己代表正义、公开、公正。然而，这些公正、客观的表述本身早已被证明是一种话语形式。因为不管如何客观真实，只要进入传媒的转述系统，它就必然成为一种带有主观色彩的话语。传媒热衷于在一切领域发言并施加影响，培植自身的影响力，并不是捍卫正义、传播真理，而是要将这种影响力转化为可以用来与广告商做交换广告费的筹码。传媒话语生产建构了一个大众文化场域，这一文化场域突破或某种程度上突破了传

[①]【美】约翰·费斯克：《理解大众文化》，中央编译出版社2001年版，第127页。
[②]【美】约翰·费斯克：《大众经济》，见吴士余主编《大众文化研究》，上海三联书店2001版，第144页。

统的国家、政治地理范畴以及社会范畴。在当代社会,只有传媒对大众文化的场域具有操控能力,而传媒的操控则主要通过对大众文化话语的影响。汤林森指出,"大众媒介正以平稳而快速的步调扩张其技术能力,在西方社会当中,它们对于公私领域的生活进行渗透、报道及再现的能力,已经具备非凡的影响效果"[1],汤林森所说的种种能力合起来就是话语生产能力。

当代传媒话语生产的现状表明:1. 传媒话语生产由现代性背景下的"生产性"转向后现代背景下的"消费性",消费主义成为市场经济文化条件下的意识形态,支配着传媒话语生产;2. 传媒话语需要对其他非传媒话语形式进行再组织以符合大众传播的模式和意图;3. 传媒话语生产作为意义生产,隐含着复杂的社会关系,没有绝对的任意性;4. 媒体拥有话语生产的巨大资源与权力,公众通过顺从或抵制对话语生产的权力关系产生影响。[2] 根据约翰·费斯克的观点,大众可"权且利用"(making do)其话语形式,创造性地、有识别力地使用资本主义提供的资源,从而使媒介文化成为自己的文化。

为了提升影响力,不断提高与广告商做交换的筹码,大众传媒必须"盘活资产",必须不断地寻找话题,制造话题,把大众吸引到传媒营造的话语圈里。"超级女声"可能是大家生活中闻所未闻的新生事物,似乎与受众关系不大,但媒体制造这一话题后,很快它就跟受众有关,并且很快转化成为受众自己的文化,并使受众付出自己的"关切"。媒体从未考虑要创造什么艺术性、审美性,因为他们的目的不是生产而是再生产。

加拿大学者加纳姆认为,"应该首先将大众媒体视为实体,它具有两重性:一是通过媒介商品的生产与交换,直接发挥生产剩余经济的作用;二是通过广告,在其他商品生产部门中间接发挥创造剩余价值的作用"[3]。广告使消费主义无所不在,是传媒的又一重要的话语形式。广告话语具有功能和文化意义,所谓功能是指其促进销售的作用,所谓意义是指它是通过态度、情感、心理等方式影响公众;广告话语的文化意义使广告在空间和时间上得以迁延并影响着日常生活方式。广告的功能往往在其话语意义的掩护与隐藏下完成。布尔迪厄指出,新闻场机制是按市场要求,通过记者对司法场、文学场、艺术场、科学场等各种文化生产领域施加影响。这决定了传媒话语可能的泛广告化语境。如电视开辟了"百家讲坛",但这个"讲坛"不是谁都可以讲,也不是什么话

---

[1] 【英】汤林森:《文化帝国主义》,上海人民出版社1999年版,第45页。
[2] 蔡敏:《传媒话语的生产与控制》,《现代传播》2002年第6期。
[3] 【加】文森特·莫斯可:《传播政治经济学》,华夏出版社2000年版,第102页。

题都可以讲的，而话题的取舍，完全要看讲者的表达水平和话题的受众欢迎程度，如果收视率不高，媒体是不会硬挺的，这个节目内容到形式都有指向受众最大化的设定要求。另外，可以参与利益分割的部门团体，也参与节目的控制，他们并不是慈善家，不可能专门为公众提供"免费的午餐"，因此，公益事业的表面下暗藏着商业利益的追求，由"排行榜""读者最喜欢"等话语就可明白，这个话语场可供出售。其真正目的很可能是广告而非知识。电视或报纸开设汽车、时装、保健、家居生活等栏目、版面，充满诱惑的图像和说服性文本使生活审美化，其真实目的则是消费，新闻、广告、艺术、文化等混合在一起，我们很难通过话语形式把它们区分开，唯一的区别就是看这些文本或图像的刊载、播出是否收费。尽管一般来说，有关法律如广告法，试图限制新闻性话语与广告性话语的混合，但操作上却较困难。广告主也乐意利用记者的权威或受众对新闻性话语的信任。你阅读了一段很有吸引力的文章，它充满了对于健康的关怀和严肃的科学理论，但最后进入你眼帘的却是药品推销商、医院或健身器材销售商的地址。不管公众是否乐意，他们只得接受这种话语和话语方式，抵制与反抗是十分困难的。传媒自身也需要这种广告性话语形式，比如，它定期向公众发布收视率、"发行量"等信息，或评选观众、读者最喜欢的节目与栏目排行榜，或公布读者来信，表扬或者批评等，说白了都是推销自己。

媒体常常以"一个精心打造的某某栏目""心有多大舞台就有多大"为自己作广告，当媒体在宣传某种产品时，它一定表现出极其真诚，凡产品中涉及的价值、意义、功能、疗效等无不称赞到极致。它也许忘记了它曾经做过的产品广告，大众也不会去注意它是否讲究原则，为何每种产品只要在它那儿做广告，就会得到同样称赞。广告话语多数情况下还通过制造话题来影响受众。例如，关于送礼的流行趋势，广告会说，"今年过节不收礼，收礼就收脑白金"，也许，开始人们不会真地相信这套做法，但后来慢慢就会受其影响。广告说开某种品牌的汽车，能尽享欧陆的高贵典雅，于是，在媒体久而久之的宣传中，这种观念就会成为人们选择汽车过程中的话语，虽然不一定会买这一品牌的汽车，但选择汽车时就会多一种观念。那么，推而广之，在一切由传媒引导的消费领域，广告话语最终都会转化为现实的消费观念。在形成流行的商业主导话语后，产品的销售变得顺畅了，媒体又开始酝酿新的话语了。社会主流话语的变迁很大程度上都与传媒话语的生产有很大关系。

二、媒介文化生产中的明星制造与偶像崇拜

世界各国的媒介文化中几乎都存在一个共同点即都离不开明星文化。早

在大众传播还不很发达的19世纪,当时的大众化报业竞争就知道将吸引受众眼球作为自己的重要目标。在没有重大新闻的日子里,《纽约世界报》就会在报纸的头版刊登"美人照",并且将这一传统维持了相当长一段时间。在当今的大众传媒中几乎没有一天可以离开明星、偶像,我们可以很容易地在休闲期刊的封面上、电视剧中、报纸的娱乐版面上、广播电视的娱乐节目中找到明星的踪影。媒体热衷于追捧明星,关注他们的一点一滴,甚至不惜重金挖掘他们的私生活加以报道,逐渐地,明星信息成为媒体关注、公众关注的重要内容。在市场经济时代,媒体的功能越来越简化,明星制造是媒体追求商业利润的必然选择,在新的历史时期,社会的转型使得偶像的制造因偶像崇拜需求的多元化变得更加快速与复杂。偶像的制造在媒介文化生产中占据一定的位置,并且由偶像制造所引发的偶像消费与偶像崇拜逐渐成为当代媒介文化的特殊景观。

1. 明星制造与"追星"现象

媒介文化生产中明星制造是一个较为突出的现象。明星们凭借媒体而家喻户晓,甚至成为一些人竞相追崇的偶像,头上闪耀着夺目的光环。随着文化消费的多元化时代的到来,明星的涌现越来越多,明星不再是一个简单的存在,他关系到文化形式、市场效益、媒体、广告等方方面面。一些西方学者认为,明星文化与时尚文化是20世纪媒体造就的两种重要文化形式和社会现象,两者相互依存,紧密相连。在很多情况下,明星成为时尚传播的重要载体和狂热模仿的对象,以致"追星"本身就被视为一种20世纪的流行时尚。从"猫王"普莱斯利、披头士列侬、滚石乐队和麦当娜、迈克尔·杰克逊等流行歌星,到詹姆斯·迪恩、马龙·白兰度、伊丽莎白·泰勒、玛丽莲·梦露和汤姆·克鲁斯等好莱坞影星以及贝克汉姆、罗纳尔多等体育明星,都曾先后成为二战以后西方年轻人疯狂追逐的文化偶像。他们的穿着打扮、举止仪态以及处世风格都一度成为当时流行的时尚,被成千上万的青少年膜拜仿效。

有明星的存在就一定会有追星族(fans)。追星是指"对特定的明星,或对特定的内容类别,表现出(非常特别的)强调和极度喜爱"①。最温和的一类追星只是被明星吸引,而最狂热的一类追星,则会投入极热烈的情感,积极主动地关注明星。像"超级女声"的"粉丝"团。"追星文化已经不是以往所谓的'偶像崇拜'现象,它是一个情绪出口、社交话题、生活调剂品和经济活动。"②明星

---

① 伊莲:《不是"偶像崇拜",是"迷文化"》,http://sex.ncu.edu.tw/members/ho/study.
② 【美】迈克尔·舒德森:《广告——艰难的说服》"引言",华夏出版社2003年版,第3页。

张扬的个性,随心所欲的生活方式,令当今追求自我的年轻人羡慕不已。通过"追星"来象征性地实现自己对自由、成功、独立的追求和向往。追星现象的发生,可以从弗洛伊德精神分析学中的相关理论得到解释。精神分析学中提到儿童性心理的发展要经过口腔、肛门、生殖器三个阶段的自恋期,在告别自恋期进入他恋期,如果人格发展正常,就会具有理想人格,合乎社会规范,为社会所接纳。这一过程中,"移情""补偿"起了关键的作用。如果不能很好地"移情",就会陷入"恋父情结"或"恋母情结"而成为精神病患者。在摆脱了"恋父""恋母"的状态后,青少年需要有一个替代的"移情"对象,于是,学习、游戏、偶像崇拜均成为移情对象。偶像成为最直接的"移情"对象。追星者往往说不清原因,完全由一种感性状态控制着。实际上,所有青少年的"偶像崇拜"过程都是一样的,崇拜拥有能力、地位和独立的偶像,希望通过偶像崇拜来实现独立自主的目的。从某种意义上说,这不过是将偶像当作了老师和父母的代替品,让偶像来行使老师和父母对自己的控制。

另外,从社会心理角度说,追星者需要寻找自我。当他们或早或迟地走过童年,面对纷繁的世界时,往往会感到无所适从:"我是谁?我从哪里来?我要到哪里去?"他们这种内心深处的困惑缘于心中没有建立起一个稳定的自我形象,即所谓"自我同一性"。此时,他们开始思索自我的意义,他们急需一个看得见、摸得着的活生生的形象作为自我的代表。这个自我的代表首先体现出追星者的个性要求,其次是形象特点。于是明星出现了。如果明星能够有足以让他们佩服的表演,就会成为被崇拜的偶像。从这个角度来说偶像是崇拜者的代言人,是崇拜者的理想自我,也是崇拜者心目中的未来。

受众对偶像的痴迷,在大众传播的时代,很快就被传媒所利用,制造偶像虽说要有大量的投入,但比起丰厚的回报来,先前的投入显然是值得的。于是,大量的歌星、影星出炉了。明星制造的意义,对于传媒来说,就是生产力,可以带来巨大的商业回报,"超级女声"的成功证明了这一点。对于受众来说,尤其是对青少年来说,那就是情感投射的幻觉想象。

众多的追星是支持文化产业的重要基础,他们总是受到各种宣传意图和传播手段的鼓动和刺激。比如,关注明星的各种资讯,购买明星的媒介产品,消费明星代言的商品。此外,"追星"本身就被视为一种流行时尚,也是一种奇观。当追星族联合起来,以公开而强烈的方式表达他们的喜好时(穿统一的服装、全球追星、自我命名等),他们之间就相互认同,有了心灵的寄托。更有对明星抱有太高期望,投入太多情感的追星族,会有一些极端的表现,如杨丽娟毁家追刘德华十几载,虽老父自杀,也尚未觉悟;武汉女歌迷因思念谢霆锋而跳河寻死;17岁的偏瘫歌迷周枫为周杰伦走遍6省、最后吞下30粒安眠药……偶像崇拜的极端迷狂状态,往往是非理性的。

2. 偶像崇拜的文化机理

崇拜与欣赏的发生机理是不一样的,欣赏是一种审美活动,往往需要有一定的审美知识的积累,而崇拜则是完全感官对对象迷狂式的反应;欣赏是对等的人与人的关系,而崇拜则是悬殊的、人与神的关系。欣赏往往困难、复杂,往往渗透着阶级、文化习俗、经济的成分,而崇拜则是简单的、稚气的、无功利的。由欣赏发展到崇拜,那是一种理性的崇拜。然而,在大众传播成为信息主要来源的今天,崇拜成为大众文化的一个组成部分。偶像崇拜中的成分往往十分复杂,不能简单用欣赏或崇拜来加以区分,通常是兼而有之,对异性偶像的崇拜往往还带有性幻想的成分。

偶像,一般有两种释义:一种为人所崇拜、供奉的雕塑品,是人心目中具有某种神秘力量的象征物;一种是不加批判而盲目加以崇拜的对象,特指一种传统的信仰或理想。可见偶像既有物质性的也有精神性的,是不可分割的对立统一的两面。物质性是说它以物化、现象或者形式客观存在着,精神性是说其存在状态以及广延之后被赋予了某种神秘的力量,以至令其他个体产生信仰及崇拜,并不断被赋予新的涵义。人们对偶像的崇拜,一是对不可抗拒的某些现象的困惑,比如远古时代人类对风雨雷电等神奇的自然现象的好奇,认为冥冥中有某种神秘的力量在支配着这一切,由于恐惧与感到奇怪等心理感应而加以信仰膜拜;再如对灵魂(魔鬼)是否存在的困惑与思考,现代科学试图用电磁波的原理解释灵魂(魔鬼)现象,但是我们依然无法揭示它是否客观存在,所以只在想象意义上约定它的客观存在,等等;二是境遇思想的共通性、感同性,是自我个体另一维生存方式的比拟,首先以理想形式存在,然后实践理想,例如对政治人物的崛起事迹、对娱乐明星"成功"的感同性。一些个体凭借自身禀赋条件、个人努力及客观历史、社会条件等因素的共同作用,实现了其他个体的梦想并被人们所熟知,于是人们也因为所追求的某些物质利益及精神享受与这类人有共通性,感同身受地相信并效仿,形成崇拜。偶像崇拜的实质,似乎是自我的心理寄托和对行为替代载体的迷信,只是一种为"我"所用的信仰与理想具体而微的终极,由"我"赋予"他"某些意义,之后按照自我的方式相信并选择效仿。假如融合了批判,偶像的意义在意义生产机制上就已经被自我摧毁。

3. 偶像崇拜与明星经济

人类对偶像的供奉与崇拜起源于思想意识产生之后,与对神秘力量的恐惧和膜拜及对神话、英雄人物的推崇有关。从远古时期的图腾崇拜到对神话人物、祖先、圣人、英雄人物等的崇敬,偶像在人类历史上一直以符合各个时代自然与社会特点的不同形式存在着。农业社会由于信息传播的不畅,偶像的产生与崇拜往往建立在口头传播、人际传播的基础之上,因而,偶像常常被神话。但在工业化社会,随着传播媒介的发展,传播速度的加快,偶像的产生越来越容易,而且越来越脱离想象世界而进入现实的精神感受世界,偶像崇拜在传播媒介高度发达的消费社会具有一些以往农业社会所没有的特点。首先,神话的偶像转变为现实中的具体的人,偶像变得具体可感了。这样人们对偶像的敬畏成分没有了,取而代之的是发自内心的喜欢;其次,英雄崇拜、圣人崇拜中的崇高精神向往转化为直接的审美心理满足,特别是带有性指向的审美心理满足;第三,偶像符号转化为商品,偶像崇拜的自发自为转化为商业化的消费行为。

偶像符号转化为生产力,是传媒特别是视觉化传媒运作的一个重要方式。明星的影响力成为拉动某些电影票房价值的重要看点,成为某些电视剧提升收视率的"吸铁石"。明星的价值体现在媒介文化产品如电视剧、唱片的生产销售、广告号召等方面,现代大众传媒的生存离不开明星。

从明星制造角度说,传媒机构制造明星获益的并不仅仅是传媒机构自身。以"超级女声"这一盛大的"造星"运动为例。节目制作商湖南卫视、赞助企业蒙牛集团、电信运营商、品牌运营商天娱传媒公司、包装公司、网络公司都从中获利。"超级女声"的成功表明,"造星"过程往往不是一个企业或部门完成的,它需要整体的策划、包装、造势宣传等,最终为受众所接受。江苏卫视的真人秀节目"非诚勿扰",表面是一个相亲节目,实际上也是有效的"造星"节目,这也是千百万女孩踊跃报名参加该节目的一个重要原因,根本原因在于,大众传媒具有赋予地位和价值的功能。"非诚勿扰"给每个女孩提供了一个圆明星梦的平台,而且门槛很低。

当"造星"运动完成后,很快形成相应的产业链。明星成为娱乐文化生产的一个符号。正如姚明参与NBA,李娜为阿迪达斯代言,其真正的价值和意义在于可以成为亿万中国观众期待的偶像,更重要的是可以为传媒机构、广告商、球赛经营者带来商业效益。这样,我们不难看出,其实不论是谁,只要他代表一个国家去打球,他都可能成为这个国家民众心目中的明星。因为,从民族精神和传媒商业运作来说,他只不过是一个带来无尽价值的符号。

约翰·费斯克指出:"大众文化迷具有生产力:他们的着迷行为激励他们去生产自己的文本。这些文本可能是青少年卧室的墙壁、他们的穿着方式、他们的发型和化妆,从而,他们使自己成为其社会与文化效忠从属关系的活生生的指示,主动地和富有生产力地活跃于意义的社会流通过程中。""这种创造了的另一面是'事后的再书写',即假设剧本书写本来应该发生什么,能像前文本那么富有创造性。以这种方式,'迷'的闲聊填补了文本的裂隙。它说明了文本中省略或掩埋了的动机和结果,它扩展了解释的空间,提供了另一种或者额外的洞见;它再诠释,再表现,再创造。原初的文本是一种文化资源,从中可以生产出无数的新文本的范围,但是永远不可能限制使用它的'迷'的创造力和'生产者的特性'。"①费斯克所说的大众文化迷,指的就是追星族的偶像崇拜现象,费斯克揭示了一个事实,那就是追星族在大众文化生产中具有创造性,他们可以生产出新的文本,也就是说,他们任何与明星有关的爱好、收藏、模仿,都可以视作文本的生产,可以挖掘出许多领域商业潜能,比如美容、服饰、时尚等,这就是明星经济。

三、媒介文化中的消费欲望生产

媒介文化的生产,很大程度上是引导社会消费欲望的生产,因此也可以说是消费主义的生产。社会学意义上的消费主义指的是这样一种生活方式:消费的目的不是为了实际需要的满足,而是不断追求被制造出来、被刺激起来的欲望的满足。换言之,人们所消费的,不是商品和服务的使用价值,而是它们的符号象征意义。消费欲望不是凭空产生的,它是被诱导出来的,消费主义产生的根源在经济领域,但它常常是以文化的形式传播和扩张的。高度发达的现代大众传播媒介是消费主义在世界范围内扩张的主要手段。而对于大众传播媒介来说,迎合和鼓动消费主义的最便利和最有力的符号,是视觉形象符号,是生动逼真的图像和色彩斑斓的影像。视觉形象通过电视、报刊、网络呈现出来的一切都是美的——环境、物品、人物、品质等,都是美的。广告对于高雅、现代的生活方式充满炫耀色彩。一瓶饮料简单之极,但人们往往从广告之中可以察觉,种种精美的商品周围还附有一张社会环境、生活观念或者特定文化价值组成的网络。异国风情的沙滩、蔚蓝色的大海、高楼林立的城市、宽敞明亮的居室、激情四溢的男女主人公,这一切时常被无言地注释为现代社会的基本图景。这时可以说,商品的消费同时还是另一种生活的想象。于是,占有或享有这些物质,成为确认自我价值的一个重要指标。在消费主义价值观的主宰下,消费商品对人们无非具有这样两种意义:表现和维持社会差距,并因

---

① 【美】约翰·费斯克:《理解大众文化》,中央编译出版社2001年版,第175页。

此实现自己对商品的满足,并在对商品的占有中取得某种社会地位;满足情感快乐与梦想、欲望等。现代人有太多的自我实现和自我表达依赖于消费商品来完成,这是一种感情、观念和私人生活等方面的全面物化。

商品这两种意义的实现,都需要现代广告、名人报道、影视剧等为代表的媒体视觉形象的大力配合。广告把罗曼蒂克、优美、成功、高贵、不凡、个性等各种意象附着于几乎任何平庸的消费品之上。当然,这些广告的魅力不仅源于某种现实的匮乏,同时还源于独特的历史记忆——这些记忆之中混杂了欠发达国家对于发达国家的羡慕、景仰和模仿,也混杂着对于时尚生活方式的向往。但是,别人创造的这些生活方式为什么是时尚的?好在哪里?人们往往不去思考,某些时候,这个类型的广告的确如同后殖民文化的标本。启用明星偶像加盟是广告制作的常见手段之一。明星可能从人们的身边走过,但明星永远生活在别处。通常的想象之中,明星是这个时代最惬意的一批人。他们周游世界,收入丰厚,香车豪宅,绯闻不断,他们所从事的艺术或者体育带有很大的娱乐成分,他们赢得的崇拜使他们成为一个最有感召力的阶层。对于那些没有足够的经济资本或者家族背景出人头地的少男少女说来,明星梦是最大的幻想。如果某种品牌的洗发剂、矿泉水或者移动电话可能与明星的生活沾边,那么,慷慨解囊就是进入这种幻想的中介。

名人报道和影视剧在培育消费者、激发消费欲望、实现梦想和情感快乐的虚幻满足方面也起着不可忽视的作用。各种明星、名流们是现代社会新的英雄——消费英雄,这些消费英雄代替生产英雄成为了媒体追逐的对象。媒体对他们时尚的穿着打扮、豪华的居室环境、奢侈的生活方式的展示,给世人尤其是追星族们一个仿效的榜样和梦想、欲望的对象。层出不穷的描写现代生活的影视剧,展示的场所也主要从生产场所转移到了消费场所。别墅、度假村、海滩、大型超市、购物广场、酒吧、茶座、迪厅、夜总会、霓虹灯闪烁的都市街头是最经常出现的拍摄场景,荧幕上出现的也多是站在潮流和时尚生活前沿的俊男靓女,他们的主要生活情节也是消费的而非生产的。从影视剧中展现出来的,通常就是这样一个非常世俗化的、充满物欲和感官诱惑的消费世界。媒体的这些变化,无疑是和文化的消费主义化密切相连的,是文化的消费主义化在现代媒体的真实反映。

媒介为适应消费主义意识形态的张扬而实现视觉转向的背后,是媒介本身的消费主义化。作为当代社会主导的文化传播渠道,精神生产部门的商业化也已经充分渗透到大众传播媒介。在物质利益悄然改写政治理想和人文关怀等成为媒介的主要追求目标之后,媒介产品内容和形式的变化必然适应利润增长的需要,实现和商家、资本的合谋。媒介对视觉符号的倚重,一方面是出于商品和服务的形象化展示的需要,另一方面,也是替商家培养消费者和创造不断翻新的消费需求的结果。许多饮料、自行车、摩托车、化妆品以及体育用品均选用了一些青春貌美的年轻偶像作为商品的配角。尽管某些广告——比如某些香皂的广告——更像是挑逗性地横陈女性的胴体,其生产的欲望成分则更为复杂,总之,满足想象就能带动消费,人们在接触这些广告时不可能永远是无动于衷的。

总结一下传媒广告内容,不难发现,宫廷生活、异国风情、明星之梦、爱情亲情、家——这几个因素成为媒介文化中欲望修辞的基本代码系统。受众永远不能识破这其中的诡诈。在日复一日、年复一年的变换、循环中,传达的信息其实十分简单,这些因素就是广告正在竭力倡导的理想生活。商品的使用价值并未消失,但是,某种商品之所以脱颖而出,无疑是因为这种商品投合了人们心目之中隐蔽的期待——这更多地显示出商品的象征功能。这的确令人想到了鲍德里亚式的论调:商品必须先成为某种挑逗人们的符号之后才能为消费者所接受。人们心目之中隐蔽的期待是如何形成的?这时,人们必须意识到广告的意义:媒介文化中的欲望代码系统正在以日积月累的形式向人们提供了一个巨大的白日梦。但是,在现代社会,离开大众传媒,没有了白日梦,生活的意义和价值或许会少了许多,正如美食的意义对于一个失去味觉的人一样。

四、追星与文化经济

按照费斯克的观点,追星族文化可以被看作是一种典型的青年亚文化,它有自己的生产与流通体系。费斯克称之为"影子文化经济"[①]。青年亚文化在当代的变化,突出地表现为那种"披头士列侬"式"充满愤怒"的抗争意识弱化了,即反叛阶级、种族、性别主流文化的意识弱化了,取而代之的是以狂欢化的文化消费来抵制成年人文化,把追星活动看成是他们自己的活动,与父母一代的成年人文化截然不同,并以此为时尚而鄙视成年人文化。虽然这种反叛意识隐而不彰,但仍然可以找到蛛丝马迹,总体上其特点是:以追星来反抗成年人文化即英国学者克拉克所说的"父母文化",拒绝父母或成人干预自己的追星活动。追星族与追星文化被约翰·费斯克看作是抵抗主流文化意义的一部

[①] Lisa Tailor & Andrew Willis, *Media Studies*: *Texts*, *Institutions and Audiences*, Peking University Press, 2004. p. 191.

分,费斯克在他的《追星族的文化经济》一文中说,追星文化即是对主流文化意义的抵抗,追星族典型地与主流价值系统所鄙视的文化形式有着密切的联系①。我们可以找到偶像崇拜的心理学依据,但现实却远没有那么简单。近几年出现的"哈韩""哈日"现象,是偶像亚文化的典型。这表明偶像亚文化在青春期是不可避免的,我们的社会并没有为处于心理断乳期的青少年准备好合适的文化形式,因此,他们对成年人强加的文化产生抵触在所难免。

在市场化商业运作的传媒环境中,娱乐因素在以铺天盖地之势改造着经济的同时,也在改造着我们的媒介文化。在大众传媒时时刻刻、无处不娱乐的传播态势下,靓女帅男的形象经过大众传媒的宣传、包装、生产的速度十分惊人。明星在公共视野中曝光的频率越来越高,其产生与消亡也越来越频繁。成为明星的门槛越来越低。名利诱惑成为明星产生的最大动力,明星的标准由德高望重变为外表门槛:美丽、帅气、活泼、清纯。这样,每个人皆有机会成为明星。因此,明星不是遥不可及的神,而是越来越显现平民化,具有平民性、可模仿性。青少年的追星活动也发生了某些变化。青少年由纯粹的追星转变为参与造星。例如,"超级女声"以受众海选的形式产生大家共同的偶像,实际上也是缩短了受众梦想与现实的距离,舞台上出身草根的选手成了受众本我的外化寄托,准直播形式填补了模拟和真实的差异。"超级女声"面向大众开放的歌唱舞台,模拟现实生活中个体从默默无闻到声名鹊起的成功途径,只是通过电视传播的形式缩短了时间、固定了空间。在"超女"比赛从海选、复赛、晋级赛到年度总决选系列赛的过程中,青少年追星者通过电视、手机等媒介最大化地参与其中,见证平凡女孩到偶像明星的蜕变全过程,通过媒介间接看到了替代性人物,满足自己对于成功的替代性想象。参与选拔与参与遴选新的明星对于青少年受众来说,也充满了成就感,因为他们完成了心目中的偶像塑造,这一活动无论有多疯狂、痴迷都是青少年自己的事情,都与成人主流文化格格不入,体现了极端亚文化属性。

消费文化已经变成新一代人成长记忆的部分,并参与进新一代人价值观的形成。明星文化产品的伪艺术化和拟艺术化使它们迅速渗透进主流文化,无所不在的偶像符号已成为我们社会的奇观,生产流水线的快速运转,源源不断向社会提供商品,在物质消费过剩的时代,人们的文化消费也迅猛增长。消费过剩时代的文化气质是解构,文化产品的细分化导致偶像的过剩,一部电视

---

① Fiske, John, *The Cultural Economy of Fandom*, In Lisa A. Lewis (ed), *The Adoring Audience: Fan Cultural and Popular Media*, London: Rutledge, 1992, pp. 30 – 49.

剧成功了可能随之就产生了一批明星,电视上每天都有可能产生一个明星,每天也有可能消失一个明星,到处都是文化偶像的符号。明星制造就开始进入常态化,产生与消亡都成为极其普遍的事情。

"艳照门"事件使我们对偶像制造有了新的认识。明星、偶像不是社会中孤立的个体,而是对社会富有很强的社会责任的公众人物。明星、偶像在接受公众的崇拜、敬仰并担当起媒体责任的同时,应当充当为社会服务的典范角色。而传媒也不能只看重明星所带来的经济效益,更要看重其广泛的社会影响。

思考题:
1. 媒介文化中话语生产的本质是什么?
2. 偶像崇拜与追星经济之间的关系是怎样的?

第五章 媒介生态与媒介制度

一、媒介文化与媒介生态结构

大众传播媒介技术的飞速发展,给社会带来了巨大的变化,直接影响了社会进程、社会关系和社会行为。正如棒球场的空间尺寸规格决定了这项运动的特性、形式和比赛质量,信息技术和媒介生态形式也同样影响着社会活动。媒介与社会中的个人实际上被一种十分微妙的关系牵扯在一起:媒介为了争夺受众而进行各种运作,受众为了获得娱乐或知晓信息而自愿花费钱财和时间。特别是信息技术的进步,使受众更容易接近媒介,媒介文化消费成为日常生活的一部分,这样,受众久而久之又自然地受到各种媒介的控制,尤其是在政治、经济、文化势力对媒介的控制与渗透的情况下,受众在不知不觉中受到了控制。于是,知识控制在某种程度上取代了传统的暴力与财富的控制地位,争夺知识的控制权成了社会各种组织包括个人的主要社会博弈活动,信息技术使个人能与权力机构进行对抗,例如他们利用电视、报纸来维护自己的权利,而媒介成为诉讼尖兵的一个重要组成部分,媒介的热线电话成为受众信赖的求助对象,我国也是如此。人们往往把媒介作为寻求社会公正的一个说理场所和评判机构。许多问题经过媒体曝光后,往往很容易解决。媒介似乎具有了某种权力,然而,媒介在具有某种权力后就千方百计地利用这种权力来为自己牟取最大的利益。

对于媒介机构来说,正如赛场上球员讲究竞赛技巧一样,技巧的娴熟程度决定了比赛的成败,采用什么"玩法"是教练需要考虑的。媒介市场的竞争正如球赛一样,也很强调"玩法",媒介的竞争之道,全部体现在对受众的争取中,这使得媒介生态变得异常复杂。

"生态学"一词是德国媒介学家 E. 海克尔 1869 年提出的,他在其动物学著作中给生态学下了定义:研究动物与其有机及无机环境之间相互关系的科学,特别是动物与其他生物之间的有益和有害关系。后来,在生态学定义中又增加了生态系统的观点,把生物与环境的关系归纳为物质流动及能量交换;20世纪70年代以来则进一步概括为物质流、能量流及信息流。20世纪30年代,已有不少生态学著作和教科书阐述了一些生态学的基本概念和论点,如食物链、生态位、生物量、生态系统等。在媒介文化研究中加入生态学的观念和方法也来自欧美学者,其核心观念就是引入"生态圈"和"环境"的概念,将对媒介机构的研究植入一个更为宏大的、无处不在的"环境"之中。所谓媒介生态,很显然是受生物学的启发,它指我们社会生活中媒介各构成要素之间、媒介与媒介之间、媒介与其外部环境之间相互关联制约而达到一种相对平衡的结构。媒介生态包含诸多因素,主要是一定时代的政治文化氛围、经济发展水平、社会生活形态和媒介本身的属性、话语立场、人文精神,以及受众方面的教育水平、文化特征、身份背景等。其中媒介性质、地位、影响力、传播理念、价值取向、文化环境等是媒介生态的基本要素。衡量媒介生态状况的好坏,关键看媒介机构如何处理经济效益与社会效益的关系。当然,在市场化时代,媒介面临生存的激烈竞争,经济目标显然会放在第一位,这样媒介生态就面临着有序竞争还是无序竞争的问题。于是,就有了媒介控制的问题。如何对媒介进行控制,使之与社会和谐发展?不同的媒介体制对此的回答不尽相同,也因而形成了不同的媒介生产格局和媒介文化形式。

媒介作为媒介生态系统中的核心,其所扮演的角色十分独特。它连接着受众和经济两头,而经济是媒介尤其是市场经济环境下的媒介所追求的终极目标。实事求是地说,社会影响也是媒介发展的目标,社会对媒介亦有此要求,但不会是媒介自觉追求的终极目标。社会影响力是媒介必须追求的,因为它最终要转化为经济效益回报媒介本身。既然经济是首要目标,那么,媒介活动就围绕经济展开了。这时,广告商就成了媒体争夺的对象了,广告商无疑成为媒介的第一个上帝。然而,广告商并不对媒介本身感兴趣,广告商感兴趣的是媒介对企业的上帝——消费者具有影响力,投资行为完全取决于媒介影响力的大小。而媒介拿什么去与广告商交换?当然是受众的注意力,受众是媒介的第二个上帝,没有受众的关注,也就没有广告商的投资,特别是一些媒介文化产品,受众更是直接的消费者。因此,针对复杂的受众群体,如何有效地争取受众,是媒介机构需要研究的,于是,不同类型受众的文化水平、年龄、职业特点以及不同受众的文化口味、爱好等,都成为媒介生产的重要参考内容。从媒介政治经济学的视角来看,这其中包含了一个资本控制的生态结构,在商品化社会中,媒介服务受众与服务广告商是同时进行的。"一仆二主"的格局成为媒介生态的一个基本框架。当然,我们这里所讨论的内容,显然是针对全球媒介发展的总体特征来说的,中国媒介生态的情况相对要复杂些,政府、政党、媒体、受众共同参与的媒介生态,决定了媒介体制的复杂性,而媒介体制的复杂性,也决定了媒介文化生产形式的复杂性。

媒介——广告商——受众这三角关系中,受众是媒介共同服务的目标。媒介如何使自身的利益最大化,物竞天择,适者生存。从生态学中生态位规律的观点看,任何一种媒介都必然有其特殊的时间与空间上的生态位(Niche),也就是说,媒介有其特殊的生存与发展的土壤和条件,以及它在这一状态下的特有行为和作用,很少有两种媒介能长期占有同一生态位。同属时间生态位的广播和电视,广播占据的是时间中的以传播声音为主的频率空间生态位;电视占据的是时间中的以传播声画为主的频道空间生态位。同属空间生态位的报纸、杂志与书籍,报纸占据的是空间中的生产周期短(通常只有一天)的媒介资源生态位,其单篇文本的字数一般较短;书籍占据的是空间中的生产周期长(通常要一年)的媒介资源生态位,其单篇文本的字数一般较长;而杂志的资源生态位则居于报纸与书籍两者之间。尽管不同的媒体有各自不同的生态位,但他们对受众注意力的追求是一样的,对商业利润的追求动机是一样的,对传播资源中的新闻信息资源的争夺同样是你死我活的,媒介内容的整体趣味、风格渐渐走向一致,因此,中央台的一个节目"火"了,地方台就会蜂拥而上,争相模仿。湖南卫视的"超级女声"节目成功了,于是全国其他省份的类似节目就会纷至沓来。

德弗勒和鲍尔-洛基奇的媒介依赖论认为,我们必须"把社会看作有机的结构;……把媒介系统设想为现代社会结构的一个重要部分,它与个人、群体、组织和其他社会系统具有关系"。这种关系表现在大众传播中就是媒介依赖关系,因此这意味着"生活在一个社会的部分意义就在于个人、群体和大型组织为了达到个人和集体目标,必须依赖其他的人、群体或系统控制的资源,反之亦然"①。传播食物链正是基于传播互动关系和媒介依赖关系而将各种传播生态要素联系起来形成的链环,并承担着描述和解释的功能。

这一系统首先是变化的。媒介不断发展和变化,在现实生活中,城市和区域也在变化,变得移动化和虚拟化。媒介变了,环境变了,媒介与社会、个人之间的相互关系和相互作用也将发生变化。媒介生态系统的变化会影响到媒介的工作方式和受众的接受方式。媒介生态系统变化也会导致社会生态系统的

---

① 【美】德弗勒和鲍尔-洛基奇:《大众传播学诸论》,新华出版社1990年版,第339-340页。

一系列变化。

这一系统是整体的。在信息社会里,人与人的交往日益密切,媒介与社会的互动更加频繁,对媒介生态的研究不仅主张充分考虑媒介系统与外部世界复杂的有机联系,而且强调重视媒介经营管理中由各种要素和资源共同构成的整体关系。大众传播媒介作为社会的一个具有自我特点和结构的子系统,它自身的各种要素和资源之间,它与政治、经济、文化、教育等社会系统之间均存在着相互联系、相互作用、彼此吸引的互动关系。换言之,不论是从传播的角度还是从管理的角度,媒介生态所要研究的都不只是支撑传播活动的几种要素(如信息、媒介、受众)和某些重要资源(如人力资源、财力资源),而是要研究一个有机的相互联系、相互依赖的整体生态系统。

这一系统还是多样存在的。媒介是多样化的和大量的,媒介生态系统的划分方法也是多样的。地球上的媒介有各种各样的形态:报纸、杂志、广播、电视、电影、书籍、通讯、网络、计算机等;每天运行在邮电系统中的邮件有数以千亿计;每天发行的报纸也数以亿计;人类拥有的电话有数十亿部;更有数十亿台电视供人们收视节目;数亿台电脑连着因特网在不停地进行着信息处理和信息交换。所以,无论从媒介的种类、内容而言,还是考虑到它们的形态结构与传播方式、管理方式,这一系统都是多种多样的,正像自然界物种的多样一样。

完整的媒介生态系统应当包括两方面的因素,其一是媒介因素,包括报刊、广播电视、电影、出版、音乐制作等;其二是环境因素,包括对媒介生存起到影响甚至决定性作用的政治、经济、文化教育、自然资源、技术因素等。

对媒介生态进行研究,媒介机构成为一个最好的切入点,因为它处在整个生态环境的中心,成为联系各种环境因素的纽带,失去媒介机构,对媒介生态的研究也就失去了主体对象和意义。

同时,对媒介生态的研究要在媒介机构运行的动态过程中进行,因为社会系统也只有在社会活动中才能体现出它的系统性、整体性和互动性。更重要的是,也只有在媒介机构的运行过程中,才能体现出人与媒体、与社会诸因素——如政治、经济、文化、法律、科技等——相互之间的关系。

二、媒介文化的社会格局

1. 新闻自由与国家政治、法律制度

在媒介文化与全球一体化的进程中,媒介业的发展也与国际潮流保持同步,一些媒介经营方式被移植过来了,而西方国家所曾经遭遇到的问题,自然也会在我国传播业出现。电视的发明人之一——俄裔美籍科学家兹瓦瑞金(Dr. V. K. Zworykin)在庆祝其85岁生日的聚会上不无调侃地说,他偏爱的电视机配件是关掉电视机的开关。因为当他每次打开电视时,十次有九次都是枪战镜头。确实,暴力内容已成为美国电视的顽症。自从20世纪60年代以来关于媒介与社会、家庭、青少年等的研究已经很多,那么,为何直到今天这个问题还没有解决呢?这有必要从媒介体制做一些分析。

从世界范围来看,近年来传播政策总的趋向是由管制向疏导、由限制向扶持方向发展。以美国为例,美国的传播政策建立在两大原则基础之上,即除了国家安全和个人隐私的限制外,还有信息自由交流、媒介机构自由公平竞争。这可以说是美国媒介制度的基本精神,也符合国联精神的最高指导原则。1791年美国国会通过联邦《宪法第一修正案》,明确规定公民拥有言论出版自由,并强调国会不得指定剥夺公民言论出版自由的法律。总统杰弗逊发表了世界新闻史上著名的言论:"民意是我国政府存在的基础,所以文明先于一切的目标就是保持这一权利;如果要我来决定我们是要一个没有报纸的政府,还是要一个没有政府的报纸,我会毫不迟疑地立即回答:我宁愿要后者。"[1]这种观念是美国政府尽量保证新闻自由的重要基础。

在美国,媒介机构独立于政治和政府机构之外,国家不予直接控制,也不需管理媒介机构的活动。美国法律界对新闻自由的支持和保护赋予媒介一定的特许权。美国联邦最高法院强调"言论自由权利的运用以不致妨碍其他宪法条文之规定者为限;任何出版物的权利,以不得恶意诽谤政府或企图颠覆现有政府存在为限"[2]。美国法律实施"判例法",因为19世纪就已有保护新闻自由的判例,实际上使媒介业界始终处在优势地位。因此,在美国,高达90%的新闻纠纷案例都是以保护新闻界权益的前提条件结案的。

美国媒介机构以私有制为主体,在美国,从事媒介业并没有太多、太高的门槛。"美国媒介产业政策的制定、实施和调整,其依据主要有四个方面:意见市场理论(The Marketplace of Ideas Metaphor)、多样化原则(The Diversity Principle)、本地主义原则(Localism)和普遍服务原则(Universal Service)等"[3]。"意见市场"的概念最早来自英国弥尔顿的著作《论出版自由》,意见市场理论指出对待人们的意见应当像对待其他市场产品一样,而管理者的指导

---

[1] 转引自项德生、郑保卫:《新闻学概论》,武汉大学出版社2000年版,第139页。
[2] 周源:《发达国家出版管理制度》,时事出版社2001年版,第247页。
[3] 支庭荣:《美国传播产业政策的全球化取向》,《新闻与传播研究》,2000年第3期。

原则也应当是促进竞争和保证消费者福利最大化。多样化原则也是主导美国传播政策目标演变的一个基本原则,直接来源于美国宪法修正案所强调的对不同渠道甚至敌对渠道的信息尽可能最广泛地发布的精神。本地主义在于保证每个社区至少有一家电视台,并保证电视信号的全面覆盖。普遍服务原则根据人们所拥有的"信息平等权",要求市场上所有的竞争者都应当对普遍服务作出贡献。

1996年克林顿政府时期,美国颁布的新的《电信法》,成为在国际信息传播领域放松管制的又一突破,该法案打破了广播与通信领域合作的限制,也打破了对媒介垄断的一些规定,取消了长期存在的统一市场上电视台和电台合并的禁令,也废除了广播电视网对有线电视系统交叉拥有的限制。所以,至此之后我们看到美国媒介业界大量的产业与资源重组,其中最大的一笔买卖是2000年1月"美国在线"(AOL)与时代-华纳的合并,媒介经济在全球化、商品化和信息化进程中发挥越来越重要的作用。

为了促进媒介产业作为服务业的进一步发展,美国通讯委员会做出新的决定,对美国媒介业界长期存在的禁令——在同一座城市不能同时拥有报纸、电台——进行松绑,这是继广播电视之间、广电与网络公司之间,还有电信与广电之间的兼并整合后,报业领域的自由开放。当然,任何一种新闻自由都不是绝对的,在美国也仍然能看到弥漫在空气中的新闻调控,美国的历届政府都会运用多种手段和技巧左右媒介的报道方向。美国总统可以通过午餐会、联系会的方式与媒介高层达成一致,从而把政府的导向与意图渗透过去,而媒介则借机扩大自身在政府政策、规定方面的影响力。虽然美国的新闻体制与传播政策受制于许多目标,包括政治的、经济的和社会文化的,但从美国来看,总体的趋势是越来越多地运用经济手段进行调控。

2. 社会责任观念难以落实的症结

虽说媒介体制在美国是有利于媒介竞争和发展的,但是,美国媒介的社会责任问题一直也未得到根本的解决。上世纪50年代开始的关于"社会责任论"的讨论,至今也没有完结。上世纪媒介与社会发展所遭遇的问题依然存在。美国曾有专门的调查机构列出了18种具有影响力的大组织,500名各阶层的领导者认定,电视居于首位,其次才是白宫、最高法院、报业、工会、工业界、参议院、政府机构和众议院等。如果不是美国商业电视制度,电视如何能产生如此大的社会影响力!商业竞争环境下,媒介机构无暇顾及社会责任的基本要求,能最大化地获取商业利润便是媒介的终极目标。

随着媒介权力的不断增强和媒介竞争的日趋激烈,各媒介机构都会竭尽犬儒主义之能事,纷纷追求轰动、奇特、耸人听闻的效果,往往都能奏效,这种情形久而久之导致某种新闻观的形成,导致媒介从业人员一味迎合公众低层次的期待心理。渐渐地这些做法成为一种"新闻场效应"。私有制、商业化很难克服媒体迎合受众的毛病。如果要问大众媒介在商业化经营体制下对社会文化的进步作了哪些贡献,回答必然是微乎其微。纯粹私营商业体制的问题十分明显。以香港为例,媒介的社会责任常常依靠媒介伦理、道德的自觉来维护,其约束力可想而知。为了吸引受众和获得赢利,媒介在"新闻自由"的旗号下滥用新闻权力,逐渐丧失了应该有的社会责任感,侵犯他人隐私的事件时有发生。本世纪初发生在香港的《东周刊》事件反映了某些媒介的真实状态。在《东周刊》停刊后,《3周刊》竟然再次登载某受害女星裸照。实际上,这种情形在香港媒介界由来已久。如张国荣跳楼身亡后有媒体想方设法拍摄遗照;艺人陈××在上海跳楼自杀,某周刊重金买来在停尸间偷拍的尸体照片作为封面,杂志在一片谴责声中洛阳纸贵。类似事件在国内也时有发生。这些事件使各界重新思考新闻自由的真正含义。这种缺乏约束的自由,在商业目的的驱动下,给社会和公众带来的只有危害。从某种意义上来讲,媒介新闻自由滥用已经使新闻自由变成一种侵害别人自由的新闻自由。如果以公众"受到伤害"为代价唤起社会"警觉到媒介的道德",这实在是媒介的巨大悲哀。

3. 公民营体制与媒介管理体制的多元化

即使是美国,其媒介体制也并非如香港、菲律宾等一样完全商营。美国还有影响较好的"公共电视网",号称"第四广播网",也有很好的儿童教育电视频道,比如"芝麻街""电气公司"和较早的"罗杰先生的邻居"等。尤其是"芝麻街"节目制作,动员了数百位教育、心理、卫生、语言和音乐等方面的专家,得到近300个机关、团体和基金会的支持,发行范围几乎遍及全球。这一节目的成功说明政府对媒介内容的介入并不完全都是破坏新闻自由的。

在20世纪80年代前的欧洲,媒介机构更多地被看作是政治体系的组成部分,虽然报纸以私营为主,但为了严格限制垄断,政府给与必要的扶持。而在广播电视领域则是以国营、公营为主。随着社会的发展,欧洲各国媒介制度发生了明显的变化,由于大量媒介公司的出现和国家作为管理者地位的削弱,公共广播电视不再具有垄断地位,私人商业化公司和媒体兼并、重组的趋势愈来愈强。

例如,在法国,电视的开播始于1935年,其经营模式经历了从国有化向市场化的转变。从上世纪50年代末期到70年代中期,法国电视的国营体制非常鲜明,戴高乐曾经有一个非常著名的说法:"电视是法国的声音。"60年代初期为了粉碎右翼军人集团的军事政变,戴高乐总统身着军服发表的电视演说所产生的社会影响至今被认为是一个政治传播的经典案例。随着电视生产和经营体制从国营垄断的一元化逐步转向国家和私营并存的多元化,电视的市场经济局面开始出现。80年代开始的法国电视市场化打破了国营垄断,出现了越来越多的电视台,包括全天候24小时播出的电视台(法国电视六台从1988年开始全天候播出,后来电视一台和二台也从1991年开始实行全天候播出)。1987年,在提倡透明度和多元化的政治气氛下,具有右翼政治特色的法国新政府采取了一个最大胆的决定,把具有最大收视率的法国国营电视一台私有化,1994年专门通过的一项法律规定私营电视投资的最高控股比例可以达到49%,企业投资主要来自建筑、自来水工程、运输和金融,也有银行参股。这样,法国媒介私营性质占主导地位的经营特点显现出来。

随着欧洲一体化的进程,其主要国家的媒介制度和政策也表现出一些共同特征来,其中一个最显著的特点就是:审慎的自由化与文化自我保护。法国在报刊管理制度中规定,不得接受外国政府的资金或优惠,同时处于对报业特殊性质的考虑,国家对报刊给予直接或间接的资金援助。法国对广播电视节目也有这方面的规定,要求所有播出时间的60%必须用于播出欧洲的节目作品,至少40%的内容为法语节目制作,否则会处以罚款。在英国,政府被有关法律授权,可以对外国卫星电视节目进行监督,对不符合法律规定的节目可以采取封杀措施。联邦德国规定广播电视节目中信息、文化和教育内容必须占有相应的比例,以助于反映德语地区和欧洲地区文化的多样性。意大利禁止任何一家公司拥有意大利足球转播权的60%。这些规定显然都是出于保护本国文化的考虑。应当说,法国等欧洲国家赋予了媒介新闻自由权利,但也没有放松对该领域的管理,这些管理措施还是相当富有成效的,成为继美国之后管理最为有效的地区之一。

事实证明,我们迫切需要建立起适合我国国情的大众传播制度,完善相关的法律、规章,真正让新闻传播的监管落到实处。在我国现有的媒介体制下,我们对媒介的管理不可能是美国式的,但在对传播业的战略和策略方面是可以借鉴的,尤其是在媒介文化产业发展方面,可以更多使用经济政策调控,同时,让媒体负起一定社会责任,真正让大众媒介发挥其"守门人"功能、决策功能、教师功能、娱乐功能、商业功能等。

三、媒介文化生态中商业化机制

自从有电子传播媒介以来,人们一直习惯于认为,看电视、听广播不过是听听消息、娱乐娱乐而已，它们是当然的"免费的午餐"。特别是近来的报纸，动辄几十版上百版，仍不过一两元钱，甚至只有几毛钱。明眼人一算即知，这点钱也许连印刷成本也不够。那么，为什么在这个市场交换的世界里，电台、电视台、报社会如此慷慨大方？难道它们真的会无偿向你提供"免费的午餐"？说起这一问题，可以从两个方面讲起，一是商品受众及其阅听状况；一是受众所享受/花费的休闲/工作时间。当代大众传播媒介的运作，在经济上有两种方式，一种是由国家支持的，如英国，主要通过向用户征收公共电视收视费来维持媒体的运转；另一种则主要依赖广告的收入来维持媒体的运转、赢利。后者已日益成为当代媒介的基本生存方式。美国政治经济学者斯迈斯（Smythe）从商品经济角度对此进行了探讨。他认为，在后工业社会的条件下，受众实际上已成为一种商品，大众媒介其实就是这种商品的生产者（卖方），而广告商则是买主。他指出，由广告商支持媒介的组织化形式，现在已遍及世界，不仅电视、广播、报纸和杂志，而且电影、戏剧、音乐与表演亦无不如此。斯迈斯在分析这种组织形式时，特别关注媒介的外显功能（传播信息）和媒介的经济结构之间的矛盾。斯迈斯认为问题出在商品上，也就是说，媒介是在向广告商兜售一种商品。这是一种什么商品呢？

1978年，在政治经济学学界研究大众传播现象的阵营中，工作已经数十年之久的老将斯迈斯，突然以石破天惊的语言，强烈批判西方马克思主义者关于传播现象的研究，他批判了包括阿尔杜塞、威廉斯等人在内的"宗师"，指责他们从"意识形态"层面探讨大众媒介，无疑是一种本末倒置，甚至是物化的研究取向。在他看来，大众媒介，尤其是电视，最为重要的经济性功能是生产受众，让他们替资本服务。社会大众所拥有的电视机本身就是替资本作贡献，有了电视等大众媒介，社会大众就开始拥有新的生活来源。这就意味着大众在工作场合以外又要投入大量的时间，以接触广告的方式自觉不自觉地进行有利于资本的消费活动。

斯迈斯提出的"受众商品"概念，包含了三个层次。第一，受众是一种商品（或称商品受众 commodity audience）。大众媒介制作节目的同时也生产了受众。广告商是媒介产品的买主，他们真正要买的不是节目，也不是可用于广告的时间，而是依附在节目上的受众。当受众聚精会神接受传播信息时，已经不知不觉地"打包"出售给了广告商了。第二，受众是媒介产业的劳工。他们在默默地劳动，其劳动的方式就是坐在那里，全神贯注地接受传播信息，将时间完全交给了媒介和广告商。传播媒介并没有提供"免费的午餐"，所谓"免费节目""免费报纸"只是受众劳动的报酬。第三，受众为媒介工业生产剩余价值。

假如电视观众付出一个小时坐在荧屏前,全神贯注地观看某个节目,他在这一小时内为媒介创造的价值大大超过媒介制作这个节目的费用。多出来的价值,便是观众为媒介机构创造的商业利润。

与媒介内容商品化相比,"受众商品"的观点有特别的批评意义。它从一个更广泛的资本主义经济体系来考察媒介。在这一体系中,传播媒介与受众、广告商结成复杂的三角关系相互依存。这一经济体制甚至延伸到受众的私人空间。受众在自己的"闲暇时间"里还必须继续劳动,在流通领域配合资本主义大生产,他们的任务就是准备一份采购定单,将口袋里的钱尽快花掉,以便资本家开始新一轮的投资。

从传统的观点看,广告商从媒介买下的是空间(时间),他利用此空间(时间)向观众推销产品。至于此举是告知大众还是迫使大众接受消费主义,这要看研究者从何种理论立场出发。电视、广播、报纸和杂志由订户得来的利润微乎其微,从媒介方面来说,出售空间是媒介公司的主要收入。那么,按照传统的交换法则,任何电视与报纸的空间都应该在价格上相同才对,但实际上各种不同空间的价格也往往大不相同。即使是同一天同一张报纸如《华盛顿邮报》,第一版和第二十版也价格迥异。美国CNN电视台不同的时段广告价格相差很大,黄金时段的价格与白天时段价格简直有天壤之别。我国中央电视台广告费与一般省市电视台的广告费之间也有极大的差距。为什么此一空间(时间)比另一空间在价格上多出如许? 是因为不同空间(时间)吸引受众的程度不同。斯迈斯就在这一传统答案的后面发现了媒介背后的文化商品和商品受众。在斯迈斯看来,由广告/广告商支持的媒体把所有的娱乐、表演,甚至新闻都看作是媒体的"免费的午餐",目的就是尽一切力量把观众钓到电视机前,而电视机前即是观众/生产者为其生产商品/利润的场所。正因为如此,才有调查公司去调查观众收视率,然后媒介公司再给广告商看调查报告,那些收视指标就是商品的"货色",广告商看"货"定价。这个"货"代表了受众的注意力。斯迈斯从经济基础来定位媒介工业,他干脆认为,从总体看,受众不过是广告商和媒介公司的劳工而已。的确,娱乐工业若没有获得实际利益,怎么会为受众提供免费的午餐? 所以,当受众兴高采烈地享用精彩的娱乐节目时,他实际上是在做苦工,他不仅在消磨时光,也是在以一种相当确定的方式付出自己的精力和时间:他全神贯注地参与节目,实际上做了广告商所支持的媒介公司的社会化背景。他所做的,正如同把时间耗费在无报酬劳动中的工人所为。他在替消费品的生产者执行市场功能,并进行生产与复制劳动力的工作。在当代资本主义社会,所有的时间实际上都已变成工时。受众的这种无报酬的劳动为广告和大众传播工业的口袋赚来了千百万银两。斯迈斯指出：工人下班后的时间，除了睡觉外，都得受垄断资本主义的消费业和服务业所施加的压力。个人的、家庭的与其他社会交往的需要都必须放到产品和行销的脉络中来处理。在不断承受这些几近泛滥的压力下，个人与家庭的任务基本上成为一种"拷贝"。当受众置身其间，形成了他心理的采购单，并把收入花掉时，广告商就从受众工作中获取利益。显然，这是一个有违常理的反向思维：只要把意欲灌输的目标、信念安插进销售对象之中，就可以不付薪水而让他们工作。结果，斯迈斯的观点在西方媒介研究中引起了一场轩然大波。人们纷纷群起而讨伐。一些主张纯粹意识形态批判的西方学院派理论家批评斯迈斯为庸俗唯物论。但也有许多学者则支持斯迈斯的观点。

在市场经济背景下，媒介的竞争主要体现在对受众注意力的争夺上，而尤其以争夺受众的眼球为最激烈。媒介的所谓成功无非是媒介内容获得了受众的青睐。而媒介内容受受众青睐并不意味着这种内容一定是优秀的媒介内容。因为媒介在受众争夺战中往往不择手段，刻意迎合受众的口味。从使用与满足理论角度看，受众最大化往往是体现在视觉信息接受的生理层次上，即马斯洛"需求层次论"的第一层次。具体表现为窥视欲、好奇心、感官刺激等低层次信息接受心理。无论文化水平高低，满足低层次的信息传播，最容易形成共鸣，也就是能实现媒介所追求的受众最大化。受众最大化是量化指标，它被用来作为与广告商交换的商品，最终实现广告收入的最大化。按照梅洛维茨的情境合并的观点，大众传播容易形成知识层面的情境合并。我们应当看到，这种因在最低层面上获得的情境合并，对整个社会大众的趣味的影响会是怎样的一个结果。也正是因为媒介在广告市场上竞争的短视效应，导致媒介内容的低俗化倾向愈演愈烈。在一些资本主义国家和地区如美国、英国、加拿大都存在类似问题。保加利亚、加拿大的一些电视台在新闻竞争中为了吸引受众注意，竟使用裸体女主播播新闻、天气。香港《东周刊》为了扩大发行量，将一女影星受辱照片刊载在封面上。台湾某电视台谈话节目"康熙来了"所谈论的内容往往都与个人隐私、性等有关。

媒介的低俗化也是上世纪90年代以来我国大众传播市场化、娱乐化蓬勃兴起的一种变异现象，其本质上表现为大众媒介在传播活动中放弃自身社会责任，片面迎合部分受众的低级趣味和需要，如炒作明星绯闻、迎合猎奇心理、注重感官刺激、渲染色情暴力等。近一段时间，低俗之风在一些报刊、图书、电视、网络中呈抬头之势，媒介在追求"眼球效应"和经济利益的同时，忘记了自己所承载的社会责任，引起了社会广泛关注。"明星取代了模范，美女挤走了学者，绯闻顶替了事实,娱乐覆盖了文化,低俗代替了端庄",一股弥漫在新闻报道中的低俗之风,已与有偿新闻、虚假报道、不良广告一道,被公众列为中国媒介业的"四大公害",并受到各界的强烈抨击。有学者把当前中国媒介业的低俗之风归纳为六个方面:一是一些社会新闻和娱乐报道细致描写淫秽情节;二是一些事故报道过于直接,场面过分血腥;三是一些媒体热衷于明星的隐私生活和其他花边新闻;四是炒作;五是虚假;六是媚俗。媒介内容为什么会媚俗、庸俗、格调低下?据说是为了"迎合需要",迎合了才有收听收视率,有了收听收视率才有广告,有了广告就有了钱。如此说来,是娱乐的商业化导致了节目的低俗化。

在对媒介内容的指责中,社会责任是经常被使用的批评利器。那么,媒介机构哪些行为被认为是尽到了应尽的社会责任?哪些行为被认为是不负责任的行为?对此问题,美国的"新闻自由委员会"在20世纪40年代就曾给出答案:"新闻界自身应该承担起责任,提供美国所需要的那种类别、数量和质量的信息和讨论。……我们建议新闻界将自己看做在进行一种职业性公共服务。……一个真正的专业人士是不会为了金钱而去做些违背职业精神的事情的。"[1]当人们指控媒介不负责任时,这就意味着媒介机构必须承担某些明确界定的责任,履行与社会达成的某些合约。

从批判视角分析资本主义传媒制度如何影响文化的生产,形成生产场域中无形的结构,正是批判学派所惯常使用的研究范式。自阿尔杜塞、葛兰西以来,对资本主义媒介商业化就一直保持着警惕的、批判姿态。揭示媒介生产过程中的意识形态影响可以说是他们的最大贡献。在商品化社会中,受众表面上看自主性、选择性比以前高了,但这种选择性、自主性是否意味着可以换来主体性呢?阿尔杜塞用了一个非常妥帖的词来称呼商业化背景下人的主体性状态——"召唤主体性"。这个"召唤主体性"其实就是媒介商业化生产出来的新型人格,这个被召唤产生的"主体性"是个赤头赤尾的伪主体性。受众就人格来说是被操控住了(manipulated),在商业制度的生产逻辑下,媒介传达了何种意识形态、话语或价值观,应当说非常清楚明了了。因此,考察传媒制度,更多地应当关注其形而上层面的东西,从根本上来认识商业社会中的传媒制度的实质。

思考题:
1. 如何看待媒介在媒介生态系统中的角色?
2. 社会责任观念难以落实的根源在哪?

---

[1] 【美】新闻自由委员会:《一个自由而负责的新闻界》,中国人民大学出版社2004年版,第56页。

第六章 媒介文化中权力结构

媒介权力——社会影响力,一直是西方媒介研究的重点。从西方媒介研究的历史来看,媒介权力这一概念可以被理解为:大众传播媒介是一种对个人或社会进行影响、操纵、支配的力量,它具有是否或如何报道事件、界定议题以及对议题提供解释与论述,由此形成或塑造公共意见的种种能力。通览西方大众传播发展的历史,我们可以看到,大众媒介在社会进程中所发挥的作用越来越重要,几乎人类历史的每一个重大事件都与大众媒介有着不解之缘。大众媒介在世界大战、美国人权运动、结束越战、总统大选等事件中都发挥着极其重要的作用。自20世纪30年代以来,关于媒介权力的相关研究就一直没有停止过,而相关课题主要集中在媒介功能和效果分析方面。20世纪40年代末,传播学先驱之一、美国政治学家哈罗德·拉斯韦尔在《传播在社会中的结构与功能》一书中认为,大众媒介有三种功能:监视社会环境;协调社会关系;传承社会遗产。其中,"监视社会环境"是和媒介权力有直接关系的理论。传播媒介的一个重要权力作用方式就是"监视环境"。另一位传播学先驱库尔特·卢因提出了传播学研究中的"守门人理论"。1947年,卢因在《群体生活的渠道》一文中,将传播系统内的"守门行为"和"守门人"概念进行了理性阐释。他认为,在传播过程中,信息总是沿着包含有检查点即"门区"或关卡的某些渠道流动,那些能够允许信息通过或禁止信息流通的人或机构,即为"守门人"。"守门人"的主要作用是选择和过滤他所接到的信息。为何中西方都强调把关行为的重要?很显然,大众媒介存在着很大的权力,而且这种权力一旦被滥用,将会对社会产生巨大的危害,同时也清楚地说明媒介工作者或媒介管理者在选择和过滤信息方面所负有的巨大责任。虽然这些针对大众媒介功能的研究并未具体提及媒介权力问题,但实际均涉及媒介对社会所具有的非同小可的影响力。

20世纪30年代开始,针对大众传播效果的研究就一直没有停止过。研的结论中有一点很突出,那就是大众媒介如果被不法之徒利用,将会给社会带来巨大的灾难。像19世纪末挑起"美西战争"的赫斯特和发动第二次世界大战的纳粹德国,都是利用手中的媒介影响社会的负面典型。40年代,拉扎斯菲尔德的实证研究,是典型的劝服研究,关注的是大众媒介到底对大众产生多大的影响。这是从社会学角度对媒介影响力的关注,但是,他们得出的结论是:影响不大。问题在于他也是从传播者角度寻找答案的,所以研究有不合理处。后续的研究以受众为中心,终于有所发现,大众媒介具有"议题设置"功能和动员社会的力量。美国传播学者鲍尔·罗克希与德福勒提出的大众传播效果依赖理论也认为,在现代社会里,受众成员依赖大众媒介信息源来了解和适应他们所在社会中发生的情况,在媒介、受众和社会之间存在着一个有机的联系,在某些条件或某些社会中,媒介将比在其他社会中更集中地用于发布社会的、政治的信息。德国社会学家伊丽莎白·内尔-纽曼教授提出的"沉默的螺旋"理论阐释了公众舆论形成的原因。她认为,大多数个人力图避免因单独持有某些态度和信念而造成的孤立,"因此,占支配地位的或日益得到支持的意见就会甚至更得势,看到这些趋势并相应地改变自己观点的个人越多,那么一派就显得更占优势,另一派则更是每况愈下。这样,一方表述而另一方沉默的倾向便开始了一个螺旋过程,这个过程不断把一种意见确立为主要的意见"[①]。从这些效果理论来看,媒介在信息操控和发布方面具有某些特权就不难理解了。

一、媒介权力的生成

权力是一个既简单又复杂的概念。权力也是一个有争议的概念。西方许多有影响的思想家都对权力作过专门研究和论述。罗素认为:"在社会科学上权力是基本的概念,犹如在物理学上能是基本概念一样。"[②]马克斯·韦伯曾说:"权力意味着在一种社会关系里哪怕是遇到反对也能贯彻自己意志的任何机会,不管这种机会是建立在什么基础之上。"[③]英国社会学家吉登斯也强调,"在社会科学中,不能把对权力的研究当成是次要的问题。可以说,我们不能等到社会科学中比较基本的观念都——阐述清楚之后,再来探讨权力。没有比权力更基本的概念了。"[④]罗素强调权力的基础性意义;韦伯强调个体和主观

[①]【英】丹尼斯·麦奎尔、【瑞典】斯文·温德尔:《大众传播模式论》,上海译文出版社1997年版,第93页。
[②]【英】伯特兰·罗素:《权力论:新社会分析》,商务印书馆1998年版,第4页。
[③]【德】马克斯·韦伯:《经济与社会》上卷,商务印书馆1998年版,第81页。
[④]【英】安东尼·吉登斯:《社会的构成》,三联书店1998年版,第410页。

意志;帕森斯强调集体性、一致性、合法性和系统的先在结构;吉登斯强调了权力的本质基础,考察了社会制度中的支配结构,指出资源是权力得以实施的媒介,并将构成权力基础的资源分成配置性资源和权威性资源。① 美国学者丹尼斯·朗给权力下的定义是"权力是某些人对他人产生预期效果的能力"。② 这个定义内容相对宽泛,可以在比较大的范围探讨各种权力的形式和作用方式。按照这个定义,权力不能仅仅被视为施加惩罚或强制的能力,还应被看作是影响的一个特例,即有意影响而不是非有意影响。

媒介权力(media power),是指大众媒介通过占有信息资源、控制自身信息传播机构,来传播特定的"符号—意义"体系,从而实现对广大受众的信息控制以及对其社会行为的隐性支配。所谓隐性支配,即是说这种权力不同于国家上层建筑所拥有的警察、监狱、军队等权力,而是通过话语来操控和影响人。通俗地讲,现代传播媒介是一种对个人或社会进行影响、操纵、支配的力量;它具有界定事物、论述事物、解释事物、形成或塑造公共认知行为和价值判断的能力。英国学者詹姆士·库兰(James Curran)认为,大众传播科技的发展,促成了许多新权力核心的建立,包括中世纪的教皇制度以及现代媒介大亨。他强调,这些新权力中心的形成,常常引起宰制权力集团之间的紧张关系。因而,宗教系统企图转化权力结构,进而激起中世纪的纠纷;书籍在早期现代欧洲的出现,松动了宗教系统的权威;专业传播人员已经成为专业政客的对手。库兰从更广泛的角度,检视不同社会脉络中大众媒体如何扩大或维持阶级的冲突,他认为,在19世纪早期的英国,报纸部门与统治阶层的冲突,使得社会阶级之间的裂隙越来越大。媒体已经占据社会体系的核心位置,媒体权力已被整合进当代英国权力阶层中。③ 那么,大众媒介是如何获得这样的权力的呢?这需要从意义的建构理论角度来加以认识。

我们习惯于将权力想象成始终是单向性的——从上到下,并且有一个特殊的来源——统治者、国家、统治阶级等。但对于法国著名的思想家、哲学家福柯来说,权力并不"以一种链的形式起作用",在他看来,权力是循环的。它从不被一个中心所垄断,它经由一个网状组织被配置和行使。这表明,社会大众某种程度上都被卷入其循环——都是压迫者或被压迫者。"权力关系渗入社会存在的各个层次,并因此被发现在社会生活的每个地方都在运作——不

---

① 【英】安东尼·吉登斯:《社会的构成》,三联书店1998年版,第378-383页。
② 【美】丹尼斯·朗:《权力论》,中国社会科学出版社2001年版,第3页。
③ 【英】詹姆士·库兰:《传播、权力和社会秩序》,见迈克·古里维奇等编:《文化、社会与媒体:批判性观点》,台湾远流图书出版公司1994年版,第283-322页。

仅在公共政治领域,在经济和法律中,而且在家庭的和性行为的私人领域中。更有甚者,权力不只是消极的,不只是压制它想控制的东西。"①

　　福柯对各种人文社会学科的知识体系进行了深入的研究,他认为这些学科在现代文化中发挥了日益突出和影响重大的作用,并在很多情况下被看作是如同宗教在过去时代里那样能够向我们提供关于知识的"真理"的话语。他与符号学的最大区别在于用话语而不是语言来阐述他的权力观念。在福柯的理论中,重点涉及三个话题:话语、主体、知识与权力。福柯用"话语"表示:"一组陈述,这组陈述为谈论或表征有关某一历史时刻的特有话题提供一种语言或方法。……话语涉及的是通过语言对知识的生产。但是……由于所有社会实践都包含有意义,而意义塑造和影响我们的所作所为——我们的操行,所以所有的实践都有一个话语的方面"。② 福柯认为,话语构造了话题,它界定和生产了我们知识的各种对象,它控制着一个话题能被有意义地谈论和追问的方法,它还影响着各种观念被投入实践和被用来规范他人行为的方式。正是由于话语采纳了某种特定方式谈论一个话题,限定了一种可接受的和可理解的方法来谈话、写作或为人,所以,由于限定,话语也"排除"、限制和约束了其他的言谈方式,与该话题有关的为人方式或建构有关知识的方式。福柯揭示出权力作用发生的奥秘,即权力是通过话语发生作用的:"话语传递着、产生着权力;它强化了权力,但也削弱了其基础并暴露了它,使它变得脆弱并有可能遭到挫折。"③他通过对性话语的研究揭露人类社会深处隐蔽着的权力关系,同时揭示出知识与权力之间的密不可分的依赖关系。他指出:"如果没有话语的生产、积累、流通和发挥功能的话,这些权力关系自身就不能建立起来和得到巩固。我们受权力对真理的生产的支配,如果不是通过对真理的生产,我们就不能实施权力。……换句话说,我们受真理支配,因为真理制定法律,真理生产真实的话语,这种话语至少是部分地在权力的效应的基础上裁决、发送和扩展。"④话语是权力得以实现的条件,这是因为:"话语和话语结构是我们把握现实的唯一途径。在此把握过程中,我们根据适用于我们的结构,对经验和事件进行分类和阐释,并且在阐释过程中,我们赋予这些结构以统一性和规范性:如果置身其外,我们就难以思考。"⑤而且权力已渗透到整个社会生活领域之

---

① 【英】霍尔编:《表征:文化表象与意指实践》,商务印书馆 2003 年版,第 50 页。
② 【英】斯图亚特·霍尔:《表征:文化表象与意指实践》,商务印书馆 2003 年版,第 44 页。
③ 【法】福柯:《性史》,上海科学技术出版社 1999 年版,第 99 页。
④ 【法】福柯:《权力的眼睛——福柯访谈录》,上海人民出版社 1997 年版,第 228 页。
⑤ S. Mills, *Discourse: The New Critical Idiom*, London & New York: Routledge, 1997.

中,它通过制造和生产各种各样的话语和知识权力,使各类人受到不同形式然而是规范化的"规训",行使着它那温和的、浸润性的但又极具影响的控制力。这种权力不是外露的强制手段,不是禁锢人的肉体,而是通过人对自己的改造,按照权力提供的模式把每个个体塑造成主体,同时构成了知识和快乐,规范和驯服身体,使其服从并被整合到社会秩序之中。

话语从来都不是一成不变的文本、行为、表述,而是会随着社会变迁、社会组织网络的相互作用,不断生成、不断变迁。意义和意义实践,因而是在话语范围内被建构的。传播活动中的接受活动就是一个典型的意义实践,在这一实践过程中,受众接受什么不接受什么并不重要,关键一点所有内容都超不出话语的范围。受众不可能超然物外,他长期生活在话语范围中,久而久之必然受其影响,在思维、言语等方面表现出来。例如,中国60年代媒体充满了"斗争哲学",社会活动的主要内容就是阶级斗争,在这样的话语背景下,人们的思维活动被限制住了,意义和意义实践都是建立在这个话语基础上,许多活动甚至是私人情感都摆脱不了那种话语的影响。如果我们今天仍然沿用那种话语思维,很显然会让人觉得滑稽可笑。20世纪80年代以来社会话语风格发生了巨大的变化,多元化的话语格局对人们的思维、行为方式以及社会风气都产生了深远的影响。福柯认为"话语生产各种知识的对象"的观念,虽然有一定的偏颇,但从某种意义上揭示了话语权力存在的事实。话语正是意义形成的关键,换句话说,在人们思想行动过程中话语具有某种权力。

在整个人类发展历史中,社会中每个成员都不能逃脱话语的力量对自己的影响。19世纪以来,随着大众媒介业的兴起,媒介对社会话语的操控力越来越强。现代社会最突出的特征之一,就是这个社会完全被"源源不断的、渗透当今社会日常生活结构的符号和图像"所包围。因此,考察一下大众媒介对社会权力结构的影响就显得十分必要了。

索绪尔以来的语言学强调言语行为中能指的作用,他关注的是语言的权力,在他看来人们只要使用语言,就必然受到语言权力的宰制。我们生于一种语言及其各种信码和意义之中。因而对索绪尔而言,语言就是一种社会现象。它不可能是个人的事情,因为我们不能为我们自己来创造语言的规则。它们来源于社会,来源于文化,来源于我们共享的文化代码,来源于语言系统,而不是来源于自然或单个主体。但正如霍尔所言,潜藏于索绪尔著作中的结构主义冲动背后的"科学"梦想被证明是虚幻的,尽管它在提醒我们注意语言运作方式的各特殊观察方法上是有影响的。语言不是以科学的法规的精确性加以研究的一个客体。①

　　罗兰·巴特从神话结构来分析媒介权力问题。在他看来,某种程度上,神话就是一种思想和实践体系的意识形态,但神话消费者却将它当作一种事实系统来阅读,而没意识到它实际上只是一种符号学系统。"符号学已经告诉我们,神话肩负的任务就是让历史意图披上自然的合理的外衣,并让偶然事件以永恒的面目出现。现在,这个过程实际上就是资产阶级意识形态的过程。"②神话(意识形态)通过积极宣扬社会中各统治集团的价值观念和利益来维护主要的权力结构。巴特在《神话学》的《今日神话》一文里提供了一个典型案例可以用来说明媒介权力的运作过程。巴特分析了法国杂志《巴黎竞赛》的封面照片的神话结构——那是"一个身穿法国军服的黑人青年正在敬礼,双眼上扬,可能注视着一面三色旗"。表层意义上,它是由一组符号构成的。但是,巴特论证道,这形象还具有更广泛的文化意义。从这幅照片我们可以获得如下信息:"法国是一个伟大的帝国,她的所有子民,没有任何肤色歧视,都忠实地在她的旗帜下服务,对于那些提出所谓的殖民主义的诽谤者,没有什么比这个黑人服务于他的所谓压迫者时所显示的热情更好的回答了。"③媒体强制性地将意识形态的观念强加给了受众。巴特还举了一个"潘扎尼"广告的案例来作进一步说明。巴特认为,我们在看"潘扎尼"广告时,可以把已实现了的信息(这是一幅照片,上面有几包意大利细面条,一听罐头,一袋香粉,一些西红柿、洋葱、胡椒,一只蘑菇,它们都从一只半开的网袋中露出脸来)同"意大利性"这个文化主题或概念联系起来。这样,在神话或深层语言的层面上,"潘扎尼"广告就变成了对作为一种民族文化的意大利性的基本意义的一种传播。以此类推,捷豹汽车广告使人联想到"英国性"形象。很显然,在这些神话结构中暗含了某种权力,文本内容左右了受众的理解。

　　为什么受众的解读只能是一种方向的? 这其中的奥秘就是媒介活动长期以来建立了关于世界的神话结构。

　　列维-斯特劳斯则认为,神话意义的产生是通过将世界分为两个相互排斥的对立面来实现的:例如,文化/自然,男人/女人,黑/白,好/坏,我们/他们等。他认为,神话的思维总是由意识到各种对立面的存在,到寻找解决这些对立面的方法而逐步展开的……神话的目的就是要提供一个能够解决矛盾的逻辑

---

① 【英】斯图亚特·霍尔:《表征:文化表象与意指实践》,商务印书馆2003年版,第35页。
② 【英】约翰·斯道雷:《文化理论与通俗文化导论》,南京大学出版社2001年版,第116页。
③ 【法】罗兰·巴特:《神话学》,转引自霍尔编《表征:文化表象与意指实践》,商务印书馆2003年版,第39页。

模式。神话象征性地调和了社会中的实际矛盾,使社会各成员不回避各种困难。

"神话具有……一种双重的功能:它指出某些东西,同时又将这些告知我们,它使我们理解某些东西并将其强加于我们"①,使之成为可能的为人们共享的文化代码。语言"本质上是一种集体公约,你如果希望交流,就必须全部接受它"②。当然,全部文化作品并不是铁板一块,神话总是不断与反神话发生冲突。大量社会知识的积累(全部文化作品)使得由本义向转义的变化成为可能,正是借助于这些知识,读者在读到文本时才能够得出各种转义。如果不是通过这种共享的代码,转义就不可能产生。二元机构最终钳制了人们的思维,使得人们只能在这种模式下思考问题,于是语言的神话结构控制了人们的想象、喜好等主观活动。

法国学者布尔迪厄喜欢用"场"这样一个概念来阐释媒介权力的运作。如果说媒介与政治、经济等诸权力构成的是一个宏观意义上的权力场,那么,社会行动者——个体进入这个权力场就可视为微观意义上的建构。大众媒介与政治、经济、文化等诸权力构成的场域,我们把它称作"传播场"。传播场与布尔迪厄所说的"新闻场"有相似之处,但范围要更为广泛。当一个人进入传播场时,就同时进入了与场相连的前提预设。人除非是过着与世隔绝的隐居生活,否则都不可能摆脱传播场直接或间接的影响。微观意义上的场是由身体和信念组成的,人们深陷其中的实践信念并非一种心灵状态,也不是无端遵从一套外界灌输的教条,而是一种身体状态,是被各种社会秩序加以系统利用,而体现在身体上的性情倾向,即布尔迪厄所说的"内在性的外在化"(externalization of internality)。布尔迪厄以"习性"来描述这种社会行动者具有的对应于占据特定位置的性情倾向。习性是由积淀在个人身体内的一系列历史关系构成,是在个体对社会位置的适应过程中产生的,构成了个体关于社会、世界以及个体行为规范的概念图式(一种思维的组织结构和行为方式)。"习性是一种文化框架,日常的社会思想与社会行动的习惯性方面就存在于习性之中并通过它而起作用。人们的知觉、思想、品味等等都由他们的习性塑成。"③换句话说,习性就是一套以某些特定方式知觉、评判和行事的既定性情倾向。场与习性的关系包括制约关系和知识/认知建构关系两个方面,一方面

---

① 【英】约翰·斯道雷:《文化理论与通俗文化导论》,南京大学出版社 2001 年版,第 114 页。
② 同上。
③ 【英】阿雷恩·鲍尔德温等:《文化研究导论》,高等教育出版社 2004 年版,第 114 页。

场型塑着习性,习性成了某个场固有的必然属性体现在个体身上的产物;另一方面习性有助于把场建构成一个充满意义的被赋予了感觉和价值,值得社会行动者去投入的世界。这些关系都体现在社会行动者的各种事件活动中的符号作用,诸如传播受众的行为、思想、情感、判断等。这种传播场与习性的关系,也可以从文化生产的角度去解释。在传播场中,媒介使作为文化的生产者拥有一种特殊的权力,拥有表现事物并使人相信这些表现的相应的象征性权力;他们用一种清晰的、具有符号意义的方式,表征了自然世界和社会世界难以认识和把握的、较为模糊的和无系统阐释,甚至是无法系统阐释的体验,使人们比较容易感知和把握。社会行动者(媒介的受众)的习性是开放性的性情系统,这个系统不断地在接受符号意义和适应社会位置中服从体验,而不断受到影响的体验,反过来又加强或改变系统结构。[①] 这正是布尔迪厄十分关注的符号权力运作的核心。根据习性与场关系的构成和符号权力的运作,我们可以更为清楚地解释媒介权力是如何以一种隐秘的潜在影响力塑造人,控制和改变人们的思想、行为和价值观的。

媒介权力的特性十分复杂。美国政治学家丹尼斯·朗在《权力论》中,借用贝特朗·德·儒旺纳尔的观点,定义了一切权力关系的三个不同属性。德·儒旺纳尔认为:"权力或权威有三个特性:广延性是指遵从掌权者命令的B(权力对象)数量很多;综合性是指A(掌权者)能够调动B所采取的各种行动种类很多;最后,强度是指A的命令能够推行很远而不影响遵从。"[②] 那么,用权力的广延性、综合性和强度来观照媒介权力的特性,我们不难发现:第一,大众媒介的权力具有很大的广延性。作为一种特殊的、以电视文化为代表的媒介文化权力,电视媒介权力关系的作用范围十分广泛,作用对象数量众多。以中国为例,根据央视-索福瑞公司的调查,2001年全国电视人口覆盖率94.1%,用它乘以第五次全国人口普查的数据,即12亿6千多万(不包括台湾、香港、澳门等地的人口数),得出的结论是,我国潜在电视收视人口规模大约为12亿。[③] 这样广泛的影响力在全世界也是少有的;就美国、德国、日本等发达国家的情况来说,接触大众传播媒介的受众也远远多于从事其他研究的工作。第二,大众媒介权力的综合性是十分全面的。它的作用范围和影响力非常广泛,从人的衣食住行到行为规范、思想内容,从人的外部行动到人的内心世界,电

[①] 贺建平:《检视西方媒介权力研究——兼论布尔迪厄权力论》,《西南政法大学学报》2002年第3期。
[②] 【美】丹尼斯·郎:《权力论》,中国社会科学出版社2001年版,第15页。
[③] 《2001中国电视红皮书》,漓江出版社2001年版,第16页。

视媒介权力的触角无处不在。第三,大众媒介的强度也是惊人的,虽然大众媒介的强度不似专制国度的独裁者及其国家机器那样直接具有强制性,但大众媒介的权力强度来源于其信息发布的频率和感染力、影响力。在市场化时代,电视等大众媒介为了获取高额的广告利润,会努力使传播内容更符合受众胃口,同时,大众媒介也努力表现出其平民立场,将自己扮演成社会大众的代言人,于是,其感召力必然加强。时刻运转着的大众媒介在信息传播的速度和频率上具有无与伦比的优势,这样使得大众媒介的权力强度空前提高,实际在某种程度上已具备强制性。媒介权力是从整体影响上、长期效果上说的,因此,它不具有瞬间效应,不具备立竿见影的效果。西方传播学研究的成果已经证实,大众媒介具有很大的影响力,而其效果则是一种"沉默的螺旋"。

二、媒介接触方式与媒介霸权

无论我们采取什么观点,权力与文化不可避免地连接在一起这一点是清晰的,文化研究不可能回避这一问题。福柯早在他的《规训与惩戒》一书中讨论了权力的发生学。监狱瞭望哨与圆形监狱房间中的犯人之间形成的权力控制与认同关系,深入了犯人的骨髓。如同这一关系,经历大众传播建立起来的权力关系,在长期的媒介依赖中也形成了类似的关系,现代社会人人都处在"监视"的环境下,媒介守望环境与受众对媒介的依赖正是这种关系的体现。

大众媒介改变了传统的文化生产和传播方式,被称为"印刷资本主义"的早期现代媒介的出现,使人与人或群体与群体之间的交流,无须再面对面就可以实现。生产和交流方式决定的以地域而形成的流派,也代之以媒介为中心。更重要的是,媒介不止是工具,它是带着它的观念一起走进现代社会的。本杰明·戴的改革不仅仅是媒介经营方式的改革,更重要的是政治和生活观念的变革。此后的新闻理想也由一般的政治关注转向了满足受众的多元信息需求。媒介在许多重大事件中都影响了西方政治的走向。例如,民权运动、越战、"水门事件"乃至"911事件",对于美国民众的民主参政、凝聚人心、统一意志等媒介都发挥了极其重大的作用。大众媒介在中国近代历史上也发挥了很大的社会动员作用,在建构国家与民族的整体认同,凝聚民族意志等方面发挥了很大的作用。从某种意义上说,是大众媒介推动或支配了中国思想文化的发展方向。那些与现代民族国家相关的观念和思想,正是通过媒介得以播散的。从这个意义上也可以说,媒介甚至成了某一时代的象征。因此,媒介被称为"一种新型的权力"。这个权力不止是话语权力,在其传播的过程中如果为民间社会所认同,它也就获得了"文化领导权"。媒介和文化领导权的关系是密切地联系在一起的。以电视为例,电视在现代人社会生活中的地位和影响力如何?许多学者都曾有过专门的研究。例如,对于电视在当今美国社会中的地位和影响,美国宾夕法尼亚大学安南堡传播学院的终身教授乔治·格伯纳曾经说过这样一段话:"电视改变了这个国家的政治生活,改变了人们的日常生活习惯,形成了一代人的风格,使地方事件一夜之间成为全球的新闻,把信息和价值观的传播从传统的渠道引入中心化的网络,继而到达每一个家庭。一句话,它深刻地影响了那个我们称之为社会化的过程,那个使我们的种族成为人类成员的过程。"[①]

媒介霸权理论(media hegemony)是葛兰西在其著名的《狱中札记》中提出的一个理论,对媒介文化研究产生了很大的影响。葛兰西认为,一个社会制度的真正力量并不是统治阶级的暴力或其国家机器的强制性权力,而是被统治者对于统治者世界观的接受。霸权的产生、再生产以及转换是市民社会意识形态国家机器作用的结果,这与国家暴力机器的强制性不同。对于葛兰西来说,国家实施压制,而市民社会则行使霸权。霸权在文化和意识形态方面运作时必须通过市民社会的各种机构,如教育、家庭、教会以及大众文化和大众媒介等社会机制来实施。

葛兰西的"霸权理论"被广泛地用于媒介分析和媒介批判。按照葛兰西的论述,要理解大众文化和意识形态的传播,必须从社会秩序或国家形成及维系的过程来了解,所以,"霸权理论"对于传播学者在进行媒介分析和批判时至少有三个方面的启发:第一,必须弄清统治阶级对媒介的控制方式及程度;第二,必须了解大众媒介生产的基本功效;第三,必须认识媒介意识形态的社会功效。

媒介霸权理论将媒介权力视为统治阶级意识形态的有效工具,并研究其如何发挥巨大的影响力。葛兰西认为,"例行的、视为当然的每日思想结构促成了垄断的结构",社会中统治阶级的意识形态成为整个社会的统治思想,大众媒介被视为受社会统治阶级控制、帮助那个阶级控制社会其他人的工具。媒介霸权论认为,美国的新闻和其他媒介内容满足了资本主义(或公司)的意识形态要求。霸权观念的关键不在于强迫大众违背自己的意愿和良知,屈从统治阶级的权力压迫,而是让个人"心甘情愿",积极参与,被同化到统治集团的世界观或者说霸权中来。[②] 激进民主派取向(radical democratic approach)论者将媒介视为社会各种力量竞逐的场域,媒体如何调解与响应这些竞争冲

[①] 陈犀禾编:《当代美国电视》,复旦大学出版社1998年版,前言。
[②] 陆扬、王毅:《大众文化与传媒》,上海三联书店2000年版,第37-47页。

突,将会影响社会力量的平衡与社会资源的分配,因此媒体不只是扮演介于政府与个人之间上下垂直沟通的角色,还包括与其他组织团体以及社会权力结构之间的横向互动。① 美国学者米而斯通过对美国权力结构变迁的历史考察和权力精英的社会心理分析,指出在美国权力精英是如何通过操纵和支配媒介权力来统治大众的。他认为,"那些置身于权力结构的人们趁机利用媒介技术的便利,把大众媒介当作灌输和劝导的手段。由于大多数社会成员对全国性问题只有非常有限的知识,由于他们之间就社会问题的信息交流受到极大限制,大众媒介就能通过歪曲或简要地介绍公众问题的方式操纵公众舆论和态度。……进而,权力结构与大众媒介相勾结,营造出社会政治现状合理和合法化的神话。另外,大众媒介还通过各种各样回避现实的娱乐活动来充塞人们的闲暇时间,转移人们对社会政治问题的关注。这样,大众不仅丧失了自身的政治自主性,而且由于大众媒介的作用,也失去了对这种政治自主性的要求,人们处于一种对政治生活麻木不仁的状态之中。"② 美国传播学者哈洛德·拉斯韦尔曾对媒介权力进行了深入研究,提出了"媒介万能论",认为传播媒介对个人及社会的影响是直接的、巨大的,具有塑造人的信念和行为的力量。这就是为什么任何一个国家,任何一个阶级,任何一个政党都非常重视新闻舆论,都千方百计地要控制新闻舆论的根本原因。

当代媒介全球化的背景下,媒介权力已被某些利益集团所控制,成为利益集团呼风唤雨的工具。例如,西方媒体对"中国威胁论"不遗余力地进行宣传,并不是中国真地威胁到他们的生存,而是"中国威胁论"这个巨大的幌子可以成为某些利益集团如军火工业牟利的堂而皇之的借口。2007年9月12日,美国国防部称受到中国军方"黑客"的网络攻击,紧接着,英国、德国、法国等国媒体也报道说本国政府网站受到中国军方"黑客"的攻击,事件就是这样惊人的巧合,西方国家为何热衷于这种炒作,原因只能理解为媒介被某些人操纵了,他们就是要在某一时期内为公众制造话题,利用媒介权力为某些利益集团谋取更大的利益鸣锣开道。

在葛兰西的理论中,研究者和翻译者将媒介权力译为"领导权"是非常有道理的。某种意义上说,文化领导权就是"文明的领导权",它是政治民主的根

---

① J. Curran, *Rethinking the Media as a Public Sphere*, in Peter Dahlgren & Colin Sparks, (ads.), Communication and Citizenship: Journalism and the Public Sphere in the New Media Age, London: Routledge, 1991. pp. 27-53.
② 【美】米而斯:《权力精英》,转引自谢立中《西方社会学名著提要》,江西人民出版社 1998 年版,第 202 页。

本原则,是民众同意的领导权。它不是意识形态的强制推行,也不是对某种政治文化的被迫忠于。因此,在葛兰西那里,"文化领导权"非常酷似"婚姻"和"合同",它是以自愿的方式为前提并最终得以实现的。然而,虽说是"民众同意"的权力,媒介的文化领导权是在社会大众信息依赖的背景下形成的,这主要表现为话语形成与走向完全由媒体所酝酿与操控,但我们又不能简单地理解为媒体直接硬性的控制,媒介与受众的互动,在媒介与受众互动中形成的媒介影响力的大小,直接可以换算成经济效益,媒介影响力某种程度就是媒介权力。媒介的"权力"具体表现为大众社会中大众文化意义生产和界定权力,其中包括商品的生产和消费、市场营销和权力运作,舆论指向的权力等。现代社会人与人交往方式的变化,媒介成为社会公共领域的主导力量,这些新特点决定了媒介权力的特性很大程度上是大众媒介将政治、经济、文化等理念整合成某种制度化的形式。于是,在世界观、价值观、是非观、审美观等方面人们不知不觉受了媒介的涵化影响。借助于特定的话语形式,媒介创造出以影视形象为主要象征符号,既轻松休闲又鲜活刺激,对人们的日常生活和自我意识具有习惯性的支配作用的"话语权力"。这种"话语权力"表现为极强的渗透性和最大的普适性,既是现代化过程中的全球性文化背景,也是人们日常生活中习惯性的支配力量。政治的本质就是权力。如果我们能够接受这一命题并承认它的正确性的话,那么逻辑上就可以推导出这样的结论——"生活政治"的本质就是"话语权力"。而且,正如"没有限制的权力将导向最大的恶"一样,没有限制的"话语权力"引发大量的社会问题或犯罪便不值得大惊小怪了。

三、媒介权力的实现途径

从话语生产的角度来说,媒介赋予我们日常行动的意义的表征模式本身就是一种权力形式,打着合理、合法的资本主义欲望满足的旗号,大众媒介引导了社会大众的现实生活方式。大众在接受媒介号召的同时也接受媒介作为领导者这一游戏规则。大众媒介在当代社会生活中扮演着欲望生产者的角色,消费者自然也就成了媒介权力的支配对象。西方马克思主义者也认为,作为消费过程主体的商品,并不等同于自然现象。它只有在被消费的过程中才能证明自己是产品。"消费"的动作是在仓库中的产品减少的时候才算真正完成,所以,产品本身并不是问题,重点是环绕在消费过程的种种活动。大众媒介对产品进行包装,就是赋予产品以意义,同时也是赋予产品消费以意义。如,广告上常常以亮丽的画面展示某品牌男装,广告会说"某某西服,男人的西服",那潜台词就是不穿这种西服,你就不算真正的男人。广告说某某剃须刀如何如何好,它能够尽显男人的魅力,言下之意是不用这种剃须刀你就没有男人的魅力。社会大众的消费活动是社会活动的一部分,每个人处理自身在社会活动中的角色,就不可能不对自己的行为和形象有所考虑,于是,最容易得到的参考意见毫无疑问来自媒体,媒体扮演了生活导师的角色,因而,很快消费者将自己交给了媒体,成为媒体控制的对象。

大众媒介之所以具有强大的意识形态影响力,是因为它能将巨大的物质力量、科技能量以及特定的意识形态和文化观念转化成一股强大的文化力量,并以权力的形式表现出来。媒介权力是由一定社会的经济基础决定的,占统治地位层建筑的组成部分。作为一种意识形态力量,它随着社会的发展和传播技术的进步,逐渐成为社会权力结构中具有强大影响力的部分,并日益渗透到人们的日常生活之中,塑造着人的信念和行为,对人们形成一种无形的、软性的控制。有时,媒介权力甚至以社会舆论和社会思潮的形式出现,成为一种支配社会的力量。

在资本主义对市场经济的链条中,对需求市场的培育占有十分重要的地位。媒体为什么要创造这样的需求呢?因为资本主义市场经济有一股内在的驱力,即必须把生产出来的大量商品销售出去。生产的速度加快以后,为了避免经济上的停滞不前而造成整个社会的覆亡,生产者就必须确保生产出来的大量产品始终都有人及时消费掉,这样制造需求就十分必要了。制造需求有两种方法:一是直接运用媒体来宣传产品,使消费者产生对该产品的需求欲望;二是运用广告来推销理念,而这个理念一旦深入人心,又可以产生新的需求,对生产者来说,将这些理念转化为产品本身就蕴含着大量的商机。这样,消费者就去购买原本他们不需要的东西,久而久之形成了一种习惯,消费者依照广告所宣传的那样,去安排自己的生活。

当经济活动中的主要问题从生产转向了消费,如何高效生产的问题也就自然而然转换为如何激发起更大的消费,而这恰恰又表明人们控制和操纵消费的机会大大增加了。资本主义生产的扩张,尤其是"福特主义"被广泛接受之后,建构新的市场,通过媒介来把大众培育成为消费者,就成为极为必要的事情。在整个转变过程中,大众媒介就将制造和扩散消费理念和消费追求,控制和操纵消费者由可能变为现实。如果说19世纪以报纸为主的大众媒介强势影响了大众的生活,那么,从20世纪上半叶以来电子媒介则更以急风暴雨的方式给消费欲望的生产和实现以最为强大的技术支持,创意、虚拟、逼真等媒介活动技巧,大大增强了大众媒介的说服力,劝服的效果提高了。诗意化、浪漫化的诉求,给出消费若干种具有说服力的理由,消费者的欲望被激发出来。

广告作为大众传播的重要内容,是大众媒介正常运转的重要驱动力,没有了它,大众媒介也就难以生存。大众媒介投入大量的人力、物力、财力去采集新闻、制作娱乐节目,那都不是白干的,都需要回报。当信息和娱乐需求成为与一日三餐同等重要的"第四餐"时,供求关系就开始形成了。广告开始是附加产品,到后来缺少它市场形式就不完整了。一方面,广告培育了消费者的需求欲望,形成新的市场;另一方面,在日益饱和、竞争激烈的市场中,广告不断进行诗意化的诱惑、刺激,使得人们不再理智地以商品使用价值作为消费的终极目标或标准,而是更加注重附加在商品使用价值之上的身份、地位的象征价值。比如,名牌的象征价值就是附着在它的使用价值之上的。人们穿"皮尔卡丹"并不是因为这个品牌的服装特别舒服,而是它能体现身份、地位。同样,开奔驰、宝马除了舒适以外还有它代表了富有、尊贵等。大众媒介大力宣传这些产品的象征意义,挖掘的正是消费者潜在的超越消费活动本身的欲望。

鲍德里亚指出,消费社会的影像生产和消费话语是制造需求欲望最突出和有效的手段。由于人们不仅消费商品的使用价值,而且消费它们的形象,即从形象中获取各种各样的情感体验,因此,形象就代替了使用价值,成为使用价值的代用品。通过大众媒介的大力推销,进行影像生产的商业中心就必然通过影像来经常地再生产人们的欲望。大众媒介经常讨论、宣扬某种生活方式在文化中具有优越感,向人们描绘"有品位的生活",以激发人们对这种生活的向往。大众媒介的影像生产能力是无与伦比的,在鲍德里亚看来,正是现代社会中影像生产能力的增强和影像密度的加大以及其致密程度,才涉及无所不在的领域。① 大众媒介将人们的欲望释放出来,并且使之长期化、规律化。随着大众媒介制造的幻觉越来越具有吸引力,媒介就越来越成为人们关注的焦点,也成为消费话语的核心。媒介内容逐渐成为人们谈论的话题,也成为公众兴趣的焦点。利用人们消费活动不可中断的对信息的渴求,媒介权力机制在这种供求关系中逐步形成。

思考题:

1. 媒介权力的生成机制是怎样的?
2. 媒介权力的实现途径有哪些?

---

① 【英】迈克·费瑟斯通:《消费文化与后现代社会》,译林出版社2000年版,第98页。

第七章 媒介文化与媒介的真实建构

很多人都将大众传媒看作是社会的镜子。媒体是否忠诚地反映真实？这看似一个伦理道德问题，却不能作简单回答。因为我们不能在"真实"与再现世界之间划出一个清楚的界限。我们今天都将新闻的真实性看成是新闻报道的圭臬，认为客观、公正、平衡就是新闻报道的最佳境界。其实，新闻报道不只是收集事实这样简单，事实并不具有自我呈现的力量，它不会自动地原原本本地从媒体上呈现出来，事实只是媒体新闻的原料，等待它的是媒体多种不同的预设组合，最后新闻做成什么样，完全取决于不同的社会时空下的政治、文化气候和受众趣味等要素。媒体具有再现事实的功能，于是，我们自然而然会面对这样一些问题：媒体再现什么？如何再现？为什么媒体的再现不是事实本身？是什么造成了这种转述过程中的偏差呢？要弄清媒体的运作过程，有必要对意义的生产过程进行深入的分析。

一、客观真实、符号真实与主观真实

媒介真实历来是学术界争议比较大的问题。美国学者阿多尼(H. Adoni)和曼恩(S. Mane)在总结前人研究结论的基础上，试图跨越辩证与实证两个领域，对媒介建构社会现实这一课题的相关结论加以整合，提出了客观真实(objective reality)、符号真实(symbolic reality)和主观真实(subjective reality)的分析概念。所谓客观真实，是指不容置疑的真理，不需验证，也验证不来；所谓符号真实，是指以符号来描述的真实。例如以文学、艺术或藉由媒介来表达，所呈现的真实。这是站在传播者立场来看待的真实。所谓主观真实，是指个人对真实的了解与信仰。多半得自社会情境及媒介的建构，而形成个人的"脑中图画"，这是从受众角度来看待的真实。

阿多尼与曼恩的主要观点，主要体现为以下几个方面。一、符号真实与客观真实的关系表现为：1. 媒介所呈现的议题影响了文化的形成。例如，流行歌曲的流行、种族偏见等。2. 新马克思主义者更批判媒介扭曲了客观真实。种族及阶级偏见由此而生。3. 符号真实研究的另一个重点是媒介内部的互动形态。由于媒介的守门过程，而使得真实更为模糊。4. 符号真实侧重"远"的研究，例如，组织规范、价值系统、意识形态、权力结构、财富分配等。二、符号真实与主观真实的关系表现为：1. 符号真实影响了个人对真实的了解与信仰。2. "政治社会化""议题设定"是影响主观真实的两个主要效果指标。3. 由于财富分配不均，文化水平不同的人，有"知识沟"（knowledge gap）的问题出现，影响了个人不同的主观真实，也影响了国家的发展。4. 个人对远离自己的宏观事项的理解与判断，容易受媒介影响，这支持了媒介依赖假说，也证实了远（remote）、近（close）概念的重要意义，由于媒介呈现的只是不十分真实的"准环境"，所以，人们对越远的事件的认知，越不真实。[①] 在现实世界由于亲身实践的机会越来越少，人们只能借助于媒介来获得对外部世界的认知。而在接近认知对象的过程中也存在很大差异。人们对接近自己的事件往往很容易判断真伪，而对远离自己的事件往往很难判断真伪，因而容易倾向于相信媒介。我们常常看到，《魔鬼终结者》、《ET》、《侏罗纪公园》、《未来水世界》等好莱坞电影在视听效果上给人以十分逼真的感觉，影像符号的真实与现实的界限不十分明显。随着特技在现代传媒中的大量使用，影像变得似真似幻，更具有吸引力。

传媒以符号真实影响受众，使受众误将符号真实当作客观真实，其典型案例是1938年发生在美国的广播剧《火星人进攻地球》事件，当时的听众误将由威尔斯的科幻小说改编的广播剧当作了新闻。这也让人们认识到，逼真的虚拟媒介内容可以吸引受众的注意力。那么，传媒文化的生产为何总是打着真实的旗号面世呢？这是因为，真实感容易赢得受众的认同，容易引起受众的共鸣。

对媒体内容真实性的理解历来有三种代表性的模式，即：照相论、建构论和拟像论。

照相论是一种比较古老的媒介真实观。它把社会真实当作一种客观、自给自足存在的实体，认为媒介可以像镜子一样，经由准确的表达方式将它忠实地再现出来。20世纪初电子传播媒介的兴起，无疑为照相论提供了技术支撑。相对于书写符号，影像是一个更善于呈现真实的符号体系。摄像机不仅将"真实"展示于一个前所未有的境界中，纤毫毕现，同时，摄像机正在破坏与印刷文

[①] 翁秀琪：《大众传播理论与实证》，台湾三民书局1998年第3版，第114-117页。

明相互协调的一系列界限。从哲学角度说,"真实"的背后隐藏着深不可测的思辨区域——影像如何为观众制造出"真实感"?技术主义强化了"眼见为实"的观点,人们对影像技术的信赖表现在认为摄像机、照相机是客观、中性的,它摒弃了人为的主观判断而忠于世界呈现的真相。事实早已证明,人们这种对电子媒介的信任是过于天真了。照相论强调本原真实,但是对媒体来说,本原真实是难以把握的。

建构论不再把社会真实当作可被媒体忠实反映出来的客观实体,相对地,他们认为客观真实不可知,媒体并非被动地反映社会现实,而是从无数纷杂零碎的社会事件中主动地挑选、重组,编排信息。建构论者强调各种社会组织对真实有不同的诠释角度,并且互相争取对社会意义建构的独占性。在建构论者看来,媒介是信息的提供者也是媒介内容的生产者,事件真实与否,甚至有没有都不重要,关键是能为一部分人提供精神消费的内容。例如,媒体的娱乐记者对某明星的"私生子"事件非常关注,这一事件到底真实不真实不重要,重要的是媒体提供了独家的报道,让一部分受众获得了好奇心的满足。媒体可以说是新闻事件的制造者,因为有了媒体的八卦报道,才有了受众茶余饭后的谈资,谁也不会计较媒体报道到底真实不真实。

拟像论则认为,媒介真实就是客观真实,媒介真实甚至比客观真实还要真,一味追问社会本原真实在现代社会意义不大。这一派观点,显然是受到鲍德里亚思想的影响。鲍氏最极端的观点甚至认为,海湾战争根本没有发生。拟像论立足于后现代文化背景,强调所谓"真实"不过是鲍氏所说的"客体/符号系统"中的一个部分。鲍德里亚认为,由新的媒介技术所开辟的各种可能性,支持了这样一种观点,即文化不再复制真品,而是生产真品。真品是电视、电脑屏幕、虚拟特技和立体声音效所致,这种对真实的模拟,产生了超现实。[1] 受众对真实的偏好,源于对信息内容的现实认同,拟像以高度逼真的"超现实"内容满足受众的这一认同需要。实际上,真实性已经不重要了,重要的是看起来真实。这样,高度逼真的符号内容,就具有消费的使用价值。

二、意识形态与"真实建构"

媒体的再现真实问题,并不仅限于媒体研究,在索绪尔的符号理论中早就有"再现世界"和"真实世界"的二元划分。在这种二元关系下,索绪尔将符号和参照物(referent)加以区分,同时也相应需要指出,前者次于后者并受到后

---

[1] 【英】尼克·史蒂文森:《认识媒介文化》,商务印书馆 2001 年版,第 249-252 页。

者的控制。符号世界只能指称既有的真实;媒体只能反映已经存在的事物。符号存在于它所映照的真实之下,符号世界"驾御"于"真实"之上。就像一种附着于真实之上的稀薄物质;这种物质好像从反映的层面衍生出来。①

在西方有这样一种观点,认为媒体是"社会真实的定义者",也就是说,对于新闻事件的真相,媒体是怎样说的,在社会舆论中起着至关重要的作用。哪些事件被报道了,是如何报道的,与我们感知世界的方式有直接的关系。媒体在报道某个事件时,事先有一个解释事件的架构,这个架构基本与受众心目中的架构契合。然而,受众心目中的架构是哪里来的?是媒体长期培养的。媒体的解释架构久而久之型塑了我们的意识,因而,媒体与社会真实并没有分离开,也不是被动反映世界,媒体就是社会真实的一部分,媒体通过与社会各种话语的关联,型塑我们的感知习惯,也就是习惯媒体真实,同时由于媒体的报道,影响了这个社会真实的发展方向。

新闻报道过程中,意识形态的作用成为人们关注的焦点。什么是意识形态?按照文化研究学者雷蒙·威廉斯的说法,意识形态主要有三层含义:1.某一特定阶级或族群的信仰体系;2.虚假的信仰体系——假意见或假意识——可能与科学知识相违背;3.意义与思想产制的一般过程。② 意识形态对新闻报道的作用与影响,首先就是将原初事实"符号化",在这一"符号化"的过程中,意识形态是一种架构,这一架构在人们不注意的情况下,具有自然化的效果。这种自然化的效果对某些政治权力集团有利。按照班乃特的解释,"这一概念暗含一些有关表意系统的社会决定性因素"。同时,这个概念"含有曲解的意味"③,因此,在大众传媒时代,新闻事实值得人们作深刻反思。

首先,在新闻报道中,意识形态充当了新闻架构。托德·吉特林认为,媒介架构是媒体工作者在认知、解释及表现上所呈现的长期持续的模式,这些模式帮助记者选择、找出重点或排除非重点。符号处理者必须例行地使用这些模式,以组织其语言或非语言的话语。实际上,对新闻价值的确定,也往往是某一时期的意识形态决定的。例如,美国对中国的政策很大程度上对其媒体涉华报道有直接的影响。美国有线电视新闻网 CNN 近年来在报道中国政治、经济相关议题时总有"中国威胁论"的影子,负面报道涉及人权、环境保护、军

---

① 【澳】托尼·班乃特:《媒体、'真实'、意义指陈》,见迈克·古里维奇等编《文化、社会与媒体:批判性观点》,台湾远流图书出版公司1994年版,第414页。
② 【美】约翰·费斯克:《传播符号学理论》,台湾远流图书出版公司1997年第3版,第218页。
③ 【澳】托尼·班乃特:《媒体理论与社会理论》,见迈克·古里维奇等编《文化、社会与媒体:批判性观点》,台湾远流图书出版公司1994年版,第60页。

事、资源消耗等诸多方面,为什么 CNN 涉华新闻报道的新闻价值取向竟然大多是以负面的为主呢?这就是意识形态的新闻架构在起作用的原因。斯图亚特·霍尔引用列维-斯特劳斯和语言学家乔姆斯基等人的理论指出,意识形态是指一组结构或一套将事实符码化的系统或语言规则,它不是具体的意念或观念本身,而是组织意见、分类问题的结构法则。霍尔发现,在英国的媒体上,英国每一次的劳资纠纷都被当作是对现行经济及工业秩序的威胁,却鲜以劳工生活受到威胁为主要解释架构。

伊拉克战争爆发以前,美国受到了阿尔凯达恐怖组织的袭击,著名的"911事件"使得美国民众的爱国热情空前高涨。美国政府利用民众的爱国热情发动了对伊拉克的战争,后来的事实证明伊拉克与阿尔凯达恐怖组织没有多少关联。但是,在那样的氛围下,虽然也有一些媒体质疑白宫的行为,但是赞成与反对意见的双方都框限在美国安全受到恐怖势力的威胁的架构中,差不多都对战争进程及前景显示出极大的热情。至于其他观点、议题如伊拉克人民在战争中正遭受生灵涂炭、民不聊生,中东和平受到重创等则鲜被提及。有些媒体明知美国发动这场战争有其战略上的险恶用心,但往往也缄默不言。因为意识形态的框架决定了媒体的议题选择。

一般讨论意识形态时常视其为一套"价值、信仰或意见体系",而且,诚如威廉斯所言,这套意见体系知识服务于某一阶级利益,相对于社会的"真实"或"科学知识"而言,是错误的"假意识",这套"错误的意识"在新闻学的研究中,也称为"偏见",是一种"意识"的价值偏颇。在不同的社会时空下,这种偏颇是不可避免的。霍尔建议将意识形态看作是"一套将现实按照特定方式重新制码的系统而非一套已被决定的符码化完成的讯息的组合"[①],这一定义与以往不同,首先它预示了语言的"多向指涉性"(multi-referential),语言并不专属于特定的阶级,用结构主义者的话说,能指并不能也不最终地指向某个"终结"的存在。对于具体的媒介内容,不同阶级、年龄、种族、学历等的使用者,理解也不完全相同,因此,语言的使用不可能平等。其次,这一定义,也预示了编码的"创造性",每一次编码,编码人员都会运用不同的言语,叙述事件的最新发展,因此都会表达新的意识形态内涵。文本无疑是意识形态激烈争霸的重要场域。对霍尔等人来说,重要的不是已成为意识形态的成品的文本,而是这一成品的生产过程。他们特别关心的是:文本如何整合不同的声音?在他们眼中,

---

① 【英】霍尔:《意识形态的再发现:媒体研究中被压抑者的重返》,见迈克·古里维奇等编《文化、社会与媒体:批判性观点》,台湾远流图书出版公司1992年版,第108页。

文本一定混杂了不同阶级的对话、谈判和争论,已经完成了的文本只可能是这些声音所暂时取得的一个"不稳定的平衡"。

霍尔还发现,意识形态具有使新闻框架自然化的功能。特别对新闻从业人员来说,在受到某些框架限制时却浑然不觉,并视其为理所当然,或将事实的呈现当作原先自然的事实,这就是霍尔所说的"自然化"效果。一般读者或新闻从业人员也许会认为,只要能遵守新闻客观性的原则,新闻报道自然就客观了;只要能呈现双面的观点,引述新闻来源,采取平衡而中立的角度,甚至有图片画面作为"眼见为实"的证据,所报道的就是绝对的"真实"了。霍尔十分尖锐地指出,这并不是"自然"的真实,而是被"自然化"的真实。事实上,越是逼真的呈现,越需要精密的设计和编排,而影像的摄取、剪辑同样需要观点的选择及意义的解释。费斯克则从写实主义的观点来解释媒体再现事实的技巧如何将符号真实自然化,使受众"容易理解",并觉得"有意义"。例如,写实主义注重细节和叙述的方法,当叙述手段都完美使用后,就会给人以真实的感觉。某些因果关系,例如"社会共识",由于人们可能视其为理所当然,于是便成为其他事件的架构,表面上看,"社会共识"天经地义,新闻也朝这些社会共识方向发展,但是,当人们视这些为天经地义时,就忽略了框架的存在,将部分的真实当作是全部的真实,拒绝其他观点,封闭个人的认知。从受众角度讲,意识形态的自然化渗透,完全与新闻专业主义有关,在十分逼真、貌似公正的情形下,受众更愿意相信媒体的言论,而在对媒体信息的依赖中交出了自己的判断能力,也就接受了意识形态的影响。其实,受众的意识形态的形成是社会化的过程,但是,媒体的作用最大,因为新闻真实具有迷惑性。

三、新闻框架与媒介真实的建构

首先,框架可谓是"人们或组织对事件的主观解释与思考结构",包括了选择与重组两个机制。吉特林(Gitlin)在观察学生运动与新闻机构的长期互动之后,发现新闻媒体并非被动的镜子,而是一盏不断"移动的探照灯"。他认为,选择与重组就是媒体行动的主要工具:社会事件必须透过这类特殊方式检验过,始能成为新闻。一则新闻就是一种选择与重组的基础,部分来自记者的个人心理状态或经验,有时却肇因于新闻组织所设定之常规,以致某些事件能受到青睐而成为新闻,另一些事件仅有部分纳入,而更有些社会事件则因与媒体特定框架不合而遭放弃,因而无法为人所知。

过去有关新闻框架的讨论,有一大部分集中于审视新闻媒介组织如何选择社会真实,因此可将新闻或媒介框架定义为"新闻工作中的建构'真实'概念",简言之,新闻工作者将原始事件(occurrence)转换为社会事件(event),并在考虑这一事件的公共性质与社会意义后,再将其转换为新闻报道。在这一转换与再转换的过程中,新闻工作者一方面以自己的经验将事件从原有的情境中抽离(decontextualization),另一方面则将这一事件与其他社会意义连接,产生新的情境意义。由此,新闻框架可谓是新闻媒体或新闻工作者个人处理意义讯息时所依赖的思考基础,也是解释外在事务的基本结构。因此,"新闻"框架就是符号工作者长期"透过大众传播媒介"组织言说的过程,长期以后形成固定的认知、解释与呈现形态,以选择、强调以及排除"社会事件"。美国学者恩特曼和罗杰基(Entman & Rojecki)曾分析《纽约时报》的头版新闻,发现该报反应的看法代表了传统"精英阶层"(the elites)的思考模式,成为社会主流思想。美国发动越战前与越战后期新闻界的表现不尽相同。越战前和越战早期发动战争被宣传为一场正义之战,目的是为抵御"苏联共产集团"的侵略。针对类似现象,社会学家托契曼(Tuchman)即曾明确指出,新闻并不是自然产物,而是一种社会事件的公共功能。汤普森(Thompson)也曾指出,新闻框架是"信息转换过程",也就是信息的制码与再制码。由此看来,新闻报道就是一种"选择"部分事实以及主观地"重组"这些社会事实的过程。从各家的论述可以看出,新闻媒介框架是一种主观的意义建构活动,目的在于不断地"提供意义",新闻媒体因此成为符号系统间彼此竞争的场域,其中充满了各种竞争版本,均是为了争夺受众,使之转换成现实的广告利润。

很显然,新闻框架概念显示了与传统新闻学不尽相同的观察角度。框架概念强调新闻记者所呈现的讯息内容并不是固定的实体,而是文本制作者、接受者与文本三者之间互动且受到社会情境影响的结果。

首先媒体的运作规范与流程对新闻真实的形成起着十分重要的作用。新闻媒体的运作常规,首先要看事件能否成为新闻。什么是新闻?学术界的相关定义已逾一百多种,而不论哪种定义,其中都包含着一个选择依据问题,而新闻价值概念的提出,则强调了媒体选择新闻的标准细则,如重要性、显著性、趣味性、接近性、新鲜性等,具有了新闻价值标准要素之一,就意味着这一事件可以被报道,如果具有多项要素,则报道的价值更高。新闻的选择是一个方面,能否成为新闻则又是一个方面,这取决于媒体内部的运作规范与流程。涉及媒体内部运作的,最显著的问题是把关模式。20世纪50年代以来,"守门人理论"持续受到新闻学者的关注,如韦斯特莱和麦克莱恩(Westley & McLean)就曾提出ABX模式,指出一般社会事件大多通过消息来源发出,经大众传媒(守门人)筛选节录后成为一般受众关心的社会话题。虽然有些消息可能直接由大众传媒取得,但一般来说,消息来源总是扮演"发动机"的角色。在这一模式中,"反馈"首次被放入新闻传送的流程,以显示某些信息在达到受众后,可能再回到消息来源或新闻媒体。新闻媒体、消息来源以及社会受众之间的互动关系,被首次进行理论阐释。

新闻客观性的专业主义规范要求报道应引用新闻来源,必须正反并陈,事实与意见分离,倒金字塔式的重点陈述等。表面上看来,记者并未明显地表达自己的意见,但是,意识形态的运作,应从新闻框架本身来看。费斯克曾举了一个英国《观察家报》(Observer Review)的案例,来说明这一情况。有一个摄影记者拍摄了一张照片,取名为《诺丁山》,内容是1976年英国伦敦诺丁山地区的嘉年华会的场景。照片中两个主要符号是几个年轻的黑人青年和一群警察轻微的对峙;三个次要的符号则是一群围观的黑人,都市的景观——高架道路、有阳台的老房子和一些高大的树木。《观察家报》刊登这幅照片时进行了剪裁,原先非新闻性因素如旧房屋、老树、高架桥等都被剪裁掉了,于是,照片中黑人青年与警察的冲突被突出出来,报社编辑还改变了原先照片的形状,使它变得窄而长,读者在看照片时,视线要从左移到右。这更强化了冲突的隐含意义,在照片上还加上了黑体字标题:YOUNG, BITTER AND BLACK(年轻、愤怒和黑人)。编辑显然是从做新闻的角度来进行取舍和设计的,这样的取舍、设计,表面上看还有一定的公正性,但实际上,很容易使白人读者产生优先解读(preferred reading),因此,可以说,编辑的追求适应了英国读者的口味。那些被剪裁掉的内容,恰恰是造成冲突的原因。老树代表了时间很长了,而旧房子和高架桥说明生活条件和环境的恶劣,这些状况政府没有解决。英国社会普遍的意见和态度是黑人容易制造事端,这也可看作是关于种族问题的意识形态。媒体正是顺应这种意识形态才作这样的处理的。

其次,消息来源对媒体真实建构也会产生巨大的影响。所谓"消息来源",泛指能作为新闻素材的任何材料。这些资料是新闻工作者通过人物采访、搜集的文件和观察所得。其中人物采访是最常见的方法,也是最重要的新闻来源。所以,狭义的新闻来源也指新闻人物。早在20世纪80年代,美国传播学者甘迪(O. H. Jr. Gandy)就曾建议从政治经济学的角度来分析知识与信息如何与权力结合,以及如何被用来作为控制他人的工具。他认为,在新闻生产的过程中,消息来源会以"信息津贴"(information subsidy)的方式与新闻从业人员进行交换,包括减少新闻从业人员的工作时间,简化新闻从业人员的工作难度,减少新闻从业人员的经费开销以及减少采写与制作的经费支出。至于新闻从业人员为什么要接受这样的"好处",甘迪认为主要有以下几个原因:第一,报社、电视台等媒体每天有发稿数和截稿时间的要求,而完成这些稿件迫使记者需要花大力的精力和时间;第二,消息来源的可信度问题也使得记者喜欢使用老关系的稿子,以减少因为核实真伪所需的时间和麻烦;第三,如果信息津贴提供者的地位较高,新闻性较强时,要寻找替代人物所费不赀,也提高了记者接受信息的意愿;第四,信息本身的垄断性,常常是记者有意获取独家新闻的动力。因此,一旦得知其新闻尚未被其他媒体所知晓,即使明知提供信息者有其他目的,记者也会理所当然乐于"占有",且沾沾自喜。① 消息来源通过这些方式提供信息,旨在控制新闻内容,甚至影响新闻框架或新闻中的核心意义。至于媒体的腐败,特别是新闻记者接受消息来源的贿赂,则更容易导致新闻失实。

再次,新闻情境、议题对媒介真实建构也有决定性的作用。现代社会随着互联网的普及,创造多种新闻情境成为可能。新闻情境成为不同立场、不同见解的社会势力相互辩论的公共论坛。美国马里兰大学新闻学教授古里维奇和利维指出,新闻媒体应是不同社会团体、机构以及意识形态竞相争取定义与建构真实之处。② 在大众传媒这一公共场所中,不但"意见气候"(the climate of opinion)得以形成,公众也可以公开发表意见与想法,从而建立意见的"公共市场"。进而使相关议题或事件为广大民众广泛重视,或使争议事件双方皆有机会宣示立场,因而成为可供大众讨论各项议题且不会受到外界干扰的场所。

新闻文本中所呈现的不同语言与符号讯息属于重要的意义建构与转换真实的机制。而从消息来源部分,公共关系领域过去所经常提到的"媒介政策"实际上受到组织文化影响非常大;组织文化不但是社会行动者建构组织真实的主要依据,也是组织发展媒介框架政策的源头。消息来源依赖包括领导者、决策群体在内的组织成员建立共同诠释架构,始能发展媒体运用的细部策略及语文讯息内容,产生信息津贴或其他发布新闻稿等公关手段,进而与其他组织结盟,达成框架共鸣与对应的效果。在过去的研究中忽视了新闻媒介与消息来源两者如何在建构真实过程中的互动,也很少讨论与两者互动相关的社会情境(context)问题。从符号互动理论来看,情境可看作是以语言或符号所建构的社会真实,也就是社会互动的关系判断所在。而所谓"关系判断"就是将社会互动对象用语言或符号加以命名、加以分类、界定彼此互动的情境,再

---

① O. H. Jr. Gandy, *Beyond Agenda Setting: Information Subsidies and Public Policy*. Norwood, NJ: Ablex, p. 8.
② M. Gurevitch & M. Levy, Introduction. In M. Gurevitch & M. Levy(eds.), *Mass Communication Review Yearbook* 5. Beverly Hills CA: Sage.

选择适当交换法则的历程。简单地说，情境就是人们主观建构的社会真实，亦即产生社会互动以及关系判断的环境。在主观建构起来的新闻环境中，新闻真实往往要经受考验。

2003年，在全国产生广泛影响的湖南衡阳女教师"黄静案"，就是一个典型的个案。我们知道，"黄静案"能够在全国范围内造成如此大的影响，更多的读者能够及时获悉此案的案情发展，除了网络的传播和网民的大力支持外，大众媒体的作用不容忽视。自2003年2月24日案发至2004年12月7日一审开庭的600多天里，"黄静案"成为了国内媒体报导和评论的主要内容之一。据相关机构统计，国内大众媒体对此案及其相关事件的新闻报导及评论文章至今已多达62则。媒体的报导内容涉及强奸事件、强奸施害人、强奸受害人以及受害人家属、施害人家属、司法机关、女性主义团体对事件的认识与态度等多个方面。相关的调查还发现，虽然同样是以"黄静案"作报导内容，这些新闻文本无论在报导的角度、报导的内容，还是报导产生的效果等方面仍然有很大差别。有时，它们是强奸"神话"的社会化代言人，有时，它们又帮助新兴女性主义团体发声，挑战强奸"神话"。那么，为什么公众对这一案件如此关注呢？这其中有许多潜在的议题，例如，强调司法公正、女性主义对女性权益的保护、大众对事件的认知争议差异等，这些议题和声音的博弈，最终使得媒体不能寂寞，开始参与质疑案件的审理，以中央电视台的"社会记录"为代表，介入了案件的调查，实质上导致新闻伦理遭遇最大的挑战。大众媒体对"黄静案"的这种选择性再现，为大众提供了一个公共话语的空间，但是新闻媒体不能恪守中立，不能冷静地面对案件的真伪使得新闻真实性产生动摇。大家都认为，黄静的死与姜某有关，甚至更为明了地说，就是姜某杀害的。这引发了全国性的舆论导向，造成司法鉴定机构不得不对此案反复多次进行鉴定。司法机构对此案进行的种种工作是在舆论压力下进行的，媒体在舆论的形成中扮演了非常重要的角色，而媒体的所作所为不能围绕真实性、客观性展开报道，实际就是一个新闻情境在起干扰作用。

同样，20世纪轰动美国的"辛普森案"也有类似的情况。大家都认为辛普森是杀人凶手，因为他满足了框架建构的基本条件：黑人、球星、富裕等，他具备杀人的种种可能性。但法律要靠事实说话，明明没有直接证据证实辛普森是凶手，那为什么媒体和公众都倾向于认为他就是凶手呢？在当时的情况下，社会舆论已经形成一种情境，这种情境影响了新闻记者的报道活动。

在哈贝马斯看来，新闻媒介在公共领域中扮演了举足轻重的角色，这是因为新闻媒介在资产阶级形成之初，被用来作为对抗官方统治的知识场域，哈贝马斯称之为"知识分子的报业"(intellectual newspapers),其作用是协助市民了解世界,讨论观点,进而制定决策,以便采取适当行动。然而哈贝马斯指出,促成公共领域兴起的社会与经济力量随后却成为导致公共领域衰败的主因。如19世纪中叶以降,资本主义经济迅猛发展,带动了大众传播事业的转型,最明显的是以本杰明·戴《纽约太阳报》为代表的大众化报业的出现,传统文人办的报纸立即转变进入职业化轨道,新闻采编工作成为新的职业。报纸不再只是新闻发布机构,往往在政治斗争、商业活动中发挥极其重要的作用。哈贝马斯指出,广告与公关两者联手影响新闻的运作过程,使得报业经营的目的由早期的促进理论批判讨论转向满足商业利益,中产阶级公共领域原有的平等开放特性因此而瓦解,成为暴力与私利竞争的场所。同时,哈氏认为,随着国家权力进入公共领域,逐步侵蚀了原为私人或家庭所固守的区域(如建立公共教育、公共图书馆甚至公共媒体等机构);这种演变更造成公共领域的退缩,沦为经济与政治势力的附庸,成为它们操控的对象。

哈氏认为,这一转变显示公共与私人领域的对立界限渐渐趋于模糊,而商业文化的兴盛,鼓励了个人的消费行为,造成社会公益无法通过单纯的辩论或商讨形式建立,新的大众传播媒介更进一步凸显了对参与公共领域对话的需求已较前低落。文化不但逐步私有化,文化产品也改以满足大众市场的喜爱为追求目标。公共领域因而又回到封建时代形式,成为政治掮客与资本家设计活动,捞取政治资本和商业利润的竞技场。

第四,新闻文本在新闻真实性建构中也是至关重要的。传统的新闻学强调新闻的客观性,认为新闻报导的责任就是尽量客观地去反映新闻事件的特色。然而事实上,新闻报导就是一个建构真实的过程。在这个过程中,它将已发生的社会事实转码成语言叙述。为了遵循客观中立的新闻行规,记者必然不能直接表示对所报导事件的相信程度。新闻报导如何建构社会事实,才能让受众接受它的真实性呢?台湾学者翁秀琪、钟蔚文等人认为:"所谓新闻必须报导'真实',事实上是包括至少两个层次的意义。"在第一个层次上,它牵涉到的是这个事件有没有真的发生过的问题,考的是新闻记者查证的功夫。新闻必须报导真实的第二个层次指的则是,记者以事实语言的方式来呈现事实。所谓事实语言是指在一特定语言社群中,被用来表示事实的特定语言机制。[1]例如,为了表达他们自身对所报导事件的相信程度或态度,记者可以对构成新闻报导的诸因素(人、时、事、地、物等要素或新闻价值)进行选择和排除,以决

---

[1] 翁秀琪、钟蔚文等:《似假还真的新闻文本世界:新闻如何呈现超经验事件》,《新闻学研究》第58期。

定新闻事实以何种面貌呈现在受众面前。因此,新闻报导既是记者对客观事实的陈述,又表现出主体对客体的认知和态度。当这种认知和态度与社会集体对事件的认识相契合时,新闻真实便会被社会大众认可,进而影响社会大众对认知社会事实的心理预设。

如前所述,新闻报导在再现事件真实过程中,主要是利用语言为工具来重新编码的。问题是语言从来都不是客观中立的。一般语义学所提到的语言特性是:

1. 语言是静态的,真实是动态的——语言本身在一段时间内是不变的,而我们的世界则时刻充满变化。现代科学也已证实,物质是由细小的分子组成的,并且在飞速地变动。借用古希腊哲学家赫拉克利特的话说就是"一个人不能两次踏进同一条河流"。

2. 语言是有限的,事实是无限的——人类语言的词汇是有限的,而需要语言表达的事实和经验则是无穷无尽的。约翰逊就曾指出,英文大约有50万到60万字,而这些字所代表的个别事实、经验和关系等显然要数以百万计。所以,用有限的语言来描述无限的事实,往往很受局限。一个最简单的例子是,当一起凶杀案发生后,人们在排查嫌疑人时常常只能借助于有限的语言来进行描述。这往往很难直接找到真正的凶手。

3. 语言是抽象的,事实是具体的——赛弗林和坦卡特的解释是:"抽象是一个选择某些细节和丢掉其余细节的过程。任何语言的使用都含有一些抽象。而且事实上,抽象是最有用的语言形式之一。它能使我们去想到它的范畴,并且使我们有能力去归纳它。"[1]

那么当新闻记者通过语言来建构社会真实的时候,他们是如何解决这个问题的呢?而社会大众通过解码这些新闻语言,又会获得什么信息呢?

关于语言如何生产出意义,英国文化研究"伯明翰学派"的代表人物斯图尔特·霍尔总结相关研究,认为可以有三种不同的途径:1. 在反映论途径中,语言被视作一面镜子,单纯反映已经存在于现实世界的客体、人、观念或事件中的意义;2. 在意向性途径中,论者认为说者、作者通过语言把他们的独特意义强加于世界,而词语的意思是作者认为它们应当具有的意思;3. 在结构主义途径中,事物自身和语言的个别使用者均不能确定语言的意义,意义被视作在语言范围内,在各种不同的再现系统中或者通过它们而被产生出来的。[2]

---

[1] 【美】赛弗林和坦卡特:《传播理论:起源、方法与应用》,第338页。
[2] 【英】斯图亚特·霍尔:《表征:文化表象与意指实践》,商务印书馆2003年版,第15-27页。

认为语言生产意义的结构主义途径后来衍生出两个主要变种：符号学方法与话语方法。前者受到瑞士语言学家费尔迪南·德·索绪尔的极大影响，关心的是语言如何生产意义。后者则总是与法国哲学家、历史学家米歇尔·福柯联系在一起。福柯用"话语"表示："一组陈述，这组陈述为谈论或再现有关某一历史时刻的特有话题提供一种语言或方法。"①在他看来，话语在历史和社会中形成，并通过语言生产知识与意义。"它控制着一个话题能被有意义地谈论和追问的方法。它还影响着各种观念被投入实践和被用来规范他人行为的方式。"②这是因为话语体现了体制中的权力关系，而权力又是在话语中及通过话语进行运作。与传统的权力理论总是强调权力的否定功能不同，福柯第一个提出了权力的肯定功能，他认为，"权力是一种创造；它创造现实，它创造对象的领域和真理的仪式，个人和为他所获的知识都属于这种产物。"③

福柯的话语概念对话语的定义、界说和控制作出了历史性和社会性的解释，但是他所从事的话语分析皆是针对某些特定领域，例如医学、心理学、经济学和文法的研究，而并没对真正的文本进行话语层面和语言学上的分析。报导进行文本分析时，有可能剖析出隐藏在这些看似客观中立的报导之后的权力关系与意识形态。

四、"真实"与再现真实

"再现"一词是英文 representation 的翻译，这一词汇在符号学中的内涵比较丰富，也有翻译成"表征"的，字面意思可以理解为"再次、呈现"，它代表了一个表述的世界而非现实世界，是"真实"世界里一些事物的一种映像、类似物或复制品。④ 与再现对应的词是"在场"（presence），在场是客观世界发生的事件本身，它可以是以一定方式被再现或改编成媒介代码的物、人、集团或事件。再现是一种对真实的制造和宣称，再现将不同的符号组合起来，表达复杂而抽象的概念。再现的动作需要将许多分散的元素，聚集成一个可明了的形式，而这个过程通常被称为选择和建构，因此再现是一种人为的话语实践，具有意识形态的意义。德里达说，在当代"再现是一个最重要，最富于生产性的问题"。以德里达为代表的解构主义学者认为，相对于"在场"来说，再现不仅是可能

---

① 【英】斯图亚特·霍尔：《表征：文化表象与意指实践》，商务印书馆 2003 年版，第 44 页。
② 【英】斯图亚特·霍尔：《表征：文化表象与意指实践》，商务印书馆 2003 年版，第 45 页。
③ 李银河：《福柯与性》，山东人民出版社 2001 年版，第 100 页。
④ 【英】大卫·麦克奎恩：《理解电视：电视节目类型的概念与变迁》，华夏出版社 2003 年版，第 139 页。

的,而且是唯一的可能性。① 在这个意义上,"文本之外一无所有",再现就是我们所拥有的一切。不可否认,世界上客观存在着原初的事实(raw reality),它的存在不因语言、历史、个人或集体利益而有所改变。但是,正如霍尔所言:"我们要了解它,则必须要通过分析话语行为。"②费斯克也指出,人们所经验到的事实,绝非原初的事实,不管是自然力量的显现或人类彼此之间的关系,都必然通过语言的中介结构来实现。这个"中介"(mediation)作用,并不是一种对于"真实"的"扭曲"或"反射"(reflection)。这其实是人们了解"真实"必经的一种主动社会过程或认知动态罢了。③ 费斯克的观点几乎无视"原初事实"的存在,意义化的过程不是被动地"反映"事实,而是主动建构世界的实践。人们也无法将其意义化的符号与所谓"原初事实"比照其真实性,因为后者根本无法得知。因此,有学者指出,费氏的意义建构观,使得"符号"与"事实"之间的分析不再必要,一切只是人们在不同的意识形态领域中所玩的"意义化"游戏而已。

在再现理论中,其核心的议题是,尽管我们可以通过电视、电影等影像媒体了解到已经或正在发生的事实,但媒体所提供的影像不能代表任何真实,而只是编造或建构的"真实"而已。在实证主义的观点中,真实并不存在,它只是叙述的对象而已。电视的摄像机与麦克风无法记录真实,只是将事件符码化,这种符码化生产了真实的"意义",如此便引出意识形态的问题。那么什么东西被再现?当然不是真实,而是意识形态,电视的图像化让媒体成为客观真实的代言人,强化了意识形态的效果,如此我们便会忽视一个事实,就是任何一个真实事件经过媒体的报道,它产生的不是真实,而是意识形态。然而,媒体的影像真实在符号化的场域中所运作的,就如同工业体系在经济领域中一样,工业体系不仅生产和再生产商品,到最后不可避免地是在复制资本主义本身。所以,媒体的影像真实不是复制客观的真实,而是资本主义,甚至这样的意识形态特质远远超过其物质性。

模仿之道是基于假设它是一个影像,"这个影像是其指涉物的倒影。"④例如,电视以通俗易懂的修辞将摄像机的镜头建构成浏览世界的窗口。然而,也

---

① 罗钢、刘象愚主编:《文化研究读本》,中国社会科学出版社 2000 年版,第 20 页。
② S. Hall, "The Rediscovery of 'Ideology': Return of the Repressed in Media Studies", in M. Gurevitch, etc. (eds.) *Culture, Society, and the Media*, London: Methuen, 1982, pp. 70 - 71.
③ J. Fiske & J. Hartley, Reading Television, London: Methuen, 1978, p. 161.
④ 【美】费斯克:《后现代主义与电视》,见詹姆斯·库仑、迈克·古里维奇编《大众媒介与社会》,台湾五南图书出版公司 1997 年版,第 72 页。

正因为这个神奇的窗口,世界上所发生的各种事件得以记录而成为历史文献。但是,影像与指涉物之间的真实性是有所出入的,如此影像已经比指涉物更为重要了。整个影像"操控事业"发展的最终结果,就是大家将焦点放在影像的再生产上,却忽略了真实存在的价值。确实,理念性的真实,常常被影像效果的实践性真实所颠覆,这种"非真理性"的实践,使那些依赖媒体而生存的人们,很难辨别影像文化内容的真伪,久而久之,甚至连基本的质疑也没有了。

在再现理论中,"真实"一词被界定为历史性物质主义的用语,而模仿理论则在实证主义下来界定真实。再现理论是针对影像媒体所建构的真实,提供了一个意识形态的批评,指出是意识形态的实践以及真实与意识形态的关系。然而与其他论点相比较,这个理论对真实的意义,在策略上较容易被接受。模仿理论所关注的是影像与绝对真理之间的差异与置换,批评上比较注重更为真实、更为精确的影像。从媒体影像认识论的角度来看,再现理论将它放在意识形态决定的话语关系上,而模仿理论则将它放在经验主义的真实关系上来讨论。

"大跃进"期间,《人民画报》1958年第9期刊发了一幅新闻照片《欢跃在稻穗上》,是《我国早稻又创世界高产纪录》的主题照片。照片中,4个小孩高兴地笑着,个子较高的女孩扎的辫子在空中形成弧线,充满动感。文字说明:"湖北麻城市建国第一农业社的1.016亩早稻,创造了亩产36956斤的高产纪录。看,稻子长得多么稠密!孩子们站在稻穗上,就像站在软绵绵的沙发上似的。"具有讽刺意味的是,就在《新闻摄影》开辟专栏开展有关"新闻摄影真实性"讨论的同时,《大众摄影》1958年第9期上刊发了《欢跃在稻穗上》的拍摄经验,文中写道:开始的时候,作者打算在稻穗上放一颗鸡蛋以显示稻子的稠密,但是鸡蛋太小不足以表现稻子的茂盛,后来在群众的启发下,让4个活泼的孩子站在了稻穗上跳跃,拍成了这张照片。表面上看,是新闻摄影记者在弄虚作假,不仅拍摄经过摆设的照片,还煞有介事地当作成功的经验拿出来交流。但是,稍加思考,读者就会问:是什么使这样用常理推断不仅不可能甚至荒唐的照片得以发表并且得到广泛认可,也就是说是谁给了这样的新闻发表的机会?

看起来是编辑,但编辑在组织稿件的时候,总是以某种意识形态为导向,所以,归根到底,决定照片命运的是占主导地位的意识形态,新闻记者和编辑只是意识形态这个"大机器"运作中的"齿轮和螺丝钉"。因此,认为"大量虚假新闻的主要原因在于新闻记者头脑发热,不深入调查"有点本末倒置。当时意识形态最响亮的口号之一是:"人有多大胆,地有多大产","新闻是政治宣传的工具"。新闻摄影为了跟上政治形势,体现"一天等于二十年"的大跃进速度,报道的粮食亩产必然会一路飙升。但摄影毕竟具有"纪实"的特性,凭借摄影的这一特点,依靠视觉符号的形式制作匪夷所思的新闻,是对摄影人良知的考验,这恐怕是引发新闻摄影界关于新闻摄影真实性争论的根源所在。在这场争论中批评了很多组织加工照片,例如发表在《新闻摄影》1958 年第 6 期上的《这是一张不真实的照片》等。但是这样的争论和批评在"以政治挂帅"的年代,毕竟无法扭转大局,不过也从反面说明了问题的存在、范围和程度。政治的高压和新闻摄影自身的特性是新闻摄影的"真实性"发生裂变的主要原因。

从具体实践层面上来理解,人们都会认为,照相机、摄像机是错误再现的罪魁祸首。人们都接受照相机、摄影机不会说谎的事实,其实不然,照相机、摄影机在被有思想的人使用后只会撒谎。2007 发生在中国的"纸馅包子"事件,就是一个蓄意捏造、编排的"真实谎言"。主体性理论将再现理论加以扩延,广泛涉及公众世界的意识形态与个人意识中对真实的感知。主体性理论声称意识形态的运作,生产了我们所谓的"虚假意识",主体性即是社会意识形态强加于个体所形成的印记,如此意识形态才得以继续实践与存在。主体性从那些属于我们自身的社会中的位置结合支配的意识形态不断再生产自身,使我们的主体性发生作用,所以,与我们所处的物质社会情境无关。在西方资本主义社会中,白人、男性、中产阶级的意识形态或多或少成为社会大众的主体性印记。

德里达认为,我们很难区分正确的再现与错误的再现,区分真理与谬误、区分现实与虚构,事实上,再现总是伴随着不可避免的虚构与错误。① 每一个再现领域,如福柯所说,都是由"权力/知识"这致命的一对儿所构成的权力领域。② 从文化与权力关系的角度看,再现行为本身就是文化内部权力关系的一种体现,那些能够再现自身和他人的人握有权力,而那些不能再现自身和他人的人则处于无权的地位,只能听凭他人来再现自己。于是我们常常看到这样的再现,"工人阶级是粗陋的""妇女天生就是卑贱的""少数民族是愚昧无知的",等等。③ 再现总是与意识形态和权力关系密切相关,再现可能包含了以下几种权力关系:政治权力关系、性别权力关系、经济权力关系、文化权力关系等。

在更广泛的媒介生态中来看,媒体事件有的被低度再现,有的被过度再现,也有的被错误再现。这完全取决于媒体事件在商业社会中的影响力,取决

---

① 罗钢、刘象愚主编:《文化研究读本》,中国社会科学出版社 2000 年版,第 20 页。
② 同上,第 212 页。
③ 同上,第 21 页。

于它吸引公众注意力的能力。

五、媒介真实的文化属性

新闻是选择事实、建构意义的领域,新闻事业对社会的意义不仅在于报道事实,更在于借助新闻事件的报道,传达与政府、政党声音相关联的意义,建构一个有意义的国家及社会的符号世界。符号世界没有标准的定义或绝对的真实,只有相对于不同的时空、各社会团体的需要及价值。李普曼早在1922年就曾指出,我们所见的事实是基于我们所处的位置和我们观察的习惯。因此,如果将新闻"客观报道事实"定义为一个"绝对的真实",不仅可能误解"真实"的内涵,更可能造成某一种观点宰制其他观点的霸权现象。因此我们会发现,仅呈现"一种"观点或事实报道的媒体,不论其多么努力于事实的采访,如何客观精确,总无法摆脱意识形态的负面印象,也无法普遍地在社会各阶层中获得信赖。因为可能永远没有"一种"观点可以包括所有"事实"。

因为客观在现实生活中难以实现,使得媒介真实并不能和社会真实画上等号,因为在达成客观的过程之中,存在着许多的障碍物。就记者自己本身而言,其本身的预存立场、专业化、经验及对新闻价值的判断,都会影响新闻的处理过程。而在写作的过程中则受限于符码、语言的有限性及写作格式的限制(如倒金字塔式的写作)等,这些都形成了有形或无形中的干预。在新闻机构方面,基于政治的考虑、对于利润的要求、截稿时间的压力以及版面的限制,都对客观形成了干预。而外在的政经环境、消息来源、公众团体等亦是。凡此种种,都将对媒介所呈现出来的新闻造成偏差。麦克奎尔指出,新闻内容中的女性、少数族群经常会被负面、错误或扭曲的报道,而且媒体往往会对特定政党或观点有明显的偏好。他提出了以下几种典型的新闻偏差:

1. 新闻内容充斥着社会高层与官方的声音。
2. 新闻的注意力聚焦于政治及社会精英上。
3. 其所强调的社会价值与社会现状呈现一种相互同意、支持的状态。
4. 国外新闻以较为邻近、富有与有权势的国家为主。
5. 在新闻主题的选择以及意见的表达上,存在着一种国家主义(爱国的)和种族主义的偏差,并且会以一个已被假定或是被描绘出的世界观来处理新闻。
6. 新闻所反映的是父权社会里的价值和权力分布。
7. 少数族群被特别地边缘化、忽视与无名化。
8. 对于犯罪新闻的报导过度呈现暴力与个人犯罪,而忽略了真实社会中的其他风险。

9. 在相关的政治新闻上,重视居于中立立场或是支持特定政党选择正确的政治光谱。①

按照麦克奎尔的分析,除了受新闻常规惯例的强烈影响外,新闻选择中的组织因素、意识形态因素等都可能对新闻事实产生影响,这其中包括新闻价值观、人的因素、空间因素、时间因素以及选择偏见等。在认识论层面上,原初事实必然经过话语行为的中介而呈现不同的意义解释。因此"客观"呈现单一事实是抹煞其他"事实"的做法。但是若能在清楚地意识到自己的意识形态框架的同时,也呈现其他不同的解释观点,则可能做到所谓的"意图"客观。意图上的客观并不否定个人价值,而是在承认人为价值的必然性之后,更进一步地要求承认不同价值的合法性,容纳不同的观点。这就是巴赫金所谓的"对话"精神。传媒体制的复杂性决定了真正在新闻再现中体现"对话"精神是很困难的,因为媒介霸权的客观存在,传媒管理者的利益诉求,商业势力的侵入等,使得大众传播中的"对话"精神只能是一种"海市蜃楼"。

思考题:

1. 客观真实、符号真实、主观真实三者之间的关系是怎样的?
2. 如何理解框架理论?
3. 如何理解再现真实的价值?

---

① Denis McQuail, *Mass Communication Theory: An Introduction*, London, Sage 1994, pp. 255 - 256.

第八章 媒介文化的奇观化

一、"奇观"理论起源

奇观概念来自法国学者居伊·德波（Guy Debord）的"奇观社会"理论和"国际境域主义"组织的一些理念。德波发现："在那些现代生产条件无所不在的社会中，生活的一切均呈现为景象的无穷积累。一切有生命的事物都转向了表征。"①"奇观"理论的提出与 20 世纪 60 年代西方消费时代的到来有着直接的关系。消费时代不仅意味着物的空前积聚，而且意味着一种前所未有的消费文化的形成。从物的生产到物的呈现，再到主题的消费行为，这一过程不再简简单单只是物的使用价值与交换价值的实现，而且还是物的符号价值的生产和消费，是物在纯粹的表征中的抽象化。正如德波所说："真实的世界已变成实际的形象，纯粹的形象已转换成实际的存在——可感知到的碎片，它们是催眠行为的有效动力。"②

关于奇观概念，另一个值得关注的学者是道格拉斯·凯尔纳。凯尔纳所使用的"奇观"概念与德波的理论模型有一些相似面，他们关注的都是媒介文化在当代所产生的社会现象，也就是说，所谓奇观是以大众媒介为基本讨论对象的，正是大众媒介造成了种种特殊的社会现象。然而，他们又在三个层面上存在差异。首先，德波的"奇观社会"概念较为单一和抽象，带有鲜明的整体论色彩，而凯尔纳所探讨的"奇观"概念则是比较具体化的，例如，以麦当劳为代表的消费文化奇观，以克林顿性丑闻和弹劾案为代表的政治文化奇观，或者是以《X 档案》为代表的电视文化奇观等。德波分析的是资本主义社会发展的某一阶段——即按照"奇观"概念框架所构建的媒体和消费社会。此外，德波采

---

① Guy Debord, *The Society of Spectacle*, New York: Zone, 1995, p. 12.
② 同上。

取的是法国激进知识分子的立场和新马克思主义的视角;而凯尔纳所采取的是美国公共知识分子的立场——对阶级、性别、种族和区域等具体因素的关注,以及多学科的研究视角——包括新马克思主义、英国文化研究、法国后现代主义理论等。

其次,凯尔纳对具体的"奇观"现象进行了阐释和质疑,具体说来,他是想通过对这些产生了巨大影响的"奇观"的阐释和质疑来揭示当代美国和全球社会的特征和发展趋势。例如,通过辛普森案的阐释和质疑来透视当代美国社会中存在的种族、阶级、性别矛盾,名人文化、媒体文化的近乎疯狂的关注究竟如何体现了以集团媒体和消费文化为主导的美国社会本质特征。简而言之,凯尔纳在对媒体奇观的研究中,将文化研究作为症候式批评的主要手段,对当代社会中的各种奇观现象进行解读和阐释。而德波更关注的是对资本主义制度本身进行批判,目的是寻找具有革命性的替代方案。

再次,凯尔纳着重分析了媒体奇观中的矛盾和逆转现象,而德波认为所谓"奇观社会"似乎是无往而不胜的。他和其他"国际境域主义"组织成员一起勾勒了种种可能进行的反抗与斗争活动的蓝图,在一定程度上为1968年法国的"红五月"运动提供了有益的启示。凯尔纳从麦当劳在全球推广又在世界各地遭到抵制和抗议的事实,认为"奇观社会"也有逆转的可能。

最后,连凯尔纳本人也承认,德波的"奇观社会"概念比他自己对奇观现象中存在的矛盾、逆转甚至翻盘现象的分析更具有说服力。德波理论的追随者提出,尽管"麦当劳"奇观出现起起落落的趋势,"耐克"奇观中也包括了媒体对其劳工政策的批评,但是当代资本主义体制内出现的矛盾和冲突并未在根本上影响资本主义强劲的发展势头。资本主义比任何时候都强大,媒体和消费社会通过奇观效应不断复制奇观。

从德波和凯尔纳的论述中可以看到,"奇观"是一种新的社会文化现象,它多半是以视觉形式出现的一种表征,一种表面热闹、表面富有吸引力的文化外在形态。它与资本主义社会的生产形式有直接的关系。其实,"奇观"或者"奇观化"是人类文化史中由来已久的一种现象。远古先民的宗教仪式、中世纪的圣像崇拜、拉伯雷时代的狂欢节、路易王朝的断头台、大革命时期的庆典,这些都构成奇观的场景。但是,与当代奇观社会所不同的是,那时候的奇观结构有赖于一种空间的区分,即日常生活的空间和神圣的空间的区分。不论那奇观的场景是等级森严的庄严仪式还是巴赫金所说的摆脱了日常生活的严肃性的狂欢,也不论那奇观是对日常等级秩序的强化还是对它的戏仿甚至消弭。很显然,在古代农业社会中,奇观活动仅仅存在于特定的时间和空间里。当代社会的"奇观化"已没有明确的时空界限,奇观随时随地发生,因为它伴随着消费而进行。各种商品都被"包装"起来,商品的销售活动也被包装成节日一般。于是,热闹、有趣、好看、好玩等变成奇观的基本元素。大众媒介将这些基本元素激活了,在大众媒介的渲染下,我们身边的热闹场面多了起来,随便一个理由就成为我们狂欢、消费的依据。于是,"情人节""端午节""七夕节""圣诞节"等在大众媒介的渲染下大大超越了原先的文化内涵,成为媒介文化内容的重要部分。那些成为物的表征的东西,渐渐集中到视觉化手段上来。当今社会,图像已成为社会生活中的一种物质性力量。于是,我们看到,电视节目被以五花八门的形式包装后,显示出光鲜、热闹的表征来。看上去很热闹或看上去很美都是从视觉观感角度说的。于是,大众媒介的"奇观文化"就产生了。

二、媒介文化:从景观到奇观

媒介文化的内涵,取决于人们阅听的行为方式。如前文所述,人类的阅听行为经历了不同阶段。我们在接触奇观文化以前,阅听行为比较具有哲学意义的是景观审视。音响信息的听觉震撼程度和视觉传播信息的眩目程度,成为人们衡量媒介文化影响力的重要依据。盛大的场面从来都是在声响和视觉上震撼人心的,那种最直接在感官上满足信息需求的媒介文化,其走向是越来越奇观化。可以说,在媒介科技日益发达的今天,似真似幻的媒介文化更能满足人们的虚拟想象。进入20世纪后半叶,大众媒介中的社会事件与以往相比,有一个很大的变化,即不仅是民主政治的内容,更是文化消费的内容,任何事件经过大众媒介的报道,很快成为大众关注的对象,继而成为茶余饭后娱乐的内容;另一个很大的变化就是在形式上,20世纪以来,随着数字技术的普及,媒介文化越来越倾向于视觉化的表现。所以媒介的奇观某种意义上也可以说是视觉的奇观。

传统上,以景观为题材所绘制的艺术作品(如景观画、景观摄影、景观动态影像……)或其他视觉人为产品(如有景观图像的广告设计、海报设计、景观明信片……)等,常被纳入视觉艺术教育的教学内容。但是,以往视觉艺术教学者对于上述以景观为题材的视觉艺术作品或视觉文化产品的探讨,多以生产者(画家、建筑家、设计家、摄影家、电影摄影导演或摄影师)的观点着手,特别是对于视觉艺术作品或视觉人为产品生产者的个人生平、创作动机、时代与环境背景、创作形式、媒介与技法、创作或生产的过程、表现风格、艺术欣赏者的批评以及视觉艺术作品对当代或后世的影响等问题做深入的探讨,这也是"学科本位艺术教育"(Discipline - Based Art Education,DBAE)所强调的"学科中心"理念的重点。然而,当代视觉艺术教育的发展趋势已逐渐强调"社会中心"的重要性,并加入有关视觉文化研究的内涵,也就是扩大视觉。因此,有关"景观"(landscape)的概念和以景观为题材所绘制的视觉产品之创作或生产之探讨,并非单纯的视觉生理学与认知心理学、美学与艺术学的问题,更是视觉文化研究探讨的议题。这里,除了以自然中可以观看到的景观和近代以景观为主题的视觉艺术作品为探讨对象之外,也采纳视觉人为产品为研究对象加以探讨。

"景观"(landscape)一词常在绘画和园艺上广泛使用,传统上指外在世界静态、固定的物体和形象的再现①。景观的观看有许多方式,也是身为"主体"的"人"与做为"客体"的地形貌之间的关系探讨。美国学者 W. J. T. 米切尔(W. J. T. Mitchell)在他所编的《景观与权力》(*Landscape and Power*)一书中认为景观的探索"不只是问景观'是'(is)什么或景观'意味'(means)什么,还要问景观作为一种文化实践到底做了什么"②。他在该书中的《帝国景观》(imperial landscape)一文中强调,景观是文化的媒介,可以从中检视出人们如何"观看"景观③。科斯格罗夫(Cosgrove)在他的《社会变迁与景观象征》(*Social Formation and Symbolic Landscape*)一书中的一段"宣言"中也提到:"景观的概念(landscape idea)代表了一种观看方式(way of seeing)。"④杰克逊(John Brinckerhoff Jackson)主张景观是诠释文化的关键,是空间的构成,亦牵涉到空间如何被拥有、被利用、被创造与被改变等问题⑤。换言之,景观可以说是一种文化实践,它具有文化的象征意义,我们可以探讨人们以什么眼光来"观看"景观与"想象"景观,进而得知景观本身或景观图像(如景观画、景观摄影)被人塑造的文化意义。

景观向奇观的转变,正如同旅游文化景观凝视转化为奇观的消费一样。后现代学者厄里认为,有一种后旅游的形式正在成为一种倾向。后旅游者"不一定非离开他的家乡去看许多旅游凝视的目标不可,特别是借助电视录像,所有的东西都可以被看到、被注意、被比较和被融入背景中"⑥。如同其他形式

---

① E. Relph(1981). *Rational landscapes and humanistic geography*. London: Croom Helm.
② W. J. T. Mitchell(1994). *Landscape and power*, Chicago: University of Chicago Press, p. 1.
③ W. J. T. Mitchell(1994). *Landscape and power*, Chicago: University of Chicago Press, pp. 22-23.
④ D. E. Cosgrove(1998) *Social formation and symbolic landscape*, Madidon: University of Wisconsin Press.
⑤ J. B. Jackson(1984) *Discovering the vernacular landscape*, Yale University Press.
⑥ John Urry, "Cultural change and contemporary holiday-making", see: *Theory, Culture and Society* 5(1), pp. 33-35.

的消费文化一样,旅游作为视觉文化活动,正由景观向奇观转移。热闹、眩目的视觉奇观取代了过去怡情山水并以凝视、思考为中心的旅游活动,所以,厄里认为,我们丧失了我们的自我感,卷入了不同影像和不同经验的游戏中。① 后现代旅游的景观制作,实际上是营造一种奇观。好看和好玩成为文化追求的重点,所以,媒介的策划成为一项十分重要的工作。任何一个活动、任何一个节日、任何一个事件,只要能吸引受众注意力,换句话说,只要它能引发消费狂潮,都值得媒体去做。例如,在中国,"超级女声""加油,好男儿"等节目就是迎合某些层次的受众需求而策划、制作出来的。进入21世纪以来,媒体的盛大节日与活动明显增多,这是因为,将媒介文化当景观去细细品位的时代结束了,取而代之的是快餐化文化,浏览取代了细读,摆在受众面前的是一个壮观的文化远景,它永远不能近观,因为它根本就经不起近观细读,所以,多半是供受众远观、想象的。然而,想象的奇观被制造出来并不是媒体的终极目标,其终极的目标也不是使受众注意、喜欢和参与,乃是获得广告赞助。奇观化越强烈、越具有影响力,对媒体来说就越有价值。

三、媒介的视觉化奇观

我们正进入一个视觉文化的时代。这里所说的视觉文化包括两个方面的内容,其一是作为当代最主要的文化形态,视觉文化奇观的大量生产带来了视觉奇观的泛滥,即"作为所生产的物品被生产的同时必不可少的附件,作为附着在制度理性上的一般虚饰,作为直接对不断增长的形象——物品生产负责的发达经济部门,奇观是当今社会的首要产品"②。我们正生活在一个被各种人工的、审美化的视觉景观包裹的世界里。其二,依据美国学者W.J.T.米歇尔《图像转向》一文的说法,继语言学之后,当代西方思想界、学术界正在经历一次"图像转向",一套新的学术研究、文化批判的方法正在构建之中。显然,后者的方法论、学术研究与前者是紧密相连的,它说明从高深精微的学术思考到大众流行的粗俗浅薄的生产制作,以图像为中心的视觉文化正在深刻地影响着我们今天文化的每一个方面。按照米歇尔《图像转向》中的观点,这种视觉文化的蔓延是全球化的,其中自然也包括处于第三世界的中国。随着当下中国经济文化空间的逐步开放,工业化、城市化步伐的加快,以及大众流行文

---

① 【英】阿雷恩·鲍尔德温等:《文化研究导论》,高等教育出版社2004年版,第396页。
② 【法】居伊·德波:《奇观社会》,见吴琼编《视觉文化的奇观——视觉文化总论》,中国人民大学出版社2005年版,第63页。

化的蓬勃发展,视觉文化赖以发展、成熟的生存土壤已经具备。不难看到,在接受外来文化冲击与选择文化消费的过程中,由传统的电影、电视、录像、广告到网络技术、电子复制,工业化、现代化的视觉传播手段在生产各种繁复的视觉形式的同时,已经在改变着我们的文化格局。大众流行的视觉文化从文化消费到文化心理已成为我们今天的必须———一种生活的主宰。因此,可以说,视觉文化正在全面地塑造着我们的文化,塑造着我们今天的"人",并构成了当代中国文化存在的基本事实和重要的文化语境。

在现代社会因为看的方式发生转变,过去以凝视为主的看的行为转变为以浏览、瞥视为主的观看行为,视野大不相同了。视线聚集在某一小的范围上时,那只能是景观,不可能是奇观。奇观必须是视野粗放的,同时是满足瞬间感受而不是着眼于思辨的,着眼娱乐而不是着眼于审美的,着眼狂欢活动而不是着眼教育的。另外,从思维角度来说,我们知道,在视觉文化盛行之前,社会文化的总体特征是以语言为中心的,叙述借助语言借助想象来实现意义的传播。例如,文学叙事就是借助语言来实现文学形象与现实联系,完成意义在人大脑里的转换。即使是影像作品也是如此,希区柯克的电影擅长以悬念讲述故事,在他的作品中,蒙太奇服务于叙事性的要求,故事的情节展开有逻辑性和时间性,因此形成了叙事电影本身特有的理论结构。但是,随着后现代社会的来临,生活节奏加快,尤其在消费时代,人们的接受趣味发生了转型,文化大众口味如同日常消费品一样,需要不断地更换口味,文化口味更换频率加快,最终只能靠视觉做出取舍,因此文化产品首先的努力方向就是实现视觉效果,过去在农业化时代养成的品味、深思的慢节奏文化接受习惯,那种对叙事方式的期待以及对故事逻辑性的追求已经不重要了,重要的是要热闹、好看、有趣。因此,对奇观文化就不能循着经典的路线去寻找答案。

于是,我们看到《终极者》、《未来战士》、《让子弹飞》、《阿凡达》以极其眩目的电影技巧做成了视觉大餐;"超级女声"也被包装成视觉的盛宴,那些娱乐节目在制造热闹、引发狂欢之后,最终目的就是赚取高额的广告利润。这正是德波所发现的"奇观"。他认为,当代社会商品生产、流通和消费,已经呈现为对"奇观"的生产、流通和消费。因此"奇观即商品"的现象无所不在,"奇观使得一个同时既在又不在的世界变得醒目了,这个世界就是商品控制着生活一切方面的世界"[①]。显然,德波是从这个社会的发展趋势来解释"奇观"问题的,也就是在当代社会,传统的生产方式和法则已经失效,现在重要的是"奇观"的生

---

① Guy Debord, *The Society of Spectacle*, New York: Zone, 1995, p.23.

产、流动与消费。其实,按照德波的观点,整个娱乐文化产业都是"奇观"。

印度裔美国学者卡普兰指出:"随着作为机器(apparatus)的电影发展,奇观的文化(the culture of the spectacle)完全被铭刻进社会之中。影片成了这样一种形式,即它在某种程度上替代了大众小说,它通过新的消费者文化来提出欲望;它的作为奇观的模式和消费者文化的模式相吻合而处在一种恶性的循环中。换句话说,影片出现在某一消费者文化的舞台上,它的模式通过当代人所欲望的,处于意指地位的消费者产品的积累,来加强消费主义(consumerism),并激发上涨的阶级斗争。尽管大众小说仍在继续发展,但它也受到奇观文化的影响,并在一种自我意识的、'电影化'的风格中进行描述。另一种奇观是通过镜像由自我提供的,这成了社会文化机制的一部分,它变换着主体观察和欲望的方式。"[1]卡普兰将奇观文化概括为两点:一是由消费社会提供的,即按照消费者的需要,设计制作出现的供消费者消费的文化;二是消费者自我建构的文化,即消费者在镜向阶段逐步形成的文化自我认同和自我需要。这种理解是非常准确的。

在西方学术界,卡普兰的观点具有代表性。西方学者普遍的共识是,奇观文化是一种提供观看活动画面的文化形态,包括电影、电视、广告等,从总统大选、战争、恐怖主义到当下的媒体活动都体现了这种文化的种种特性。它的出现与商品社会的高度发展有关,后来演变为男性对女性的观看,比如广告上一般以女性为模特等,这种带有观演性质的奇观,已渗透在我们生活的每个角落,以至于什么都要借助视觉手段来加以表现,视觉化信息在信息传播中占据很大的比重。视觉主导的社会和奇观化的政治现状令人担忧,它在民主化的幌子下满足着受众的需求。

德波在阐述奇观概念时指出:"奇观不是形象的集合。毋宁说,它是以形象为中介的人之间的一种社会关系。""不能把奇观理解为是视觉世界故意的歪曲,也不能把它理解为是形象的大众传播技术的产物。最好把它看作一种已被现实化和转化为物质王国的世界观——一种被转化为客观力量的世界观。"[2]那么,这种形象中介是怎么制造出来的,又是如何转化为现实的呢?凯尔纳将造成麦当劳奇观、乔丹与耐克奇观、辛普森杀人案和美国总统大选等现实事件归因为媒体行为。

---

[1] 【美】E. 安·卡普兰:《母亲行为、女权主义和再现》,载《当代电影》1989年第6期。
[2] 【法】居伊·德波:《奇观社会》,见吴琼编《视觉文化的奇观——视觉文化总论》,中国人民大学出版社2005年版,第59页。

"奇观的概念结合并解释着明显分离的众多现象。这些现象的多样性与对立是奇观的表象——是社会组织的表象,这表象需要在其一般的真理中来把握。就其自身而言,奇观宣称的表象的主宰,声称所有的人类生活亦即所有的社会生活都不过是表象。但是,任何能够理解奇观的本质特征的批评,都必须将其揭示为生活的可见的否定性——揭示为已经为自己发明了视觉形式的生活的否定性。"[1]例如,张艺谋导演的作品常被批判是"思想苍白的感官盛宴"。纵观张艺谋的电影,前期作品以《红高粱》为代表,在审美追求上力求达到一种美学境界。后期以《英雄》和《十面埋伏》为代表,追求一种眩目的奇观效果。张艺谋曾经跟记者谈起自己的电影,他说:"也许若干年后你记不清哪部影片的情节,但你一定会记住《英雄》中的画面。"就是这个道理,张艺谋电影很注重画面感,而奇观化的画面具有震撼力。其实,在《红高粱》中,张艺谋电影就已经开始奇观化效果了。红透了半边天的高粱地以及高粱地里的野合仪式都是当时观众闻所未闻的,这与《英雄》、《十面埋伏》中大面积运用红、绿、黄的色彩和大量应用戈壁、沙漠、森林的视觉元素,绚丽的自然风光、倾盆般的箭雨和舞蹈般的打斗等都是一脉相承的。然而,奇观化是消费社会的产物,消费行为逐渐降解了人们的审美习惯,文化消费渐渐与其他日常消费相似,在这一背景下,电影正由对叙事艺术的追求沦落为追求各种眩目、好玩的杂耍、把戏。

在媒体竞争的环境下,营造媒体奇观本身就是一种生产活动。比如,近些年来各种各样的节日文化需要借助媒体来炒作,而媒体也把这些节日文化当作自己的生产活动。世界杯足球赛少了媒体的参与,就不能成为完整意义上的世界杯。世界杯本身就是一个奇观,在这个被媒体制造的盛大奇观中,孕育着一个巨大的蛋糕,这个巨大的蛋糕由媒体制造,自然也由媒体参与瓜分。

四、情欲的奇观——身体叙事

人类的身体符号从来没有像今天这样受到媒体如此重视,身体文化也从来没有像今天这样如此具有使用价值;而人类的眼球也从来没有像今天这样受到如此强烈、如此多的身体符号的感官刺激。

把身体形象作为媒介文化研究对象,在西方已成为一种理论时尚。正如英国学者阿瑟·弗兰克所做的总结:"身体现在非常时髦,在学术中、在流行文化中都是这样。"产生这类研究热潮有三方面原因:一是福柯著作关于权力与

---

[1] 【法】居伊·德波:《奇观社会》,见吴琼编《视觉文化的奇观——视觉文化总论》,中国人民大学出版社2005年版,第61页。

肉体性的社会建构学说的影响;二是女性主义关于女性体验的特殊性探讨;三是第二次世界大战以后消费文化的膨胀,加速了人体的商品化,在接受和展示身体化的差异的基础上,创造出更加细致的地位分明的等级秩序。

目前哲学界对于身体的看法,已经不局限于身心二元论,不再视身体为人类灵魂的束缚,是卑下的欲望和非理性情绪之所在,而认为身体有其自身独特的价值。身体和心灵其实相互建构,而且身体之内和之外也铭刻(inscribe)了社会与文化的痕迹,因此,身体不再只是一个生物性的躯壳,而是充满了文化与社会意义。我们对于身体的想象和再现,也与我们对于社会关系和过程的想象有紧密的关联。身体是考察人类社会不可或缺的向度。此外,关于身体的考察,现在还经常和欲望(desire)、快感(pleasure)、性征(sexuality)等议题结合在一起。再者,以前"主体"被当成是意识之所在(理性的核心主体观),因此,是与心灵/身体二元论中的身体相互对立。现在,身体与心灵的二元对立被打破,主体观也有了较为复杂的观点,因此,身体现在可以被视为是主体的基本物质向度(material dimension)。例如克拉克(Clark)根据历史上不同的文化规范,所作关于身体之理想化的分析。

比较晚近的女性主义者与其他学者(例如约翰·伯杰)将身体摆放在政治脉络里,以便质疑赋予身体的固有美学价值,乃是西方文化的父权或意识形态权力结构的一部分。文化研究里对于身体的理解,其发展是指认身体为意义的场域。针对身体采取了符号学的研究取向。他们研究身体作为表征的效果和表征的限度、身体作为文化的惯用语、身体艺术、男性气质、女性气质等。劳拉·穆尔维在《视觉快感和叙事电影》一文中探讨了女性身体形象的意义和价值,她发现窥视女性身体是男性观众获得视觉愉悦的重要来源,因为在窥视中,女性是被看的,并且通过被看来肯定女性展露自身的"自然属性"。男性观众的观赏愉悦程度,是评价女性身体存在的价值。

安伯托·艾柯(Umberto Eco)将身体的特征描述为"沟通机器",十分具有启发性。身体不是单纯的存在而已,作为自然的粗野事实,身体反而是被吸纳入文化之中。身体其实是文化与文化认同表达和接合的所在,透过服装、珠宝和其他装饰,以及通过对身体本身的塑造(例如文身、发型、健美和节食等)而实现。个人通过身体而服从或抵抗加之于他们的文化期望。社会学因此可以转向"以身体为中心之言行"的分析。福柯关于监狱系统和国家刑罚之发展的分析,焦点是把身体作为驯服的主题。重要的是,身体是经由监控的系统而被塑造和驯服,不论是实际的监控或是想象中的监控。对于身体的分析才能够逐渐地视身体为社会限制与建构的产物,或是身体在其中被讨论分析的语言和话语的产物。① 文化研究派将后现代赛博主义(cyborgism)、碎片化看作是身体的终结。

开启身体研究的现象学大师梅洛·庞蒂认为:"只有当我实现身体的功能,我是走向世界的身体,我才能理解有生命的身体的功能。"② 但是,到底什么是身体呢? 身体的中介作用是如何体现的呢? 让·鲍德里亚对身体进行了4种模式的分解:1. 对医学来说,所指涉的身体是躯体(corpse);2. 对宗教来说,身体的理想指涉是动物(对肉体的本能和贪欲),躯体是一个巨大坟墓,躯体超越死亡的再生是肉欲的隐喻;3. 对政治经济制度来说,身体的理想类型是机器人——机器人是作为劳动力的身体得以"功能"解放的圆满模式,是绝对的、无性别的理性生产的外推;4. 对符号的政治经济制度来说,身体的指涉模式是人体模型(及其各种变体),它已不再是劳动力,而是所生产的意义模式——不仅仅是满足的性模式,而且是作为模式的性本身。费斯克认为,服装、化妆品、节食减肥、慢跑都是使规则具体化、使身体"进入文本而文本化"的方式。美丽的身体与丑陋的身体、健康与不健康、着装的得体与凌乱、整洁与邋遢、强壮与软弱,等等,二者之间的关系,都是关乎规范与偏离的社会关系,因此也都是政治关系。在大众文化时代,身体不过是一种被经营的景观,当大多数人都来关注特别是大众传播媒介来加以制作、经营的时候,这种景观就转化为奇观,成为大众狂欢的材料了。

在媒介文化中身体或人体形象为何成为专门的研究对象的呢? 这是因为,现代媒介文化是大众媒介所传播的文化,大众媒介是以受众最大化为目的,以经济效益为最终目标的。那么,从马斯洛"需求层次论"角度来看,最低层次的需求是生理需求,表现在视觉接受和消费中,窥视欲就成为最直接的形式,而窥视的主要内容首先就是身体。于是,我们很容易看到杂志的封面用美人优雅的造型,各种广告用女性身体造型,出版物中有明星写真集、人体艺术摄影图片等,人体形象特别是女性人体形象成为很热门的文化消费品。应当说,大众文化消费潮流中总体倾向是一致的,比如,当代文学写作中有所谓的"身体叙事",出现了《上海宝贝》《乌鸦》《糖》等作品,但那不过是在文字想象世界里的身体。为什么会出现这样的情形? 因为自古以来男权化社会现实并没有改变,在男权逻各斯话语主宰的时代,男性为主体的观看行为始终是最活

---

① Edgar, Andrew and Peter Sedgwick(1999) eds, *Key Concepts in Cultural Theory*, London: Routledge, pp. 44 – 47.
② 【法】梅洛·庞蒂:《知觉现象学》,商务印书馆2003年版,第109页。

跃的消费行为。虽然社会文明进步到今天的地步,这一状况仍然没有改变。所以,当今的网络世界,又出现了更为自由的以身体为媒介文化内容的奇观:先是所谓的"木子美现象",接着出现了"芙蓉姐姐",一时海南的、广州的、北京的、四川的不同地区的女性都建起了BLOG,而这些BLOG都以展示女性自己的身体作为争抢眼球的手段。因为她们清楚地知道,在男性视觉主宰的世界,这是她们成功的捷径,她们奉献身体作为被看的对象,能够换来金钱、财富。

其实,视觉传播的技术——摄影术一出现,就和人的身体挂上了钩。由于19世纪初,社会的开放程度不是很高,人体摄影的商业化在欧洲一开始不得不借助一种修辞的策略进行,因为它与当时社会宗教、道德的准则相冲突。19世纪末流行的明信片、招贴画、挂历等,因为摄影术呈现了"真实"的人体,可以等同于现实的人体,因而它能广泛满足人的窥视欲望。过去在现实中囿于道德的规限,难以实现的这一心理欲望,在达盖尔银版照片之后,极大地盛行起来。作品中常常会有人体的衬托物如自行车,按照多木浩二的解释,是物神崇拜的表现,其中暗含的精神分析内容是人体崇拜与商品拜物有着某种关联。恋物癖和虐待狂等构成美女照的基本范围。19世纪欧洲人试图营造的情欲奇观终究没能实现,因为不合时宜。今天,虽然道德的尺度仍然很严,但相比那个时代已有质的不同。我们看到以展示女性身体为内容的传播活动,多半是在地下进行的,这自然不能称其为奇观,网络公开环境下,那些"人体艺术摄影""人体彩绘""文身"等已蔚为壮观。

这一现象仍然延续着,渗透到我们生活的每个角落。我们会看到,商业化的篮球赛、排球赛中场休息会安排劲舞表演,活跃气氛;汽车销售、楼宇销售使用美女做促销手段,俗称"车展美女""售楼美女"。在这些销售活动中身体与物之间形成了某些关联,意图可能是让人激活占有汽车、洋房、美女的集体无意识。女性的身体在此刻暂时变成与物同类的摆设。那些美艳的身体在激活物质占有这一无意识过程中充当的不过就是一个符号。不难看出,在现代商业活动中,人们已经深谙此道,即情欲是一种动力,激发情欲就能实现商业目标。那么换句话说营造情欲奇观就很容易带来商业利润。

论及对媒介文化中的女性身体奇观的批判,应当还数女性主义所做的工作最具有深度。在父权社会文化中,相对于理性的男性特质,女性总是被认定较为不理智而且无法妥善掌控自己的情欲、性欲。精神分析学认为,女人因为其本质上的女性特质,较易患有精神病与歇斯底里症。因此,父权社会对于女性因其"与生俱有"的女性特质,所可能对社会造成的破坏力与威胁,采用了各种管制手段,比如:限制女性在私人领域活动,以将其热情导引至家庭事务的照料上,避免造成对公共秩序的危害。另外,并藉由塑造、规范女性性欲、女性特质来达到控制女性的目的,维持父权的社会基础。福柯在其著作《性史》一书里指出,各种社会机构包括军队、学校、家庭、警察、监狱等都参与执行了"性意识"的社会规范。许多研究学者也指出,大众媒体也如各种社会机构与机制一般,在再现社会优势意识形态上扮演了举足轻重的角色。道格拉斯·凯尔纳(D. Kellner)认为,"广播、电视、电影等所生产出的大众媒体文化,都提供了我们界定自己有关于种族、阶级、国家、自我、性意识等认同的材料。媒体形象形塑我们对于世界的认知以及价值观,比如:善或恶、积极或消极、道德或罪恶等概念。我们藉由媒体产品中所提供的符号(symbol)、迷思(myth)以及各种原料,建构了社会文化,并参与、生活于其中。我们每个人自出生到死亡,都浸淫在一个大众媒体社会与消费社会里"[1]。

因此,欧洲女性主义体认到女性必须透过掌握自我身体、情欲与性欲,才能建构自我主体性时,即高声倡导"我们的身体,我们的自我","让身体被听见",希望能从"艺术"与"医疗"取回女性身体在文化中被定型和被再现的权利。当他们开始以女性主义批判观点重新省视艺术、电影作品时,发现作为父权社会象征体系一环的媒体再现形式里,充斥着刻板的女性形象——被动、柔弱、缺乏自主和行动力。男/女、观赏者/被观赏者、主动/被动的观赏机制观念肇始于伯杰所提出的女体与男性凝视的关系。在《视觉艺术鉴赏》(*Ways of seeing*)一书里面,伯杰认为:"男性在决定如何对待女性之前必须先观察女性,所以,女性在男性面前的形象,决定了她所受的待遇。为了多少控制这一过程,女性必须生来具有这种吸纳并内化这种目光的能力。因此,女性作为'观察者'的一部分自我如何对待那作为'被观察者'的另一部分自我,具体地表明了,外界可以且该如何来对待她,这种自己对待自己的展演式处理也构筑了女性的存在、女性的风度。每名女子总是需要不断地去裁决何者是她的身份所'允许'或'不允许'的,她的一举一动,不管动机与目的为何,皆被视为在暗示别人该如何看待她。"[2]美国学者妮德(Nead)将伯杰的观点应用于西方女性人体的绘画传统。她指出,在西方人体绘画里,也充斥着这样男/观看/主动、与女/被看/展示的关系,绘画里的女体总是在奉献自己的女色,等着男性的注目,在男画家笔下的女性裸体其实相当程度上投射了男性对于女性的喜好与

---

[1] D. Kellner and M. Ryan, *Camera Politica*: *The Politics and Ideologies of Contemporary Hollywood Film*, Bloomington, IN: Indiana University Press, 1988, p.8.
[2] 【英】伯格:《视觉艺术鉴赏》,商务印书馆1999年版,第46-47页。

理想。① 而女性对于自我的认同则受制于女性特质（父权社会定义下的）的形象，并以此对自我做出必要的自我控制。②

1973年，穆尔维结合精神分析理论与"男性凝视"的概念，提出了电影观看机制的论点，将两性差异带入观影经验的讨论，对女性主义电影研究产生巨大的影响。她认为观影经验依据两性间的差异而建立在主动的（男性）观众控制与被动的（女性）银幕客体之上。银幕的景观与叙事相结合，驱使观众采取一个以男性的无意识心理状态为主的观影地位。

1989年，穆尔维进一步采用精神分析学派的"阳物羡慕"与"阉割情结"，提出所谓"窥视的观看快感"与"拜物现象"理论（fetishism）来分析电影观影机制。她认为在窥视过程中，男性一方面在女性缺乏阳物的优越感中，确定自己的主动地位，以视觉将女性限制在框架中，贬低其为被动的客体，另一方面由于缺乏阳具的女性不时提醒男性阳物被阉割的威胁，造成男性的焦虑，更加强男性的窥视行为，并促使其结合虐待狂的心理，来惩罚女性。而男性为了逃避女性没有阳具的事实，便给予女性高跟鞋、皮带、利剑、机关枪等对象，以替代女性没有/失去的阳具，此即"拜物现象"，并因此而可名正言顺凝视女子。③ 因此，我们不难发现，在色情图片里，总充满了拜物主义与各种阳具象征（比如照片中常使女性拿着手枪、空瓶等），例如，世界影星波姬小丝的写真宣传画就是蟒蛇缠绕裸体。女性流行体制也产生了满足这种"可被观看性"的"性感符码"，如：高跟鞋、黑色网纹丝袜、若隐若现的透明丝衫等。男性凭借着视觉的权力优势，在色情/性别的论述中将女性客体化、非人化。

在好莱坞叙事电影中，女性形象一直是男性视觉快感的重要来源。那些成功的英雄人物身边总有一个得力并且热情相助的红颜知己。这些红颜知己使男性观众产生了一种向往，同时在将自己设身为英雄时也会有拥有红颜知己的快感。穆尔维认为，自由市场化的电影是依照女性景观来结构的，电影的叙事性与弗洛伊德的"自我"人格相关，而电影的景观性则和"本我"人格有关。传统的写实主义电影往往服从于某种叙事模式，场面和画面最终是叙事意图的形象再现。而当代电影、电视都努力遵循"本我"的"快乐原则"，看画面和人物成为主要导向，尤其是主动注视的男性不断捕捉被动的、被看的女性形象。

---

① 【美】琳达·妮德：《女性裸体》，台湾远流图书出版公司1995年版，第95页。
② 游静：《你是你所看的——从我看你看女体构筑我们的身份》，台湾《诚品阅读》总第20期（1995年）。
③ Laura Mulvey(1989). Afterthoughts on "Visual Pleasure and Narrative Cinema" Inspired by King Vidor's Duel in the Sun. *Visual and Other Pleasures*, Bloomington & Indianapolis: Indiana University press, pp. 14－28.

正因为这种"快乐原则"的需要,电影、电视剧需要使用相貌美丽的明星,即使是电视新闻也要使用漂亮的女主播。而在保加利亚、加拿大等一些国家和地区采用"裸播"的形式播新闻、说天气等,说到底,都是将女性身体的"可看性"发挥到极致,制造"身体奇观"的表现。

五、媒介政治奇观与奇观化的政治

自从电视被发明之后,它就与政治宣传结下了不解之缘。各种党派的候选人都在利用电视这一大众传播媒介为自己造势。美国的民主政治使得竞选者把迎合大众的口味放在十分重要的地位。政治选战更像是一场媒体秀。政治候选人把自己当成演员,把竞选活动当成表演活动;媒体把候选人的竞选活动当作节目来做;受众把政治候选人的竞选活动当作节目来欣赏。于是,总统选举、州长选举等就是分形象、人品和政治见解三个主要方面让选民打分,其中,形象是十分重要的一项内容。媒体将政治活动简约为形象、展览和故事,运用各种娱乐形式,尤其是通俗剧的形式来展示给公众。每天的新闻报道逐渐按照娱乐的要求来构思。在资本主义社会的日常政治新闻中,各类竞选活动、党派政治中的互相竞争、互相揭短成为一道十分热闹的风景。于是在我们的周遭,就会发现,每逢重大事件大街小巷就会被政治宣传的视觉形象所包围,使人们的视觉情愿不情愿都要接受一次政治理念的洗礼。

总结政治的视觉奇观,不难看出这样一些特点:

1. 当代政治活动往往被好莱坞化。台湾发生民进党"台开"腐败案后,东森、华视、中视等电视媒体每天都向公众抖露新的报料,引得观众穷追不舍地观看,以至于岛内民众戏称看政治新闻就如同看电视连续剧。这种好莱坞化有三种类型:第一是正面的造势,以树立良好的公众形象;第二是负面揭丑造势,以损毁对手在公众中的形象;第三是借助某种事件的处理,使事情的发展有利于树立自己的威信。

首先看第一种类型。领导人在选举活动中矫揉造作、涂脂抹粉美化自己的形象,能够迷惑一些公众。肯尼迪是形象最受公众欢迎的总统,他非常注重每一次在公众场合的亮相。他的形象成为后来许多公共关系学者研究的个案。美国前总统尼克松在第一次总统竞选失败后,将自己的失败归结为化装师的化装不成功。多数情况下,政治家都是将自己包装成一个亲民的形象。例如,作为民主党成员的克林顿和卡特将他们一起在老年福利院修理门窗的照片刊登在美国的一些影响力很大的刊物上,树立自己亲民总统的形象。希特勒为了煽动国民支持他的法西斯"事业",让女电影大师里芬斯塔尔为他制作了《意志的胜利》《奥林匹亚》等大量宣传片，塑造伟大的"元首"的形象，使大批民众被迷惑和利用。其次，我们再看看第二种类型。为了抬高自己打击对手，往往对对手的破绽作穷追不舍的报道来加以曝光，以摧毁对手在公众心目中的正面形象。例如，1998年，美国共和党右翼独立检察官斯达尔抓住克林顿与白宫实习生莱温斯基性丑闻案，穷追不舍公布相关录像，公布调查结果。在台湾国民党执政时，民进党抓住国民党的种种弊端，丑化其形象，而当民进党执政时，民进党的种种劣行也成为国民党攻击的对象。这些个案的相似点在于都是借助媒体而奇观化、戏剧化的。第三种类型，就是当某种事件发生后，努力使其由坏事变好事，成为树立个人形象和威信的契机。美国"911事件"发生以后，美国总统布什抓住反恐这一契机，凝聚了美国国内民心。于是，美国媒体上经常大量播放的恐怖袭击世贸大楼、伊拉克萨达姆政权的暴行、塔利班暴行等的画面，激起了美国民众支持布什政府发动对阿富汗、伊拉克的战争。布什在战后的支持率迅速上升。

2. 受众只关注外在表现，而不关注或不深入关注内涵和思想。作为普通民众，选择什么样的政治领袖，首先要看是不是自己喜欢的，在极度陌生的情况下，那就要看他是否顺眼，也就是说，他的形象是否能吸引人，他的口头表现是否理想等。于是，政治竞选机构往往对候选人进行包装，何时将其最富有魅力的画像悬挂街头、何时召开群众集会、何时在媒体亮相、何时播放相关的演讲等，努力使其在公众的印象里是最优秀的。这一极端就是干脆将形象最优秀的人找来当政治候选人。

美国宾夕法尼亚大学教授查尔斯·伽留安（Charles Garoian）和伊冯·高德留（Yvonne Gaudelius）对美国加州州长竞选活动进行了分析，认为是一个典型的视觉奇观起作用的结果。阿诺德·施瓦辛格是好莱坞的电影明星，在银幕上他塑造许多民族英雄、硬汉形象，既坚强勇敢，也不乏温情，是广大美国观众喜欢的偶像。在加州州长选举中他的这一形象被成功利用了。他"总是以真正好莱坞的电影制作方式来理解视觉夸张法和奇观的力量，想以此来转变人们的想法，吸引人们的目光，控制人们的注意力，用他自己的自负去映射公众自恋的欲望"[①]。施瓦辛格不是职业的政治家，但是他很知名，因为他是一个很有形象魅力的演员。凭借着财富、威猛的形象、媒介和政治谋士的支持，施瓦辛格的竞选很快——尽管是小心翼翼地——跟进了大量恰到好处的言辞、

[①] 【美】伽留安、高德留：《视觉文化的奇观》，见吴琼编《视觉文化的奇观：视觉文化总论》，中国人民大学出版社2005年版，第210页。

恰到好处的采访、恰到好处的辩论、媒介上恰到好处的黄金时间、恰到好处的金钱。所有这些都形成一个苏珊·桑塔格所说的"形象生态学"。我们要讨论的不是施瓦辛格当选州长够不够格,而是他本人作为一个形象,与加州政治舞台奇观相匹配这一现象本身所包含的文化意义。在这场选举中,视觉化的东西起了关键的作用。因为视觉形象本身包含了精神分析学所说的"镜像"认同的成分。按照拉康的观点,照片(包括所有广义的媒介文化形式)犹如一面镜子,具有一种自恋的共谋结构,政治候选人和他们的选民就是由此发现其相互间的相似性的。由于候选人是通过他的上照性质而被美化,因而,罗兰·巴特指出:"选民既是被表现的又是被英雄化的,他被选举他自己,衡量将以实际的形体转换给予的权限。"[1]正是基于类似拉康镜像中那进行对象化的凝视,施瓦辛格的选民赞扬他,转而又以神话般的力量而被赞扬。"就大众媒介要求观众相信媒介文化的奇观而言,它把观众的同一性建构为一种'狂热',或者用一个更不关痛痒和更容易被接受的词来说,建构为'追星族'。"[2]这里存在一个"象征性交换"的问题,即选民自觉交出"批判才能"才能被视觉奇观所同化。

3. 在媒介文化奇观包围中人们极易产生从众心理。一些社会学家指出,20世纪的美国文化从一种以个人主义为主导的文化——即自我指导的个体探索人生之路和终极真理——转变为他人指导的从众文化——即人们以外部势力为指导。奇观化社会,大众的意见虽然不一定是正确的意见,甚至往往是偏激的、情绪化的,但在视觉化逼真信息的煽动下,极易成为大众的意见。德国女传播学家内尔·钮曼提出大众传播强人效果论的"沉默的螺旋"假设,她认为,在大众传播的攻势下,持反对意见的人最终会保持沉默,让人错以为是赞同者的声音强大,从而倒向赞同者一边。视觉奇观的时代,由于视觉化的信息内容加大了信息的可信度和说服力,因此,其强大效果是显然的。也就是说引发从众心理的可能性最大。政治的媒介文化奇观在当代市民生活中的中心地位是无庸置疑的,这说明,要想全面把握我们这个时代,就应当以社会批判理论和文化研究为工具来分析政治活动中的形象、话语和事件以及由视觉传播带来的公众社会心理。

研究媒介文化奇观对于把握社会现实,是非常有意义的。我们必须认识到,形象和事件都是给公众看的,是看的材料,其本身的内涵是十分复杂的。

---

[1] R. Barthes, *Mythologies*, New York: Hill and Wang. 1977, p. 92.
[2] 伽留安、高德留:《视觉文化的奇观》,见吴琼编《视觉文化的奇观:视觉文化总论》,中国人民大学出版社2005年版,第212页。

媒体上各种各样的视觉奇观影响着我们的生活,也改变着我们的社会,人们为什么要制造或寻找可看的材料呢?这是因为人们对感官的接受是十分信赖的,正是这种信赖,使得图像承担了更多的意义传达功能,这是我们这个社会的通病。正如有学者所指出的:"在意义的表达中,所谓的真实是由操纵者掌握的,而观众有时明知是假也乐于接受,不同的背景和条件,会产生不同于真实的各种幻象,而这种幻象往往也会装扮成真实的形象出现。我们看到,许多的广告图像中,通过编造虚假的图像给人们制造一种视觉幻觉,如房产开发商经常把未来居住环境画得十分优雅,堆积了一些美好的意象来吸引消费者,而实际情况却差得很远。图像的虚假迎合着视觉的需要,视觉常常满足于虚幻的想象,这种虚幻带来的精神满足是消费社会的一大特征。正是利用这种特征,图像的功能被发挥到了极致。虚幻本身成为一种被消费的产品,图像的虚假就成为一种无可厚非的特质。"[①]所以只有认清各种视觉奇观的本质特征,我们才能不在媒介文化的海洋中迷失方向。

思考题:
1. 奇观理论的主要内涵是什么?
2. 从奇观理论角度看为什么身体叙事盛行?
3. 媒体政治奇观折射了怎样的媒体与政治之间的关系?

---

① 段钢:《视觉文化背景下的图像消费》,《江海学刊》2006期第2期。

第九章　媒介文化的现代性、后现代性及其社会认同性

在远古部落社会的人类过着一种复杂的，如同万花筒里的生活，他们听觉域很大，而视听域较小，思维自然也就受到局限，这是因为耳朵不像眼睛一样，不能聚焦，是联觉性（synaesthetic）的，而不是分析性和线性的。说话是一种表露（utterance），或更精确地说，是一种我们所有感官的一种同时外现化（outering）。听觉域是共时性的，而视听域是历时性的。非识字人类的生活是隐性的、同时的、不连续的，也远比识字人类的生活丰富许多。由于他们依赖口说的话来获取资讯，人就比较容易被凝聚成一个部落网络；而既然口说的话比文字更会负载情绪——经过语气的变化而传达丰富的情绪如愤怒、愉悦、悲伤、恐惧——部族人类有比较率真而爆炸性的性格。听觉—触觉性质的部落人类分享集体无意识，活在一个由神话和仪式所编织出的魔法世界里，这世界中的价值是神授而不容怀疑的；而识字的人类，也就是视听人类，则创造出一个极度零碎化、个体主义、明白表述、合乎逻辑、专门化、冷静超脱的环境。在进入文明社会之后，人类大脑的视听因为识字行为参与视听活动，视听域扩大了。文字的参与使得生活周遭都表征化了，而表征的内容决定了人们思想的状况。媒介文化包含了对于世界表象的社会标准化了的所有思考、行动和感觉方式。于是，文化可以被理解和分析为一种生活方式。这样的划分是非常有意义的。作为文本，媒介文化概念关注那些通常被认为是经得起看的、受欢迎的对象（素描、绘画、照片、电影、时尚和装饰品等）。作为生活方式，媒介文化指向任何一个人群所持有的"生活设计"的一个向度。每一种文化都为它的成员提供了一种对每天遭遇的事物、人、各种关系等进行解码的一般能力。作为一个走在城市街道上的成年人，我们会小心地给盲人让路。我们会遵守行道的基本规章制度。这些简单行为背后包含了许多知识，我们会注意街道上每一天的变化，所谓时尚的东西就会在街道上流传，服饰、交通等的新形式就

自然会成为城市风景。我们随着城市外在表征而变换着自己的行为方式,久而久之我们的思维形式、语言表达也都随着这一表征而变化。于是,我们可以说,日常生活中的视听经验有相当部分是与都市的消费行为结合在一起的。研究这一领域的种种现象对于理解媒介文化所带来的社会本质变迁有极大的价值。

一、都市消费与视听形式的变迁

视听经验在不同的时期不同的空间表现各不相同。视听活动是自然现象,但是,我们看事物、看世界的方式都被彻底文化化了。视听生物学不能解释我们实际阐释世界表象的方法。观看总是被文化化了的观看。人类学家报道了很多例子:当把普通的照片展示给某些尚未开化地区的人看时,由于不懂现代摄影技术与艺术,他们做出不理解的反应。这些人缺少必要的文化素养去理解这些照片所表现的内容。作为文化存在,我们能够"看"出走在街道上的两个人是"母亲和她的孩子去买东西",或"看"懂在地铁车站中相拥的男女是"情侣在道别"。客体对象、人的类型以及相互关系,通常是通过我们的观看变得清晰可解的。这种非常普通而又易于练习的技能并非天生,而是需要通过社会化的学习才能获得。我们所看到的东西总受我们所掌握的知识的制约,知识的形成也是个社会化的过程。知识的积累使我们的视野不断得到拓宽,所谓见多识广就是这个道理。

如果我们要研究 19 世纪的媒介文化,我们所能藉以研究的材料就是图书、报纸以及其他印刷图画,还有少量摄影照片。除此之外,就只剩下文字的描述了。然而。我们不得不承认,这已经是一种进步了,在印刷术发明之前,人们借助手抄本的形式进行交流,那种局限是相当明显的;印刷术发明之后,接触到不同文化思想的人多了,而当印刷的图画形式多起来时人们接触信息、理解信息的速度和水平迅速提高,特别是 19 世纪初摄影术的发明,人们传达信息的手段发生了根本的变化,于是,人们解释世界的效果就大大提升。在西方,人们在启发别人思维的时候,总会说"try to picture it",中国人在启发别人时爱说"你想象一下",其实都是一个意思,即你可以在大脑里构想一下你所思考的对象,也就是使之具像化,这个具像可能是以前见过的,也可能是以前没有见过的,即使是以前没有见过的,人们仍然可以使之具像化,因为人们在长期的视听实践中积累了丰富的经验,完全可以将一个新事物加以描绘。毫无疑问,大脑里所构想的那个事物是虚拟的,并且多数情况下是模糊的,学会用意念构建某些看不见的事物,是人们多少年来培养起来的一种认识事物的习惯。与人的认识事物的习惯同时形成的是人的视听求知欲和好奇心。社会学家齐美尔认为人们在观赏城市景观时能够获得一种快感。本雅明和齐美尔的思想中将这一现象与现代性挂钩。19世纪末之前，人们视听漫游活动仅仅局限于城市街道、橱窗、剧院、妓院等都市文化场所，人们体验城市的方式正如法国19世纪诗人和作家查尔斯·波德莱尔笔下所描写的巴黎街头绅士闲逛者(flaneur)。这些附庸风雅的绅士闲逛者以艺术家自居，以闲逛打发时光(perdre son temps à flaner)，他们穿越拱廊街市(arcade)，他们置身川流不息的人群，悠闲自得地欣赏城市每一天的变化，不失主体意识地体验和观察都市的现代性。绅士闲逛者的这一习惯久而久之就形成了一种风尚，为其他人所效仿，也就形成了我们今天所说的休闲文化方式。流动的凝视即体现一种动态的、四处浏览的观赏模式。

19世纪末，卢米埃尔兄弟在巴黎卢梭大街的地下室——一个被叫做"印度沙龙"的朋友聚会场所，放映了四个电影小片段，改变人类的休闲方式，从此观看行为增加了新的内涵。20世纪早期电影还处在默片时代时，人们就考虑将它进行商业化经营了。于是，出现了开肉铺的也来投资电影。芳森派、勃立顿派的通俗电影，叙事的套路几乎没有变化，无非是向社会大众灌输世俗的新教伦理，那些影片中的一贯主题是：只要你下决心经历磨难，就一定能取得成功。《淘金记》就是一个典型，主人公历经千难万险最终取得了成功，赢得财富，也赢得了美人的芳心。通俗电影在当时的大量模式化复制，让本雅明看到了新的苗头，他认为电影和摄影使大批量复制艺术成为可能，而这些艺术品原本是独一无二的存在。他指出，这一过程导致了作品中他称为"灵韵"的东西的衰落。本雅明论辩道，在早先的历史阶段，艺术作品专属于特定时间、空间和传统。这些传统并非是不变的，但它确实赋予艺术作品以特别的和原初的意义。当代复制技术使得作品的"灵韵"丧失。然而，反过来说，正是这种简单化，使得机械复制的文化在社会运动中发挥着巨大的作用，在他看来，这种机械复制技术可以被用来服务于一种进步的政治，如同可以被当作法西斯的工具一样。对待这种在当时来说是新的媒介文化形式，本雅明的心态是很复杂的。一方面，本雅明为机械复制的技术欢呼，认为它促成艺术的易得性和艺术的民主化；另一方面，他又担心，这种技术使得原来艺术的"灵韵"丧失。本雅明比较了得失，还是肯定了其社会功能。作为大众的视听艺术，虽然失去韵味，但可以在政治运动中发挥作用。因此，可以说，在本雅明那里，机械复制的艺术是一把双刃剑。本雅明这种矛盾心态，涉及了一个重要的概念，这就是现代性。

二、媒介文化与现代性

现代性是个颇有争议的概念。美国学者马泰·卡林内斯库在《现代性的五副面孔》一书中指出,"现代性"一词在 17 世纪的英国就已经出现了,而它在法国的出现则在 19 世纪中期。关于现代性之所指,一般认为它是一个时间概念:"通常的看法认为,现代是指中世纪结束、文艺复兴以来的西方历史";作为一个历史概念,"则更多地是指 17 到 18 世纪启蒙运动以来的成熟的资产阶级政治和文化。"① 随着后现代主义在哲学、政治、社会和文化等领域对现代性的批判,现代性概念也就有了哲学、社会学、政治学、文化和审美等不同层面的意义。由此,"'现代性'一词的使用越来越出格,这不但涉及历史、美学、文学批评领域,而且还涉及经济、政治和广告领域,从而使它变成了一个集最自相矛盾的词义于一体的十足的杂音异符混合体。"② 哈贝马斯把现代性看作一种新的社会知识和时代,这种新的知识和时代产生了不同于中世纪的新的模式和标准,它的特征和贡献在于个人自由。福柯则将现代性理解为"一种态度",而不是指一个时间概念,他认为现代性主要是指和现实相联系的思想态度和行为方式。后现代主义理论家利奥塔则从批判的立场来理解现代性,在他看来,现代性就是一种以元叙事为基础和标志的宏大叙事。吉登斯认为:"现代性指社会生活或组织模式,大约 17 世纪出现于欧洲,并且在后来的岁月里,程度不同地在世界范围内产生影响。"③ 概而言之,关于现代性,在社会学、哲学、美学等层面上的理解各有不同。刘小枫认为:"作为历史时间的现代概念与作为问题的'现代性'概念是不同的,历史学、哲学和社会理论对'现代性'的理解亦有差异。"但尽管如此,他认为,现代现象的涵义还是可以作出这样的界定:"一种普世性的转换每一个体、每一民族、每种传统社会制度和理念形态之处身位置的现实性(社会化的和知识化的)力量,导致个体和社会的生活形态及品质发生持续性的不稳定的转变。""现代现象是人类有'史'以来在社会的政治-经济制度、知识理念体系和个体-群体心理结构及其相应的文化制度方面发生的全方位制度转型。"④

文化研究学者将现代性社会形式和经验形式联系起来,他们认为,现代性的起因来源于视听活动,也就是一种视听体验的结果。本雅明对欧洲城市进

---

① 周宪:《现代性的张力》,首都师范大学出版社 2001 年版,第 5 页。
② 【法】伊夫·瓦岱:《文学与现代性》,北京大学出版社 2001 年版,第 13 页。
③ 【英】安东尼·吉登斯:《现代性的后果》,译林出版社 2000 年版,第 1 页。
④ 刘小枫:《现代性社会理论》,上海三联书店 1998 年版,第 2、3 页。

行了研究,特别是对19世纪巴黎社会和文化生活做了探讨。巴黎在他代表和浓缩了现代性的主要发展的意义上,经常被视为"19世纪的首府",商店拱廊和闲逛者就是在这里产生。马歇尔·伯曼(Marshall Berman)在他的著作《一切固定的东西都烟消云散:现代性体验》(*All That Is Solid Melts Into Air: The Experience of Modernity*)一书中生动记录了像巴黎这样的城市在现代生活形式与媒介文化的发展中的关键作用。

伯曼使用了三个核心概念:现代性、现代化、现代主义。现代性指的是社会经验的一种形式;现代化指的是一种社会进程;现代主义是一种视野和价值观。伯曼关注的根本问题是现代化和现代主义的关系,即作为现代性经验的这二者之间的关系。伯曼把现代性分为三个时期。第一阶段,从16世纪初到18世纪末。这时"仅仅是人们经验现代生活的开始;他们几乎不知道他们所面对的是什么。他们失望而又半盲目地搜寻适当的词汇;在他们的尝试和希望中,很少或者几乎没有能够被共享的关于现代公众或现代交往的意识"①。伯曼将关于空间和时间、关于自我和他人、关于生活的可能性和危险性的体验,当作是至关重要的体验方式,他将这种体验称作现代性。"要成为现代的,就是要在这样一种环境中发现我们自己,这种环境和体验穿越了地理和族性、阶级和国家、宗教和意识形态的所有界限:在这个意义上,可以说现代性联合了全体人类。"②

第二阶段,从18世纪80年代至19世纪90年代。法国大革命后,现代国家建立起来了,现代性给人们一种全新的感觉,但与此同时,与现代性相关的奇遇感、失落感和不安全感也伴随着产生了。政治领域的变革也体现在媒介文化领域。例如,城市景观往往包含许多政治内涵,如巴黎林荫大道是与警察镇压示威群众联系在一起的,宽敞的马路是便于军队快速移动而设计的,因此,这对当时人来说,虽然是现代的,却是危险的,这种体验是恐怖的。

第三阶段,20世纪的现代性体现的范围更加宽泛了,而最突出的是在文化领域。与19世纪的现代体验不同,20世纪的现代性体验虽然也是在现代与传统的抉择方面面临困惑,但所忧虑的内容发生了变化。19世纪末,城市建筑风格转向了适宜休闲的领域,改变了传统的文化、宗教、艺术等的风格,更加向人的感性需求靠拢。文化形式更趋多元,但以机械复制为物质和技术保障,解决

---

① Marshall Berman (1983). *All That Is Solid Melts Into Air: The Experience of Modernity*, London: Verso, pp.16-17.
② Marshall Berman (1983). *All That Is Solid Melts Into Air: The Experience of Modernity*, London: Verso, p.15.

了艺术大众化、文化大众化的问题,文化休闲超越了以往贵族、中产阶级意义上的休闲活动,变成大众狂欢。这是当今社会现代性突出的特点。人们依旧怀念传统。人们一方面习惯了大众文化形式,以及由大众文化引导的生活方式,另一方面又对传统文化表示怀疑。人们在不知不觉中转变着文化的休闲方式。看电影、听广播、看电视,这些是19世纪所没有的。此时的现代性体验,开始转向对人本身进行思考,因为充斥人们视野的都是机械复制的文化形式,是无"灵韵"的文化。20世纪30年代,法兰克福的学者,就开始对这一文化形式进行辩论,总体是否定的,以电影为代表的现代文化工业,导致了人的异化,人们在对这些新的文化形式接受过程中逐渐认同,最终强化了认同的向度,而反抗的向度逐步丧失,最终成为"单向度的人"。

现代性角度看媒介文化与媒介文化变迁中折射出的现代性是不一样的。理性是现代性一个核心特征,人们对理性本身的认识开启了现代性的大门,这个工作是由笛卡儿完成的。理性的外在表征便是人类独有的语言文字,所以媒介文化以前的印刷文化是一种以语言逻各斯为中心的理性形态的文化,媒介文化则是一种以影像为中心的感性文化形态。"以视觉为中心符号传播系统正向传统的语言文化符号传播系统提出挑战,并使之日益成为我们生存环境的更为重要的部分。显然,现代文化正在脱离以语言为中心的理性主义形态,在现代传播科技的作用下,日益转向以视觉为中心,特别是影像为中心的感性主义形态。"[①]媒介文化的感性化是与消费主义的盛行密切相关的,消费主义甚嚣尘上带动文化形态走向感性化,走向内容的空洞、肤浅。

三、媒介文化与后现代性

现代性的话语是对与错,而后现代性话语是对话与妥协。然而,后现代主义往往以话语竞争替代真理的追求,因此,正如凯尔纳所说,它是无原则的学说。我们可以依据现代社会文化的一些特点,判断出当代媒介文化所具有的后现代的特征。这主要体现在:首先,当下的媒介文化的特征要求对文化的把握,主要靠视听器官的感知而无须大脑的深入思考。如果想通过电视或者各种图像的文化形式去思考社会、人的本体哲学等问题,那就大错特错了。因为后现代主义在消除了现象和本质的区别之后,拒绝挖掘任何所谓的深层的意义,甚至抛弃结构主义所谓的表层结构、深层结构的划分,拒绝将视听表征做真实和非真实界定,并试图从非真实里寻找真实、在真实里面寻找非真实,模

---

① 孟建:《视觉文化传播:对一种文化形态和传播理念的诠释》,《现代传播》,2002年第3期。

糊了能指和所指之间的区别并随意地建立它们之间的联系从而从实质上取消了两者之间的区别。这也就是凯尔纳所说的"有限的真实再现"向"无限的不真实再现"的转变。① 这实际上是一种不稳定的文化,它是复制、混杂、狂欢、解构的结果,是一种可能性而不是必然性。后现代文化张扬非理性,而它所依赖的整个根基由此滑向本能感官。

其次,当下的媒介文化表现为一种政治症候,就视听的观看行为而言,传统的那种体现权力关系的、带有政治性的观看行为可以追溯到福柯的"全景监狱"(Panopticon)概念,这一概念字面意思是"全看到",意指一种权力形式,在福柯所谓的"规训系统"(disciplinary system)里,少数人处在网络的一端窥视、观察、监视其他大多数人,当然,在这个庞大的网络中,每个人都有这相似的命运,与政权强加权力于个人不同,规训机制将一种规范强加到一群人身上,通过"看"的形式,使这群人在实践和态度上接受权力规训。全球化的信息控制不允许有没有信息反馈的地方,不允许有不被了解、理解和控制的地方,不允许有不透明、不受监视和无法监视的空间,哪怕是私人空间。现在,全球信息技术的发展不仅改变了监狱的机制(监狱构建出观看者和被观看者),同时改变了监狱的意义(监狱不再是强迫,而是诱导)。托马斯·马蒂森对福柯做了补充:新的权力技术的发展(主要是指大众传媒)使多数人观看少数人②。这就是说,大众传播所创造的视听传播形式,也以"看"的方式实现了对大众的规训。虽然实际上对大多数人而言,纯粹的观看就是他们的命运,但这一点是千万不能点破的。福柯的监视是被监视者向监视者的臣服,结果终究是观看者与被观看者都被纳入了充满权力关系的网络。

第三,媒介文化在当下的接受主体其个体认同性发生了变化,主体的稳定性出现了动摇。笛卡儿从"我思故我在"开始既构建了"自我"也构建了"外在世界",自我被认为是权威和确定性的持有者,外在世界经由自我来判断,自我直接而透明地认识自我,并且通过指称来了解外在世界。在媒介文化构建的社会情境里,人们的兴趣、爱好在绚丽的视听景观中飘忽不定,消费活动助长了新的眩目的媒介文化不断涌现,人们在追逐消费主导的媒介文化形式过程中,认同性出现紊乱。马克·波斯特认为,就像生产方式对主体自律身份和工具理性的促成或构建那样,信息方式构建了多重的、不稳定的和分散的主体,

---

① 【美】凯尔纳:《媒体文化——介于现代与后现代之间的文化研究、认同性与政治》,商务印书馆2004年版,"导言"。
② 米金升:《屏性媒介和图像时代》,见"文化中国网"2004年12月13日。

在他看来,信息方式促成了语言的彻底重构,这种重构把主体构建在理性自律个体的模式之外。这种人所熟知的现代主体被信息方式置换成一个多重的、撒播的和去中心化的主体,并被不断地质询为一种不稳定的身份。在文化层面上,这种不稳定性既带来危险又提出挑战,如果它们成为政治运动的一部分,或者与女权主义、少数种族/人种群体以及同性恋立场的政治相联系的话,它们可能会引发对现代社会制度和结构的根本挑战。[①]

第四,媒介文化形式具有后现代的特征,拼贴的痕迹越来越突出,去中心化的图像文化使得叙述变得没有太大的价值。费斯克、凯尔纳都曾以肥皂剧《迈阿密的罪行》为例,讲述在这部连续剧中如何成为第二性的东西,而更多的则是眩目的风景画面,人物形象塑造让位给美貌、英俊的男女明星展示。英国学者格罗斯伯格甚至认为,对意义、意识形态和政治等的"无动于衷"正是《迈阿密的罪行》以及其他后现代文本的主要特征;他觉得,这一作品比较接近于那种眼睛一扫就知道其所通知的文化圈消息的布告栏,而不是那种用来阅读和提问题的文本。在《ET》、《X档案》、《终结者》、《黑客帝国》等影视作品中,故事往往一眼就能看透,而那些电脑技术处理的精彩画面成为最吸引人的东西。这些影片从经典和流行文化文本中寻找素材,许多情节、场景都似曾相识。后现代的杂糅,使得作品趣味盎然。按照杰姆逊的说法,后现代的图像文化表明了"一种新的平面性或无深度性,一种最字面意义的表层的出现"[②],人物自我缺乏现代主义和现代自我所特有的那种表现的能量和个性。叙述中心地位的淡化、时空的压缩削平、意义的碎片和自我拼凑,同时一个游走不定的主体成为终极实现者,或者说一个人的战争,或者说一种适合新境遇的主体至少是部分被建构。虚拟一切可能,于是,仿像成为图像文化的主体。

那么,后现代媒介文化特别是影像文化有一些什么特点呢?

1. 后现代主义与仿像

后现代社会文化的一个显著特征是仿像。仿像式的叙事充斥在我们的视野中,这表明传统意义上的艺术审美能动性在减弱,视听艺术不再以高昂的姿态去对待现实,而是变得更加平实和客观。一个时代的精神活动,只能在历史给定的范围内展开实践,任何能动性的创造都是自不量力的主观愿望,而且精神活动的方式取决于既定的历史前提。"仿像"的艺术叙事也只能是一种被历

---

① 【美】马克·波斯特:《信息方式——后结构主义与社会语境》,商务印书馆2000年版,第20—27页。
② 【美】凯尔纳:《媒体文化——介于现代与后现代之间的文化研究、认同性与政治》,商务印书馆2004年版,第400页。

史给予的精神活动,因为现实已经率先仿像化了。那种建立在自给自足自然经济基础上的现实已不复存在,商品化社会中的现实已经很难在传统的理性秩序范围内加以把握,现实已被高度地符号化了,因此,对现实的表现,既不是传统意义上的模仿,也不再现,甚至也不是能动地虚构现实。现实不存在,也可以借助对生活的虚拟,制造可供认同的事物。叙事活动变成了现实的仿真物;更重要的在于,现实本身变成了现实的仿真物,视听艺术其实是现实仿像的一部分。由于现实本身的符号化,没有一个物质形态存在的、脱离了符号体系存在的纯客体的现实世界,现实本身是以符号的方式存在。这样,叙事与现实其实存在于同一平面上,它们都是这个符号化世界的一部分。

仿像这一概念来自鲍德里亚的相关论述。鲍德里亚认为,从文艺复兴到工业革命的"古典"时代的显著特征是"仿造"(counterfeit);工业化时代的特征是"生产"(production);而在现代的符号生产阶段的显著特征可以称之为"仿像(simulation)"。[1] "仿像"时代是符号急剧扩张的时代,过去被理解为物质实在性的"现实",现在已然为符号的加速传播所遮蔽,我们现在所理解的现实,被各种符号也就是被各种话语、各种叙事、各种指称所代替。消费时代把一切都变成商品,又把一切商品都变成符号,一切商品只有变成文化才能被消费。但实际上,生活的各个领域,现实的各个存在物、事件和事物,各项实践——政治的、经济的、文化和科学技术的,都无不被一个超级的符号化体系所表现,离开了符号化体系,我们无法感知我们面对的事实。在事物和我们知觉以及理解力之间,横亘着一个庞大的符号系统。过去,我们把符号系统看成透明的,看成一种载体,得意而妄言,符号不过是认识实在世界的工具。然而,与其说符号的背后并没有确定的、绝对存在的实在现实,不如说符号背后还是符号。现实实在也已并且也只能以符号的方式存在。

正如杰姆逊所说的那样:"一个文化自律领域的瓦解应该被设想为一次爆炸:即文化在整个社会领域中的大规模扩张,以至我们社会生活中的一切——从经济价值、国家权力到实践乃至心理结构本身——在某种、迄今仍未得到理论化的意义上,可以说都成为'文化的'了。"[2] 杰姆逊的这个说法,实际上正是来自鲍德里亚的"仿像"理论,即把现代理解为一个符号化的、崇尚形象或幻象,把真实改造为许多想象的事件的社会。鲍氏认为,超级现实主义必须以颠

---

[1] Jean Baudrillard, *Symbolic Exchange and Death*, London: Methuen, 1993, pp. 50-74.
[2] 【美】詹明信:《晚期资本主义的文化逻辑》,见王岳川编《后现代主义与美学》,北京大学出版社1992年版,第82页。

倒的方式来理解：今天现实本身就是超现实主义的。超现实的秘密就在于大部分的日常现实能够成为超现实，但仅仅只在那些特许的时刻，在这些时刻，艺术与想象力也相形见绌。鲍氏认为，日常生活、政治的、社会的、历史的、经济的等现实已经合并入仿像超级现实向度，以至于我们现在完全生活在现实幻象中。"现实比虚构更陌生"的老生常谈与现阶段的审美幻象如出一辙，只不过后者变本加厉而已。虚构已经被生活所征服，再也没有任何虚构能够与生活本身相提并论。人们根本的不满在于，热烈的幻想时代已经为冷漠的控制论时代所取代。

鲍氏基于他的后现代主义立场，对以高新科技产业为主导的后工业化社会展开激烈的批判。这种立场其实并不独特，事实上，大多数后现代主义者都持这种立场，例如，查尔斯·纽曼早在1985年对后现代主义下的积极定义就指出："'后现代主义'蕴涵一种对经过电子技术的渗透而在战后美国达到顶峰的原子化的、麻木冷淡的大众文化的理性抨击。"①这一时期，承袭了法兰克福学派阿多诺和本雅明等人观点的"西马"学者，对当代高科技迅猛发展所带来的社会现实进行了激烈的批判，在他们看来，后现代主义不过是在英雄消遁的前提下发起的一场对盲目革新的信息社会的非历史主义的反叛。大批的人文学者从保守主义的立场看待这场变革，对信息技术的革命抱一种怀疑态度。然而，读图时代迅速到来，以及日益加深的人们对影像信息的依赖，表明高科技大大改善了人们的信息接受方式，某种意义上说，大众文化就是视听化的文化。鲍德里亚把高新技术作为仿真化的主导因素，对照当下高新技术影响下的现实生活，他的观点应当说是恰如其分的。

媒介文化是仿像的最大表征所在。所有关于欲望的修辞都是建立在仿像基础上的。

2. 消费活动促成叙述向奇观转化

后现代主义肯定了意识已变成现实的一部分（或者反过来说，现实也有媒介幻象的性质）。鲍德里亚的后现代理论，说明了影像和现实并没有本质的分别，两者是可以互相取代的。在现代主义那里，符号代表现实中的某些东西，而意识形态则扭曲了其代表性；但是在"仿真"的后现代，符号并不代表什么，它们就是现实本身，背后不必依靠现实撑腰，所以根本谈不上意识形态如何扭曲现实。鲍氏宣称根本没有意识形态问题，有的只是真实影像或影像真实脱

---

① 【美】查尔斯·纽曼：《后现代氛围——通货膨胀时代的虚构行为》，西北大学出版社1985年版，第6页。

离了现实及意识形态的束缚,媒介文本及现实经验分裂了,在电视为载体的媒介文化中,再也没有影像及现实的一致性,也没有抽象的意识形态,而只会有破碎又不完全的叙述、不平衡又互相颠覆的段落以及混乱而无规则的流行影像。

按照鲍氏的观点,城市现在不再是政治—工业中心,而是符号的领地,是媒介和代码的领地。城市的特征因为消费活动而变得强化,要说现今城市特征,幻象化是第一位的。光怪陆离的高楼大厦、大型现代化超市、无处不在的广告、灯红酒绿的休闲场所、琳琅满目的报纸杂志、全天候的电视节目、体育赛事、时装秀等,构成了城市幻象的视听奇观。过去不过体现实用性的物理空间,现在被建筑设计活动重新编码,完全适应大众消费与审美口味,成为流行文化的一部分,所以如同时装秀一样,城市的建筑也在竞相展示自己的魅力。这些流光溢彩的钢筋水泥设计,与那些低矮的平民住宅、破旧的阁楼等相得益彰,使得相互间都失去了实在的真实性。那些凝聚着财富和想象的城市符码改变着人们的生活方式和生活习惯,城市社会图像、信息和节奏也日益改变着人们的感觉方式和思维方式。你需要什么就会生产出什么,而且保证惟妙惟肖、栩栩如生。这真是神奇的时代,文化奇观就是建立在视觉和听觉感知上的,极大限度地满足大众虚幻的关于现实时空的想象。

凯尔纳指出:"图像频频地优先于叙述,看的感受就变得第一位了,故事线索和叙述的意义常常被转化成了背景。"[①]广告在当今社会几乎可以说渗透到了社会的各个角落,广告几乎都是以视听形式出现,因为要在瞬间抓住受众的眼球,所以,详细叙述就显得多余了,看的感觉是非常重要的,瞬间的注意到注意的饱和转化为记忆,这完全取决于广告设计的效果。为了争夺受众眼球,必须在广告的眩目程度上下功夫。

消费活动是促成叙述向视听奇观转化的重要动力来源。消费活动使得广告越来越吸引人的眼球,"好看"是广告竞争中的关键词。密集的广告五彩斑斓,成为地道的媒体奇观。而电影、电视在讲述人的各种情感哲理后,已不再具有吸引力,后现代的媒体影像,借助现代媒体技术,将影像画面做得极为精彩、眩目,让人流连忘返、爱不释手,然而,不断的追逐,使得媒体影像画面蔚为大观。各种电视节目都注重形式包装,形成被媒体包围的社会奇观。鲍德里亚甚至认为"海湾战争"根本没有发生,因为那些战争奇观完全是可以被媒体

[①] 【美】凯尔纳:《媒体文化——介于现代与后现代之间的文化研究、认同性与政治》,商务印书馆2004年版,第405页。

制作出来的。他还认为,总统选举的投票人根本没有投票,因为电视在政治选举中起了关键作用。

3. 数字革命扩大了超现实的领域

人们重建了一个庞大的光鲜的符号化现实——人们实际屈从了符号化的审美霸权。当代社会文化表征的视听性就体现在符号化现实上,也就是仿像的现实。现实只有变成符号才能被理解和把握,人们只有抓住符号才能抓住现实,现实已经没有本质可言,现实由各种各样的似是而非的幻象构成,现实就是"超现实",现实变成虚构的镜像,真正应了所谓"假作真时真亦假"的说法。当代社会的一个后现代进展,是数字技术的广泛使用。亦真亦幻的根源在于数字技术超越了他们原来的影像技术,所制造、生产出新的超现实社会情境,也更为逼真。与原先的模拟化摄影机、暗房以及线形剪辑技术相比,大众传播媒介的静态影像和活动影像正在变得更多地与计算机技术相关。拥有了自由度的数字技术,引发了媒介文化表征的变化,在表征模式和立场上的转变。(见下表)后现代的仿像在数字化的推波助澜下,更加令人叹为观止,从好莱坞的制作中我们可以看到,数字化的仿像渐渐也成为我们文化的一部分。《ET》、《终结者》、《侏罗纪公园》、《未来水世界》等电影,创造了比现实的景观更令人称奇的画面。数字化可以促进图像表征新形式的出现,例如,通俗性就具体例证了异质性与碎片化等关键的后现代主题。数字化为人们的认知发生、想象方式甚至思维方式预设了路线,对人们的世界观、价值观、审美观都会产生深远的影响。

数字化放弃了对于记录式现实主义——作为显而易见的意识形态的要求,除了数字化程序之外,它摧毁了作为任何事物证据的摄影图像,如果这能够使我们把注意力从摄影表征的所谓的突出特征,转向这些图像的接受和阐释,那么,这或许就是朝着正确的方向迈出了一步。

社会类型、图像表征模式及其相关立场[①]

社会类型	表征模式	相关立场
传统社会	亲笔绘制的图像	敬神者
现代性	摄影图像	观察者(反思者)
后现代性	电子(数字)图像	相互作用的使用者

[①] 图表来源:[英]鲍尔德温等著:《文化研究导论》,高等教育出版社 2004 年版,第 421 页,略改。

四、媒介文化与社会认同性

按照人类学和社会学的一贯看法,在传统社会中,人的认同性是固定的。认同性是一种预定人的社会角色的功能,是一种传统的神话系统,它提供方向感和宗教性支持,以确定人在世界中的位置,同时又严格限制其思想和行为的范围。在传统社会,个人从出生到死亡,均是在家族、亲属、部族或各种团体中度过的,因此其生活轨迹很单纯,所形成的认同性相对比较稳定。从笛卡儿的"我思",康德、胡塞尔的超越的自我,启蒙主义的理性概念一直到当代的一些关于主体的概念,认同性均被视为基本的、实在的、统一的、稳定的东西。现代社会的认同性则比较动态、多样化、个人化和具有自我反省的性质。在现代,认同性的问题就在于,我们是如何为我们自己与他人造就、看待、阐释和展示我们自己的。这一脉络很清楚,但是,到了后现代阶段,这样的思考,很难有清楚的答案。

鲍德里亚认为:"现代的文化中,主体已经被分化为一种越来越愉快但又支离破碎的变数,而非中心化的后现代自我也不再感到焦虑,同时也不再拥有深度性、实体性和一致性等,而这些东西却是现代自我的理想。"鲍德里亚声称,主体已内爆为团块状,片段的、互不关联的、断续的经验模式是后现代文化的一个基本特征。在后现代媒介和信息的社会里,个人至多是"终端中的因素"[1]。以美国学者亚瑟·科罗克和大卫·库克为代表的学者甚至认为,认同性在"后现代的景象"里已经消失了。科罗克和库克指出:"电视自我(TV self)是一种典型的电子化的个体,他所得到的一切都是从媒体仿像中获取的:作为视听缤纷的社会中的一个消费者所具有的市场认同性;大量精心编制成的趣味……以及那种创伤累累的连续剧式的存在。"[2]许多后现代的理论家将媒介文化强调成一种内爆、主体性分离的地方。在这些后现代文化的理论家看来,后现代的文本都是没有深度的、平面化的、表层的,与过去没有关联,缺乏实质意义。毫无疑问,电视等为代表的媒介文化形式可以体验成由表层图像所构成的一种废墟,平面而又单向度,充作既没有指涉也没有意义的纯粹噪音。人们要么被泛滥、迅捷和强烈的图像所压倒,要么就无动于衷,因而电视的表意功能就可能失去中心地位,进而可能完全崩溃。从受众的接受行为上

---

[1] Jean Baudrillard, *In the Shadow of the Silent Majorities*, New York: Semiotexte, 1983.
[2] Arthur Kruker and David Cook, *The Postmodern Scene*, New York: Saint Martin's Press, 1986, p. 274.

来看也有如此的特征,观众看电视,用遥控器从一个节目跳到另一个节目,频道的频繁更换或漫游仅仅是为了看看有没有什么更有趣的事情发生,或有没有什么重大的新闻发生。为了追逐支离破碎的流动图像,人们只能关注图像的表层,而节目和中间的休息等都汇集在一起,使意义在相互分离的能指游戏中土崩瓦解,许多人记不得他们在前一个晚上所看的节目,或者不能提供一种有关前一个晚上节目的连贯叙述。当然,鲍德里亚等学者从文化形式的大体走势以及与现代主义的比较中,可以这样看待媒介文化在当代的现状和本质。然而,简单根据后现代文化特性而否定媒介文化在当代的功能,显然也是有很大问题的。

伊雷特·罗戈夫(Irit Rogoff)在她的论文中指出:"大多数视听竞技场的最初的性别的和种族的认同是由于否定性的分化而得以形成的——白种人需要黑种人,从而可以将自身建构成白种人;男性气质或者女性化了的男性气质,从而为了适应合乎规范的模式将自身建构成男性气质;文明举止或中产阶级体面需要典型的没教养的'另类'——不论他们是醉鬼,还是文化上的少数,或者任何处在想象得到的常规之外的人——以便对建构'可接受的'行为的并不处在的代码作出界定。"[①]在日常生活中,我们会接触到电视新闻、肥皂剧、动漫以及各类画刊,这些静态或动态的媒介文化内容都会描绘各种各样的人,这些描述都告诉我们,人是如何被分类和评价的。电视如何教我们处理两性关系,如何对待种族和老人,如何训练儿童、青少年成为消费者,如何使广告的"忽悠"不知不觉成为他们自己主动的要求。从当下流行的媒介文化的受众接受特点我们可以看出,认同性的建构体现为:阶级认同、种族认同、性别认同、时尚认同等。媒介文化的接受过程也是受众意识形态形成的过程。因此,不同群体的受众在形成自我的主体意识时取决于媒体为他们建构了什么。

1. **阶级认同**。在我们日常生活中,充斥于我们视线的往往是广告代言人的形象,而这些广告代言人与我们所看电视中的人物有很大的相似性,因为他们都是俊男靓女。他们从哪里来到哪里去,我们无从知晓。成功人士、社会精英、明星偶像,这些形象成为人们的模仿目标。这其中就暗含了阶级认同的成分。西装革履、手持某品牌手机、开某品牌汽车的成功人士绝对不属于平民阶层。同样,美国的电视肥皂剧中,主人公往往是成功的企业家、律师、医生,家中有别墅、汽车、保姆,是典型的中产阶级,他们的做派、生活起居方式也成为

[①] 【美】伊雷特·罗戈夫:《视觉文化研究》,见罗钢、顾铮编《视觉文化读本》,广西师范大学出版社2004年版,第16—17页。

受众模仿的对象。然而,受众在接受这些形象时,并非是根据自己的现实身份按图索骥地对号入座为某一类型人物,而是将自己设身为主人公即成功人士、中产阶级,这就是认同性在后现代社会的特殊之处。久而久之,这些光鲜的媒介文化培养了受众的认同性,所建构的是中产阶级趣味的自我。早在20世纪50年代以前,阶级的认同体现出两大对垒阵营,平民、工人阶级在反抗剥削、反抗社会不平等的行动中对号入座式,寻找自己的阶级认同。然而,在当下,那种对号入座式的阶级认同已经完全消失了。随着反抗不平等意识的淡化,斯图亚特·霍尔所说的"仪式抵抗"也没有了,取而代之的是全社会追求财富、地位、高档生活的信息接受运动,在这场旷日持久的社会运动中社会大众渐渐形成新的认同形式,媒介影像这只"看不见的手"指挥人们朝着同质化的方向前行。久而久之,原先的那种既有认同向度也有反抗向度的双重人格就发生了变化,变成了只有认同向度的"单向度人"。

  2. 种族认同。媒体建构何种种族形象,关系到受众对这一形象的认知和反应,如果视听化再现出的种族形象是正面的英雄不仅使这一种族的人倍感自豪,同时也会使其他种族的人对这一种族的人产生好感,反之,则是恶感。美国"007"系列电影中对人物的塑造可以说是一个典型。在这一系列作品中,英雄毫无疑问是标准的美国白种男人,也是偶像。而反面角色则是俄罗斯特工,这一系列电影发行放映20多年后,几乎影响了一两代美国人对俄罗斯人的印象,许多美国人的"敌人"建构都是来自"007"电影。显然,这种建构与冷战时期的宣传有很大关系。另外,在美国的一些肥皂剧中,主人公往往是盎格鲁·萨克逊裔白人,他们要么是企业家、律师、医生、侦探,要么是政府要员;黑人往往总是从事下等职业,老年黑人往往是管家、保姆,青少年往往是社会渣滓、犯罪分子,很少从事十分体面的工作。而西班牙裔的白种人往往从事的是马路巡警、卡车司机等职业。这些种族形象往往在受众心目中建立起了刻板印象。种族认同是在长期的接受过程中慢慢形成的,并非是白人认同白人,黑人认同黑人,而是以民族国家认同为基础的,在民族国家认同的前提下,再作种族的认同的划分。媒介文化的传播,培植了受众的种族认同性。罗兰·巴特所描述的在法国三色旗下敬礼的黑人士兵,图片强调的是国家对不同种族的人的意识形态召唤,也是不同种族对国家认同的象征。

  然而,在后现代时期,种族认同随着市场化的活动而变得模糊起来。例如,在广告等媒介文化的包围下,不同种族的人认同的对象实际上是趋同的,你认同施瓦辛格是英雄偶像,我也认同他是我心目中的偶像,没有因为我是黑人,我非得找一个黑人偶像来认同不可。正是媒介文化在后现代的泛滥,才使得种族认同出现交融的局面,后现代媒介文化某种意义上说具有消弭种族鸿沟的功能。

3. **性别认同**。根据格伯纳对电视媒体的研究,大体上,电视中男性多被描写成比较理性、比较聪明、独立、强壮、忍让和稳重;女性则比较温柔、迷人、善解人意,而且女性还承担另一角色,那就是,男性的观赏对象——性感的尤物。女性多半从事卑贱职业,多谈论家庭、孩子、情感等话题,而男性多谈论工作、理想、业务等。在任何情况下,男性总比女性容易取得成功,显然,电视生产者的刻板印象在人物塑造中起了很大的作用。[①] 在一个男性话语居于中心地位的社会里,媒介文化潜意识里都是在维护传统的形象设定,从某种意义上说,当代媒介文化强化了传统性别形象的刻板印象。从流行的视听图像来看,女性往往是被作为"被看对象"和传统印象来制造的,充斥于商业空间的美女画像其实与商品本身没有必然联系,但广告符码总是刻意暗示着二者之间的联系。例如,香水广告,那些性感的女郎被暗示与产品、性等有关系,引发认同的是这样的潜台词:魅力之源来自某某品牌香水,用某某品牌香水,你也能变得如此迷人。被看、被爱、被欣赏等被女性主义所批判的价值观念在性别认同中更加强化了。再比如,洗衣粉广告、肥皂广告,女性往往被设定为主妇,专门从事洗衣的工作;鸡精、水饺、汤圆等产品广告得由主妇形象的女性来鉴定。美国歌星麦当娜是产生性别认同的另一种典型。她是流行歌坛最耀眼,也是引发议论最多的一个女歌星,对于她的歌迷来说,她就是顶级的流行标志,是时尚和认同性的形象,然而,在追求唱片发行量、高收视率过程中,她走的是一条性感包装路线,将自己定位在被看者的角色上。在《物欲女孩》、《打开你的心扉》这些MTV中,麦当娜突出了身体的展示,受众被置于庸俗的、窥淫的主体位置上而显得不自在。这一策略,一看就知道其真实的用意所在。受众在接受过程中必然产生性别认同的混乱,尤其对于从被对象化了的麦当娜认同中获得快感的女性受众而言是这样。

所以,商业化时代,女性在女权主义道路上不是进步而是越来越退步。

性别印象的制造与认同往往与社会文化的总体背景相一致。例如,在中国几乎人人皆知的"超女",其形象是中性的,为什么是中性的?这与现代女性要求摆脱家庭与社会的规训与约束,重新设定自由轻松的女性形象有关。这很快导致大多数青春期少女的喜爱,其中暗含反意识形态的主体立场,做女人就是要像"超女"这样无拘无束、我行我素。这样新的认同性形成了。对于媒

[①] 参见拙著《在媒介与大众之间:电视文化论》,学林出版社2001年版,第193页。

体而言,其真正意图并不是塑造女性形象,而是借助塑造新女性形象来迎合更多的受众参与到这一媒体狂欢活动中来,出卖他们的"注意力",从而通过向赞助商转让这些"注意力"以换取丰厚的广告利润。但是,媒体的经营活动,无意却培植了女性的形象认同、个性认同、趣味认同。

4. 时尚认同。时尚与大众文化息息相关,但却并非大众文化所独有。现代经济之前的消费时尚是有严格的等级限制的,对奢侈品的消费是上层阶级的特权,下层劳动阶级只能消费基本的生活必需品。有闲阶级的绅士,以炫耀性的方式消费奢侈品来维持其优雅、体面的生活方式和社会身份,并以此来博取社会名望。在大众文化时代,时尚仍然延续了塑造身份、博取社会名望的功能,但这一功能已经不仅仅限于某一社会阶层。大众文化的商品化和产业化使时尚具有无限扩大的趋势,越多的人追逐就会带来越多的利润。受此动力驱使,大众文化时代的时尚差不多已扩展到了人们日常生活的所有领域,不仅衣食住行为时尚所左右,而且人们塑造身体的技术(美容、健身)、情感的表达方式、人格的塑造、人际交往方式等都受到了时尚的影响。换言之,时尚成为现代人实现自我认同的重要途径。

时尚认同也是从图像接受开始,物质占有欲是催生认同的关键。我们都有这样的经验,即当我们看到各种各样的招贴海报上宣传的汽车、洋房、优美的环境,我们都会不由自主地心向往之,我们羡慕那样的物质条件,认同那样的生活。这是极为正常的现象。然而,当我们在看电影或电视剧时,我们往往会看到电影或电视剧里所展现的犯罪分子的豪华生活方式,非常具有诱惑力,此时我们的认同性就容易复杂化:既赋予警察一种职业的认同性,又给罪犯的那种逍遥法外的认同带上正面价值,单向度人格最终导致价值观的错乱。凯尔纳通过对美国电视连续剧《迈阿密的罪行》的深入分析,发现后现代社会的症状:采纳多重的认同性,而且像换衣服、工作和住处那样地改变自己的认同性。他指出:"事实上,画面、外表和时尚是后现代图像文化的关键因子,也是后现代的认同性的关键因子。"[1]《迈阿密的罪行》展示了认同性在当代社会中通过图像和时尚而得以形成的方式,同时也意味着这种认同性的模式是非常流动、多重、灵活和短暂的。"某些时装、性别和风格的图像是同特定的内容与价值联系在一起的,因而构成了认同性的特定模式和形态。同样,媒体文化的图像和叙述也充盈着观念和价值,所以,当代社会中的认同性可以被阐释成一

---

[1] 【美】凯尔纳:《媒体文化——介于现代与后现代之间的文化研究、认同性与政治》,商务印书馆 2004 年版,第 418 页。

种意识形态的产物、一种文化的适应得以造就主体性立场的途径；而这些主体性立场重现了主流的资本主义和大男子主义的价值观、生活模式等。"[1]广告通过符号化的视听形象，试图在产品与社会欲求之间建立某种联系，以造就这样的印象，即你不使用"吉利"牌剃须刀，你的男性魅力就难以体现；你不抽"万宝路"牌香烟，你就不算"真正的男人"，所以，几十年来，"吉利"男人和"万宝路"牛仔形象成为男子汉的符号。在后现代媒介文化里，个人就是从时尚的视听图像中获取认同性的。因而，广告在控制消费者的需求的同时，也成为了一种举足轻重而又被人忽视的社会化机制。

在现代社会，时尚外表是准备给别人看的，同时也是一个人的认同性中的重要组成部分，有助于决定人们怎么看待和接受这个人。时尚提供了服装、新潮和形象等的选择，通过这样的选择，个人得以形成某种独特的认同性。在某种意义上说，时尚是现代性的一种构成特点，而后者则被解释为一种以不断的改革和破旧立新等为标志的时代。时尚本身预示着造就常新的趣味、风格、个性等。人们总是追求新的、受人赞赏的事物，而避免老的、过时的东西。时尚表现在外表的视听效果上，它和现代性携手并进地造就现代人格，使人们在常新的、时髦的服装、发式、仪态、风度表现上寻求自身的认同性。

思考题：
1. 后现代媒介文化有哪些特点？
2. 受众从媒介文化中获得哪些认同？

---

[1]【美】凯尔纳：《媒体文化——介于现代与后现代之间的文化研究、认同性与政治》，商务印书馆 2004 年版，第 418 页。

第十章 媒介文化研究的新领域
——新媒介文化

新媒介仍然属于媒介范畴,之所以要专门讨论新媒介文化,不是因为讨论的范畴变了,而是因为新媒介文化的特殊性。什么是新媒介?学术界众说纷纭、莫衷一是,但有一些基本要素必须具备,即必须是依据网络平台建立起来的传播形态,这其中包括博客、微博,也包括三网合一后的数字电视、手机报纸、手机电视等,其总体呈现动态性。具体说,它具有以下一些特性:交互性、即时性、海量性、共享性、多媒体与超文本、个性化、社群化等。

我们这里要讨论的不是新媒介的特性,也不是新媒介所承载的文化,而是它的使用方式以及对人的影响。这与以往的媒介文化有很大的不同。以网络为平台形成的新媒介传播构建了当代传播新格局,而新媒介文化的兴起,已经成为这个时代最引人注目的社会景观。与传统媒介相比,新媒介的特点决定了一个去中心化的信息广场时代正在到来。新闻媒介网络社会中,人们在不同的网络文化模式中具有相互平等的地位和特征。就网络这个空间来看,它属于公共领域与私人领域的交集。对于网络"人人出入自由"这一无限开放的特性而言,它是公共领域,对于它隐匿了网民的真实身份这一虚拟特性而言,它又可划入私人领域。比如在木子美发表性爱日记的博客网中,任何博客所发表的内容都是个人化的,但是当它被发表出来时就具有了公众化的形式。所以博客既是个人言说的领地,又从属于公共空间。任何一个博客或是网络公众都可以用建立个人网页的方式将它划归自己的私人领地里。只不过这个私人领地对于任何网络准入者来说都是开放的,这一开放性当然是在获得个体同意的情况下才存在的。今天,网络社区的"水军"炒作可以形成一个网络事件,一条微博也能掀起舆论大潮,新媒介革命改变了我们的信息方式,甚至影响了政治发展趋势。然而,我们需要关心的是这些新媒介变革给文化带来了什么。

一、虚拟世界与符号化生存

在新媒介时代,意义生存比以往任何时候都重要,符号化生存也因此成为现实,这是新媒介平台赋予大众的一种生存形式。网络率先推动了这一文化实践,在新媒介中,传统的文化生存与传播的"白纸黑字"方式被"E媒体"(electronic media)方式所取代,具体说,伴随着现代微电子技术、信息技术和现代通讯技术的飞速发展和相互渗透,无纸存贮已成为活生生的现实。依托于这一载体,传统文化的传播拥有了新的平台和新的渠道,甚至呈现出一种立体化的传播方式,从而大大拓展了传播视域,使更多的人领略到丰富多彩的文明积淀。也就是说,文化载体的革命必然带来内容的革命。

然而,新媒介并非仅仅解决一个简单的书写问题,还带给人们一种新型的生存方式。信息传播的多中心化隐含着一个前提,即允许用户匿名登录。这就为公众的自由言说提供了一种安全保障。在网络世界里,IP地址是用户独一无二的代号,用户的真实姓名和确切身份在此毫无意义。比尔·盖茨的戏言以某种极端形式揭示了网络的这种虚拟特性:"互联网上没有人知道你是一条狗。"例如,在网吧中每一台电脑的IP地址是固定不变的,坐在电脑面前的人却时时变换。人们随时可以以不同的用户名登录网站,自由言说,而注册资料的真实与否取决于个人的自由。隐藏在IP地址之后,现实生活中的种种顾忌被抛在脑后,人们的言说往往表现出异乎寻常的大胆和激烈。

虚拟从网络交流的空间到情感形式对这个时代的人们来说都是新鲜的,虚拟的本质就是对真实的虚假替代。然而,值得反思的是,这些新媒介的虚拟,却让很多人产生了精神依赖。很多新媒介的使用者即使很清楚虚拟情境、虚拟情感、虚拟事件等的性质,仍然不妨碍他们将这种文化实践纳入自己日常生活,作为其中一个重要组成部分。

从传播角度看,传统文化金字塔式的等级结构在赋予自身神圣性的同时,也极大地抑制了其向多维空间的伸展与开拓。与之相反,新媒介文化自兴起伊始便表现出异常的开放性和包容性。它兼收并蓄,打破了文化之间的森严壁垒,使各式各样的文化在此交流、汇聚,实现了最大限度的开放;它追求平权,呼唤民主参与,使文化创作主体能够超越现实社会对个体身份和角色的限定,突破意识形态以及现实生活中各种清规戒律的束缚,从而实现了自我和个性的张扬。弥尔顿所倡导的"观点的自由市场"在新媒介文化中变成了现实,其中有"阳春白雪"和科学精神,同时也充斥着"下里巴人"甚至不乏鬼神膜拜,这些在传统观念中无法并存的多元文化类型在新媒介世界里却共存共生,不能不说是新媒介文化的一道奇观。虚拟世界的生活体验成为新媒介文化的一个重要特征。

毋庸置疑,新媒介突出价值在于其工具性、实用性。正源于此,新媒介产业的发展异常惊人,短短数年间已渐成气候,俨然一派新经济先锋的气象。但在新媒介消费潮流驱动下而形成的新媒介文化,自然无法摆脱消费社会快餐文化的特质。由于把关人的淡化,新媒介适应了后现代语境下自由表达的诉求,同时由于超乎寻常的自由,所以也带来了随意化、浅薄化的弊病。应当看到,新媒介虚拟的文化实践代替了传统现实文化实践,其造成的文化异化也将是新的社会问题。

二、互动性与文化生产全民参与

在人类传播发展史上,每一种新的传播技术和传播方式的兴起都毫无例外地要引起文化上的变革,也可以说,文化发展的每一个阶段都会受到这一阶段的媒介形式支配。我们可以看到,随着传媒技术的迅猛发展,社会文化范式也在发生一系列变化。德国未来学家拉比塔尔斯斯基(Rabbi Tarski)甚至这样认为:"面对新媒介时代,一切都在被异化着,所有原生态的文化都被新技术方式赋予新的解释。"[①]从积极层面看,首先是新媒介为传统文化的承载与传播提供了新的平台,从而为传统文化的生存带来根本性变革。新媒介的功能从传播、告知延伸到了释放、表达的功能,阐释个性和表达个性成为突出特性。

早在上世纪60年代,麦克卢汉就曾有过精辟的论断,他认为,"媒介即讯息"(The medium is message)[②]。媒介本身就是一种信息,一种文化。麦克卢汉打破了内容与载体的界限,给人们提供了一种新的思维方式。随着Web2.0时代的到来,新媒介文化对人们生活正在发生深层次的革命。"媒介即讯息"从某种意义上也可以表述为"媒介即文化"。新媒介的文化与历史上任何一个时期的媒介文化相比,最突出的便是它的互动性,新媒介与用户群体的互动过程是一个相互作用,相互影响,相互调整,相互认同的复杂过程。这种突出互动性的文化会给我们的社会带来什么样的影响?

利用网络的互动性特点,社会成员的个体经验得到了更为广泛的交流。网络的交叉、共振的传播方式,与其他媒介辐射式的、自上而下的传播方式相比有个明显的优势,即受众能够在网络中进行自由的交流。这种互动性,使得

[①] 转引自朱步冲、尚进、陈赛:《从WAP到P2P:两场新时代电影节》,《三联生活周刊》2005年第10期。
[②] [加]麦克卢汉:《理解媒介——论人的延伸》,商务印书馆2000年版,第136—137页。

个人与公众的生活世界可以直接交流，甚至交换。新媒介文化具有非常鲜明的个性化品质，新媒介陈述表现为一种"个人真理"式的话语表达。另一方面，新媒介的出现，促使了传播行为和生活模式出现异化，外在的传播行为走向生活，而个人的生活公众化。网络的特征一方面使得集体意识、群体意识淡化，另一方面，新媒介的互动性又将使用者凝聚起来，形成新的群体，他们会依据共同的观点、立场、态度、兴趣、爱好等走到一起。根据意见市场而不断进行新的组合。

三、个体化与传播秩序困境

任何一种有前途、有生命力的文化必然具有兼容并包的开放性，新媒介文化之所以能得到快速发展的一个重要原因，也在于其极大的开放性。由于网络提供了近似无限的空间、充足的通道，而且平等的网络节点替代了中心和权威，所以为每个人提供了平等的地位和机会，从而为多元文化提供了展示的舞台。无论是科学精神还是鬼神崇拜，无论是西方文化还是本土文化，无论是"阳春白雪"还是"下里巴人"，无论是严肃的文学创作还是网络社区的胡说八道……任何文化形态、文化内容都被赋予了平等地位，都可以通过新媒介平台展现在世人面前。它使政治学意义更加深远，它消除文化中的话语权威，每个人都有机会成为权威，无论尊卑，在网络中都拥有平等的话语权，都可以通过搜索引擎在网络中寻觅到自己的兴趣所在，都可以成为网络文化内容的创作者，从而实现传递信息、表达情感的诉求。在这个与现实世界分离的空间中，任何个体都可以自由地表达、尽情地"狂欢"！

由于网络传播的匿名性提供了一片几乎没有限制的天地，所以这种与现实分离的虚拟空间无疑构筑了类似狂欢广场式的自由语境。但在这种语境中，民主社会所崇尚的自由却走了样，变了质。例如，网络博客被许多人称作言论自由的阵地，是一种个人表达意见、传播思想的网络出版方式，之所以流行，是因为它具有个人自由表达与出版、知识过滤与积累、深度交流与沟通的功能。网络赋予人们的虚拟身份使得人们在博客上能够"畅所欲言"，而对国家、集体、他人的权益与感受可以全然不顾。因此，侵权事件屡见不鲜。博客、微博提升了公众的话语权，公众的个人态度可以通过网络进行传播，优质的新媒介传播成为社会舆论监督的利器，是发现真理、促进民主的良好方式，但不幸的是在很多情况下，诸如揭丑、诽谤、煽动、挑衅、仇恨、威胁等传播内容又不断发生。

新媒介文化传播的主体是青少年，这就使得青年亚文化成为新媒介文化中一种常见的形态。这一形态的文化,把个体性张扬到极致。例如,"恶搞"可谓网络亚文化的典型代表。"恶搞"通过夸张、讽刺、搞笑的叙事来反映现实问题,引起社会关注。通常情况下,网民们常通过对经典文本的解构达成调侃的使命,一部荒诞可笑的"恶搞"作品往往暗含了强烈的现实批判性。如胡戈的《一个馒头引发的血案》通过对电影《无极》镜头的剪切、故事的重构,将对传统"艺术"的讽刺、戏谑发挥到极致,充分体现了颠覆经典、肢解传统、张扬个性、讽刺社会的反叛精神。然而,这种"恶搞"却又往往导致对崇高的解构、权威的戏谑和社会正统的反叛。反叛、戏谑,都是通过解构在抵制痛苦中制造快乐,宣泄情感,将自我从现实的正常秩序中解脱出来。也就是说,狂欢与解构,与反叛性,与对现实秩序的破坏是密切相关的。不难看出,自由狂欢与侵权、乱世,无疑构成了一种难以协调的悖论。诚如马尔库塞所说:"技术的解放力量转而成为了自由的枷锁。"[1]恶搞作为一种新媒介文化形式,正是文化个体化的表现。

新媒介自出现以来便在众多层面满足了民众的欲求,这种欲求暗含了一个基本的规律,那就是新媒介传播是一个以"个体"为中心的文化系统,许多时候人们只是为了抒发一己情绪才聚集于此。在该系统内,个体的价值观超越一切,因此新媒介文化也便在一定程度上成为个体文化的代名词。

任何一种文化都是一把双刃剑,新媒介文化在创造了自由言说空间的同时也制造了另外一些负面问题,诸如,虚假信息对社会认知的危害、文化内容的品质问题、对私人领域的侵害等。然而,对这些文化形式的规范却十分困难。新媒介传播侧重的是个体化、娱乐化,而娱乐的核心便是尽情狂欢、尽情游戏。新媒介空间包容了各种可能的文化形式,甚至很多世俗的、色情的、私密的内容也吸引了大量注意力。新媒介文化可谓泥沙俱下,如何防范其侵权、乱世等负面作用的发生,都是我们需要面对的社会问题。

思考题:
1. 如何理解新媒介文化的符号化生存?
2. 互动性对文化来说有什么利与弊?
3. 当前新媒介文化的传播困境主要体现在哪些方面?

---

[1] 【美】马尔库塞:《单向度的人》,张峰译,重庆出版社1988年版,第135页。

第十一章　当代媒介文化的社会性问题

一、媒介的物化与媒介文化低俗化倾向

大众社会即现代工商社会,它的特点是把一切变成对象,变成物。卢卡契在他的《历史与阶级意识》中分析道,意识的物化必然导致文化本身的物化,即文化艺术成为商品,它的生产同所有别的商品生产一样,遵循市场规律的最高原则,生产代替了创造,摹仿与复制代替了想象和灵感。文化活动本属精神活动范畴,现代社会将文化生产纳入一般物质生产的轨道,从商品价值的二重性来看,媒介文化商品所要实现的主要是它的交换价值,而不是使用价值。人们对媒介文化产品交换价值的追求,一方面造成了审美文化的堕落,使得"艺术退化成宣传的大众文艺或商业性的媒介文化";另一方面也产生一种奇怪的现象,大众文化产品在进入商品生产轨道后,"即使它不再进行交换时,它也完全受到交换规律的支配。即使人们不再会使用它时,它也盲目地被使用。因此,它与广告已融合在一起"。这样,媒介文化产品的生产就不是马克思所说的"对象化劳动",因为对象化生产活动是生产者自愿进行的活动,这种活动不仅满足人的需要,还使生产者对这种创造性的活动感到由衷的喜悦和乐趣,因而他的这种生产活动是自由的,他从他的对象化中看到生命的存在价值、自己的本质。

媒介文化生产中,生产者的一切活动均由市场决定,他的生产活动是不自由的,因而也谈不上创造性,他不能决定自己的生产内容、方向、速度、形式,自然也谈不上从中获得情感的升华、审美的愉悦,最终成了"自我牺牲、自我折磨的劳动"。这种劳动就是典型的异化劳动,它是对对象化劳动的直接否定。由于异化劳动不属于生产者自身的活动,因此,诚如马克思分析资本主义私有制

条件下的工人劳动时所说"工人自己的体力和智力,他个人的生命,……就是不依赖于他、不属于他、转过来反对他自身的活动。这就是自我异化"。这就是说,人们自己的创造物反过来成了控制人的一种异己的力量。"异化了的劳动把人的族类生活变成自我活动、把自由的活动贬低为手段"并"把他的肉体的生存贬低为生存的手段"。它所带来的不是主体的自由,而是对主体的奴役,即主体被贬黜和异化。

这里,我们可以很明显地看出,文化生产如同其他行业的生产一样可以划分为"自由的"劳动和分工的劳动两种,前者可以诞生不朽的艺术,而后者则产生商品。媒介文化就具有这种商品性。所以阿多尔诺指出在流行音乐领域,诸如爵士乐、摇滚乐等都是"一种商品",它们容易产生"音乐拜物教",据此推而论之,其他媒介文化领域也会产生此类的"拜物教"。由于媒介文化商品性使得艺术家的自我自由创造活动贬低成了一种"手段",艺术家也沦落为一种流水线工人,所以媒介文化成了"异化了的人的异化了的艺术"。正如法兰克福学派的学者所认为的那样,从传播者而言,媒介文化的传播者已不是艺术家而是大众明星。他和真正的艺术家相比具有明显的差异:一、艺术家的成功有赖于他的天赋和勤勉,而明星则有赖于"机遇",在机遇"偶然"性的背后是真正的个人努力无法把握的充分体现文化工业操作原则与商业谋略的"计划性"。正因为"计划性"无视个体的幸与不幸,个体的努力与否,所以对它而言,媒介文化明星"不过是被玩弄的对象"。二、艺术家的创造活动不以商业利润为最终目标,而明星的生产如演员的"表演及整个肉身都投入到了由观众所构成的市场中,而且观众市场在其表演中,很少为其直接把握"。

媒介文化明星在其生产和消费的整个过程中,完全是以商品的方式存在,他的命运是受市场的逻辑所左右的,是由尼尔逊的收视率和好莱坞的票房所决定的。所以媒介文化明星不是真正的艺术家,而是商品生产者,有时他(她)本身就充当一种人格化的商品。艺术家向媒介文化明星的退化,是由社会环境决定的,"这些艺术家没有能力摆脱他们当时所在社会和环境中占优势的那些异化形式的影响,从而往往表现为有意识地使自己的创作屈从于这些反常的影响。当异化在这种程度上成为艺术家生存的根本因素,以至于他的感官世界和意识中得到了这是人唯一的可能生存方式的幻觉时,那么,对这个艺术家来说,就必然会把自己创作的那些受异化力量影响的形式,看成是唯一可能的、最先进的艺术了"。即使是一些为追求创新的"先锋派""前卫派"也往往是为试验而试验,"当把试验宣布为或暗中视为目的时,就会在艺术家用这种态度对待自己创作活动中出现下列的情况:艺术家创作活动的实质和体现这种活动的新形式及其结果的一种特殊手段发生了异化。当艺术创作的全部思想被归结为纯粹在艺术中寻求表达技巧甚至被看作是唯一的创作方法时,实际上这就是艺术创作同艺术家本身的异化"。这样,媒介文化中的某些似乎具有"创新"特点的类型,其性质也就不难把握了。媒介文化整体的物化趋势还表现在它对于技术的依赖上。印刷术、电影、广播、电视、有线电视、卫星通讯、互联网……每一个媒介的诞生都将媒介文化向前推进了一步。例如现代电子技术已能够实现影视作品对影像进行自如的排列、组合、拆解、重构、复制、模拟,使得真相与虚构、局部与整体,美与丑、善与恶的界线越来越模糊。文化大众在接受过程中"艺术享受退化为消费和被控制的消遣",其接受方式也由对艺术的"凝神专注式"的欣赏退化为简单肤浅的"消遣"。音乐"发烧友"所"发烧"的并不是对音乐美的追求,而是再现音乐的载体——音响技术,令他们着迷的是高保真的效果,而不是音乐旋律。在这里,技术性、复制性已将媒介文化彻底地物化,文化大众已不再追求艺术的合目的性与真理性,他们"通过占有一个对象的酷似物,占有它的复制品,来占有这个对象的愿望与日俱增"。所以,由技术性因素带来的接受方式的"非审美化"倾向,是大众接受的整体特征。海德格尔指出,技术首先是展现,即人和事物是在技术价值、技术视野和技术关系上得到展现,而这种展现又被认为是追求的真理,从而也就否认了人和事物还具有别的面貌与价值。"这种展现具有强求意义上限定的性质"。展现、限定、强求等无不体现主观的人格特征,在商业化时代技术因素服务于大众传播,提高传播时效和直观性,然而由于操纵技术的最终因素是人,商业利益是动因,这样技术提供逼真的幻觉往往与真理有很大的距离,甚至是歪曲。高度物化的媒介文化必然带来意识的物化。如前所述,大量复制品导致人们接受能力的下降,也导致人的创造力、想象力的下降。在思想领域,那种人在对象化过程中体现出的能动性,对自身存在处境的不断反思、质疑没有了,剩下的只有服从,即马尔库塞所说的成了"单向度的人"。而意识的物化又反过来作用于媒介文化,加强了媒介文化的物化,这种恶性的循环也逐步加重了现代人的异化症状。

媒介文化从属于大众文化,与精英文化差不多是一组对立概念,在大众传播媒介未兴起之前,一切文化活动的创造与消费,多半掌握在社会少数精英手中,大多数人无法参与。传播技术进步以后,传播内容的生产也与其他商品生产一样,飞入寻常百姓家。媒介文化不再是精英阶层的专属特权。虽然媒介文化向社会低阶层扩散需要有其他的社会条件配合——例如文化水平的提高、经济能力、都市化、民主政治体制等,但工业化所带来的大量生产,显然是创造大众文化的前提。我们从历史发展可以得知：只有在社会上大多数人能够求得温饱之时，大众文化才有可能应运而生。大众文化的大量制造有它的依据，那么，必然是以市场化为前提的，也就是说，受众市场的存在是大众文化的发展方向，有什么样的受众就有什么样的媒介内容，但是，媒介传播往往不是完全按照受众的需求来设计的，多数情况下，媒介往往会为受众制造新的文化样式，而总体不变的则是，媒介文化始终以通俗化的形式出现。

说到大众媒介的社会影响，当首推电视，电视与其他媒体特别是纸质媒体更急切地需要受众的支持。因为电视尤其是商业电视，其生存的基本条件是有足够的观众作为其转换广告利润的筹码。因为电视运作的成本相对于纸质媒体是比较高的。电视传播的特点是直观图像化，较容易以影像幻觉使人信服。电视以能够吸引人注意的视觉感受抓住受众的眼球，其基本策略就是制造和生产简单、通俗的文化形式，甚至是低俗化的形式，来实现受众的最大化，以此作为交换广告费的依据。这样，电视所传达的内容，较报纸更具有媒介文化的特色。正因为如此，电视遭遇社会各界的批评也最多。批评者认为，电视所提供的大众文化数量庞大，覆盖的范围也广，社会大众受其影响也与日俱增，久而久之就自然形成依赖。长此以往，社会大众的口味就会逐渐趋同，形成同质化的文化口味，个人可能丧失个体的独立性，而对整个社会来说，可能丧失文化的多样性。在媒介信息充斥的社会里，原来依据社会组织、团体规范建立起来的社会关系，由于个人直接与传播媒介联系，而失去了制约的力量。个人在大众社会里，切断了与团体的直接联系，每个人都成为独立的个体。

由于社会中的每个人都与大众传播媒介保持紧密的联系，相反，人与人之间的关系因为大众传播媒介而相形渐远，这就为媒介操纵民意创造了条件。个人由遵从团体意志转变为遵从媒体意志。

二、娱乐至死的社会风潮

尼尔·波兹曼依照社会主流传播方式的差异，将人类社会划分为了三个历史时期即口语时代、印刷术时代和影像时代。在中世纪的欧洲，社会传播模式以口语为主导，社会不同阶层之间交流有着巨大的阶级鸿沟，完整的社会性的公共话语模式并未成型。但是正如阿历克西斯·德·托克维尔所言"枪炮的发明使我们的奴隶和贵族得以在战场上平等对峙；印刷术为各阶层的人们打开了同样的信息之门，邮差把知识一视同仁地送达茅屋和宫殿前"，印刷术横空出世以后，中世纪的知识垄断不复存在，这一时期，人们开始推崇客观和理性的思维，同时鼓励严肃、有序和有逻辑性的公众话语，文字阅读成为了主导性媒介,形成了理性的以阅读为基础的印刷术文化。这便是尼尔·波兹曼心中的黄金时期,可惜仅仅四个世纪以后,借着第二、三次科技革命浪潮的东风,电子媒介逐步发展,并且,更重要的是它日益取代了传统的印刷术,使得我们的主流媒介的特性产生变革,而进一步控制了我们的传播、文化与思想。人类从以印刷文字为中心的"读文时代"转向以影像为中心的"读图时代",其中电视图像已经成为当代支配性的媒介形式,它改变了人际交往与社会认知的模式,引发出深刻的文化变迁。由此,波兹曼发出了一个较悲观的论调,即我们的传统的理性的铅字文化即将演变成一种以娱乐业为核心的基于电子媒介的"不良"文化。

波兹曼在《娱乐至死》一书的最后不无忧虑地说,"如果一个民族分心于繁杂琐事,如果文化生活被重新定义为娱乐的周而复始,如果严肃的公众对话变成了幼稚的婴儿语言,总而言之,人民蜕化为被动的受众,而一切公共事务形同杂耍,那么这个民族就会发现自己危在旦夕,文化灭亡的命运就在劫难逃。"[①]面对娱乐对文化的威胁,过于悲观的波兹曼在他的书中并没有提出什么有效的解决办法。但他认为,只有深刻持久地意识到信息的结构和效应,消除对媒介的神秘感,我们才可能对大众媒介获得某种程度的控制。波兹曼将希望寄托在学校教育上,正如他所说,这是一个"希望渺茫的方法",我们并无必要因波兹曼的上述忧虑而如剑芒在背,毕竟书本写作的社会背景与我们所处的环境不同。但是我们不能忽略波兹曼提出的问题,这些问题具有警示性,有极大的借鉴意义。《娱乐至死》让我们明白,某些信息形式对文化是有杀伤力的,应该警惕和远离这些信息形式;信息自由是把双刃剑,在信息泛滥的今天,保持思考和独立判断的能力,保持理性是多么重要的一件事情。

三、代理经验与"童年的消逝"

当代大众传播活动的视觉化无疑在量的方面扩大了社会交流,这包括信息量与受众数量两方面的大规模增长。体现这个趋势的主要标志就是媒介文化的发展。由于媒介文化的传播特性,媒介文化对青少年的社会化也并非是单一的正面示范意义,它也存在着令人担忧的负面效应。媒介文化的传播特点是单向性的纵向传播,不论你是否喜欢,它总是那样固执地、一厢情愿地向人们灌输某种思想,推销某种观念,加上大众媒介是一项高科技、高投入的产业,因而媒介文化也便带有明显的商业性行为,在传播中也就无法避免有对人

---

① 【美】尼尔·波兹曼:《娱乐至死》,广西师范大学出版社 2004 年版,第 202 页。

性中的丑恶因素的迎合与宣泄,产生一种影响青少年成长社会化的媒介文化公害。藤竹晓曾对日本电视文化作过专题研究,发现139个电视节目中,有严重暴力行为和色情内容的为51个,占37%;而美国著名传播学家凯特·穆蒂则更是惊人地指出,美国儿童在3岁以前收看的有暴力行为的图像平均超过200小时,到3、4岁,已目睹了1300人被杀的镜头。难怪有人骂媒介文化是"传播犯罪技巧的学校,是没有屏障的妓院"。这对于刚刚步入社会化阶段,道德情感、道德意志和道德行为等尚未完全成型的少年儿童来说,它的负面效应尤为令人忧虑与担心,因而"清洁荧屏"的运动也便显得尤为紧迫,尤为任重道远。

总之,媒介文化对青少年成长社会化的影响是客观存在的,媒介文化的影响程度如何,如何兴利除弊,完全取决于媒介文化的控制机制是否健康向上。传播什么内容,显然比怎样以更好的方式传播更为重要。在社会主义精神文明建设的总前提下,寻找媒介文化与青少年社会化进程的最佳结合点,已是摆在我们面前的最现实也最严峻的课题。

联合国教科文组织的有关人员曾指出:"由于电视的普及,我们正面临着以活版印刷术为中心的文化向以电子图像为基础的文化迅速交替的现实。"它带来的最明显的后果,就是出现了迥异于铅字文化时代的"图像新一代",又称"图像族"。所谓"图像族",只是一种相对的概念,按照日本传播学者藤竹晓的观点:青少年对媒介文化情不自禁地全盘接受,会对他们的思维习惯、认知态度产生不良影响,会形成图像性思维,即非逻辑性的、直观的、感性的、被动的思维特点。国内学者田本相先生在他的《电视文化学》一书中,对藤竹晓的观点作了进一步发挥,认为电视文化会使人类思维呈现迥异于印刷文化的"图像性"特点。香港学者莫泰基先生也认为媒介文化有可能妨碍青少年的理性思考能力,破坏青少年主动学习的能力,并削弱语言的学习能力,前景令人担忧。

我们认为,将青少年思维图像化倾向悲观化的论点是有害的,它不仅会影响媒介文化自身的发展,而且还危及青少年教育形式的多样化与丰富性。同其他大众传播媒介相比,媒介文化的直观形象性和生动真实性是无与伦比的,应该说,我们已找到一条比传统青年少教育更具诱惑力也更具实效的教育途径。因此对青少年思维图像化应该有一个积极的观点。

首先,我们要了解一下少年儿童观看电视是否是一个被动的认知过程。莱丝(Rice)等人对学前儿童观看媒介文化(主要是"芝麻街"节目)进行的长达2年的纵向研究结果表明,观看"芝麻街"对学前儿童的词汇发展是有贡献的,而且,这种贡献不受父母教育程度、家庭大小、儿童性别及父母态度的影响,当代的许多大众传播研究者也通过大量的调查测试发现,儿童、青少年往往是媒介信息的主动加工者,而不是被动受害者,少年儿童对媒介文化的注意不是被动发生的,他们可以根据节目本身可理解性程度的变化主动调节自己的注意力,因此,在教给儿童词汇方面,电视是一种理想的教育工具,电视不仅有利于幼儿学习口语词汇,而且,还有利于幼儿学习书面语言。

其次,要研究青少年的思维发展会不会因为电视的发展而出现非理性、非逻辑性的思维图像化倾向。我们知道,大脑虽有分工,但人类智力的不同,并不一定反映在大脑体积和重量上,而思维的种类根据思维过程中凭借物的不同可分为三类,一是动作思维,二是形象思维,三是抽象思维。3岁前的儿童的思维是在自身的动作中进行的,是在直接摆弄事物的过程中来认识理解事物的,如儿童看过电视后,就会了解关于电视的知识,以后再看到电视时,就会知道"这是电视,电视有开关,电视里面有动画片"。而理解则是逻辑思维的基本环节。4—7岁的学前儿童,主要是用具体的形象来思维的。表现在任何场合下,这一阶段的儿童都要在清晰地感知具体事物形象的基础上认知事物,思维依从于他们的知觉才能进行。因而,电视特别适合于这一阶段儿童的思维发展规律。

至于抽象思维,我们知道它可分为形式逻辑思维和辩证逻辑思维两个不同的发展阶段。儿童心理学认为7—10岁的儿童已经具有初步的逻辑判断推理能力。从1992年全国城市小学生调查和北京小学生调查的结果看,有80%的儿童喜欢接触儿童戏剧类内容,35%的儿童喜欢接触纪实内容。这表明,媒介文化促进了他们的形象思维能力,也在阶段性地培养着他们的逻辑判断能力。

媒介文化的负面影响虽说还不是那么严重,但有一点却是事实,即随着儿童、青少年对媒介文化依赖的加深,对媒介文化提供的经验世界的依赖也必然加深。媒介文化充当了儿童认知世界的经验代理人。媒介文化以虚构为主要内容,久而久之,这个代理的经验世界会不会进入儿童的世界观领域,这是不能不考虑到的问题。

我们注意到媒介文化对社会的影响有一个突出的特点,就是使成年人与儿童"同质化"了。因为儿童观看的电视节目大部分是成年人世界的内容,看电视的时期越长,儿童"侵入"成年人世界的程度就越深。美国学者梅罗维茨早在20世纪80年代就提出了"媒介情境论",他认为电视这一大众传播形式,促成了社会情境交融,最突出的一点是公私情境的合并,那些原本属于私人的领地,渐渐暴露在公共的视野里。成年人生活中的本来属于对于儿童来说是

"秘密"的那一面——平庸、缺陷、邪恶、暴力、性爱等等——已在很大程度上被"公开"了。这种"公开"并不简单地意味着儿童的早熟,实际上他们并无能力像成年人那样去认识世界,过早的"泄密"给他们带来的是歪曲了的世界图像和理解上的困惑,使他们失去判断力,过度的视觉刺激(如暴力或死亡等)使他们的感觉变得麻木起来。学者们所说的媒介文化所造成的"儿童痴呆症"就是指这种失去判断与感觉的状态。这种影响的后果是使理性意义上的成年人"引导"作用失灵。无论"传统引导"还是"内部引导",本质上都是较成熟者对未成熟者的理性引导,处于引导者地位的人是酋长、先知、巫师、长辈、教师、学者等,或者从整体上或者从某一特定意义上高于被引导者,使被引导者处于自觉不自觉的自卑和顺从的心理状态。这种高低落差决定了引导作用的权威性和理解特征,而在一个成人与儿童同质化了的世界中,成年人失去了神秘性和权威性,引导者的优感地位被剥夺。于是,整个社会通过电视画面以随机的方式对儿童的人格发展起着引导作用,其结果变得无法逆料。[①] 令人不敢设想的是,若干年以后,我们从祖先那里继承下来的传统伦理道德准则很可能一夜之间荡然无存,取而代之的是西方式的伦理规范,这种伦理规范与本民族传统文化冲突之处在于价值观念内的差异。伦理观念的紊乱长此以往必将影响社会秩序的稳定。

对于成年人而言,电视画面的引导作用使受众倾向于变成"无所不见"的人——摄像机镜头突破了空间、时间、文化和心理屏障,通过视觉画面给受众传送着外界无穷无尽的视觉信息,受众失去了选择思考的必要,只剩下反应与应付,不知不觉中在直观层次上使个人与社会沟通协调起来,这种"画面引导"也许仍可算是理斯曼所说的"他人引导"模式的一种表现形态,但更"形象化"一些。

在电视、网络媒介成为文化传播的快捷、便利的方式时,应该如何保护儿童的合法权益,这是我们必须认真研究和严肃回答的问题。首先,电视、网络等电子媒介消解了文化的深度模式,解构了所有的文化秘密,系统完整的文化体系,变成了纷飞的文化碎片。在网络与电视等现代媒介中长大的一代人,普遍失去了政治热情,缺乏对人类和社会的文化关怀,他们的生活圈子开始变得十分狭窄,他们强调个人的生活感受,追求刺激的信息消费方式。于是,媒体就迎合他们的需求,用强大的、高密度的视听形象冲击人的视听感官,传统的审美方式被颠覆,在强大信息的刺激下,思维实际上处于一种停滞状态,这对

---

① 高小康:《大众的梦》,东方出版社1993年版,第101页。

人的想象力的开发无疑是一种桎梏。在这样的文化环境中,如何培养儿童的文化情怀,培养想象力和创造力,是我们要解决的重要问题。其次,现代媒介中的色情和暴力对儿童的负面影响更是我们要解决的问题。有充分的个案事实证明,当今青少年犯罪率不断上升、未婚母亲数量增多、犯罪年龄呈低龄化倾向、恶性犯罪事件的大幅度攀升,都与现代媒介的影响有直接的关系。

波兹曼在书的结尾对解决个人、家庭应对童年生活中出现的危机,表达了殷切的期望。尽管他也认识到现在大部分家长还没有对儿童生活给以应有的关注,但是他相信,那些坚定不移地抵制错误文化指令的家长将促成一个所谓的"寺院效应",为社会的未来培养精英。"事实上,要这么做有两种方法:一是限制子女暴露在媒介前的时间;二是仔细监督子女接触的媒介的内容,并持续为他们提供有关媒介内容的主题和价值方面的批评。要做到这两点绝非易事。而且,这么做,需要家长在抚养子女方面付出极大的关注,这是许多家长都不准备做的。不过,还是有一些家长坚定不移地做这些事。他们实际上是在公然蔑视他们文化的指令。这样的家长不只是某种知识精英。……我们的文化会忘记它需要儿童的存在,这是不可想象的。但是,它已经快要忘记儿童需要童年了。那些坚持记住童年的人将完成一个崇高的使命。"[①]虽然这是一种十分典型的保守观点,但在当今社会却有广泛的共鸣基础。没有经历童年游戏的人,是否是一个健康的人呢?

媒介在当今的社会逐利竞争中,不会主动来自我约束,更不会考虑儿童的接受特点。儿童经验的成人化,将会给社会带来多大层面的异化?而且这种异化还在不断进行中,这是问题的关键。媒介的成人代理经验造就的新型人类对社会进步是有益还是有害?如何应对?结论好做,但要走的路也许还很长,需要媒介研究学者、教育家和社会各界共同努力。

思考题:

1. 低俗化倾向对媒介文化发展有什么危害?
2. 波兹曼"娱乐至死"的观点有何现实意义?
3. 代理经验对人的成长有何影响?

[①] 【美】尼尔·波兹曼:《童年的消逝》,广西师范大学出版社 2004 年版,第 213-214 页。

第十二章 青年亚文化与媒介素养教育

媒介文化作为大众文化的一种类型,很大程度上是由青少年推动的,因为青少年是文化消费最活跃的人群。然而,青少年在媒介文化领域扮演的不是被动接受者的角色而是主动创造者的角色。青少年的创造活动往往并不能直接成为主流的媒介文化形式,而是要经历一个边缘化的亚文化发展过程,在产生影响后最终为主流文化"收编",成为流行于媒介的文化形式。

一、青年亚文化的发展历史

青年亚文化的研究历史,可以追溯到上世纪50年代,当时英国的文化研究派研究了欧美几乎所有的工人阶级文化,特别是工人阶级子弟的青年亚文化现象,如摇滚乐、光头党、朋克与嬉皮士等,他们对亚文化的研究具有极大的推动作用。虽然伯明翰的研究工作已经遭到很多批评,但是它仍然非常具有影响力。他们的研究秉承自汤普森、威廉斯、霍嘉特等人开创的传统,关注平民文化,逐步走向文化民粹主义。而平民文化尤其是其中的平民青年文化是大众文化最有活力的部分,因此对青年亚文化的研究在20世纪70年代开始成为文化学者关注的侧重点。他们发现,这个新颖的文化领域与主流的、父母文化格格不入。这些所谓的"摩登族""派克族""克龙比族",他们的行为乖张、怪异,不符合传统的审美规范,伯明翰大学当代文化研究中心(CCCS)的学者霍尔、克拉克、科恩等研究发现,工人阶级青年用这些怪异、奇特行为表达了他们与精英、主流、父母文化的不同,也表达了他们在现实文化中的态度。

何谓青年亚文化?这一概念也是在长期的研究中慢慢清晰的。起初,文化研究学者只是关注作为边缘文化的工人阶级子弟文化,逐渐转移到对青年文化亚文化的系统研究方面,这是一个文化的奇特领域。

英国学者克拉克等人详细考察了结构的和阶级的变化以及主流与产生青

年亚文化的父母文化之间的关系。克拉克指出,"亚文化必须表现出足够独特的形式和结构以使它们清晰地区别于它们的'父母文化'。它们必须集中在特定行为、价值,或对物质的人工制品与领土空间的特定利用等等。"[1]因此,青年亚文化必须满足一些基本条件,即:独特的、标新立异的形式,有符合青少年特定的价值取向,反叛主流的、成人的思想道德规范和审美规范,文化中往往透露出一种桀骜不驯的情绪。青年亚文化代表的是处于边缘地位的青少年群体的利益,它对成年人社会秩序往往采取一种颠覆的态度,所以,青年亚文化最突出的特点就是它的边缘性、颠覆性和批判性。问题在于这种处于破坏、颠覆状态的亚文化容易使涉世未深的青少年产生错觉,从而将媒体上的青年亚文化内容当作主流文化来接受,把亚文化宣扬的价值观念当作主流的健康的价值观念来吸收。其实,青少年就是借助使用媒介这一活动来实现对成年人掌控世界的逃避和抵抗,由于这一亚文化是青少年自己亲身参与创造的,因而它的媒体多于传统媒体等。

虽然青年亚文化的起源与阶级对立有很大的关系,是阶级文化领域的一个重要方面,但随着社会的发展,这种阶级对立的色彩渐渐淡去,逐步集中到媒介文化领域中来,并清晰地表现为与父母文化、成年人文化的对抗,同时,以能在文化上标新立异相标榜,形成所谓风格,而当这种所谓风格流行开来,就具有了商业潜力,于是成为媒介经营的对象,最终被主流的媒介文化所收编。商业化收编的过程也很独特,克拉克指出,"通过对工人阶级服装的原型形式和'符号'形式的重新使用,通过对足球比赛的移置的关注和对足球'结局'的占用,光头族再次肯定了——但是是'想象地'——工人阶级成年人不再赞成的一个阶级的价值观,一种风格的本质,一种'迷狂'的类型。他们'再次呈现'了策划者和投机者正在被商业化、职业化和投机化的运动是充满活力的。"[2]于是,这种抵抗主流、标新立异的亚文化就被文化经营者改造成文化商品,最终成为青少年追逐的对象,一旦收编,即成为主流文化中的一部分,失去了当初的叛逆个性和形式上的独立风格。

文化研究学派针对青年亚文化的研究具体可以归纳为三个关键词:抵抗、风格和收编。

1. **抵抗**。在英国文化研究派的著述中,亚文化对主流文化和文化霸权的抵

---

[1] Clarke, J., Hall, S., Jefferson, T. & Roberts B. (1976) "Subcultures, Cultures and Class: A Theoretical Overview", in Hall, S., Jefferson, T. (1976) (Eds.) *Resistance Through Ritual: Youth Subculture in Post-war Britain*, London: Hutchinson, pp. 10 – 15.

[2] 同上,p. 48.

抗是其一项重要内容。20世纪70年代,葛兰西式的马克思主义者对文化在抵抗和霸权统治方面的作用的强调,赋予文化研究中心以开展研究的语境。它所激发的研究见于《通过仪式进行抵抗》、《应对危机》、《意识形态论》、《工人阶级文化》等论文集。霍尔等人认为,"在与统治阶级的霸权联系中,工人阶级被限定为附属的生活和文化形式……当然,有时霸权是强大和坚固的,附属阶级是虚弱的、不情愿的和被强加的。但它不会通过限制就消失,它作为附属结构依然存在,经常处于分离和不可渗透的状态,虽然仍然被统治阶级的无所不至的规则和领导所容纳。"①同时,文化研究学者还把青年文化对主流文化的抵抗看做是寻求认同的过程,即"个体将自我身份同至少另外某些身份相融合的过程"②。青少年依据共同的兴趣爱好,借助音乐、舞蹈、娱乐等建立起一种认同感。

2. 风格。文化研究学者认为,对青年亚文化的解读,可以了解到一种文化的内在东西。因为在青年亚文化内部,有一套青年人自己的符号和语汇系统,它们自成风格,通过风格,青少年确立自己的阶级地位和文化影响力。霍尔等人都曾就此做过专门的阐述。迪克·赫伯迪格(D. Hebdige)使用结构主义和符号学的方法对亚文化的风格进行了解读,在《亚文化:风格的意义》一书中他指出,"亚文化所代表的对霸权的挑战并不是直接由亚文化产生,更确切地说,它是间接地表现在风格之中,即符号层面。"③"亚文化的意义向来都不乏争议,而风格是对立的定义以最戏剧性的力量相互冲突的领域。"④赫伯迪格特别关注亚文化群体的不同维度。在他看来,由不同亚文化所表达的风格是一种对社会状况和社会经验的回应。而且根据他的解释,这样的风格经常把对于占统治地位的或霸权的文化形式的反抗进行了编码。这样的挑战经常是间接的,并会牵涉到对原先统治集团财富的文化形式的利用和转换。在从事这样的文化实践的时候,亚文化成员在一个拼贴的过程中扮演了拼贴者的角色,并以一种结构化了的方式,凭着即兴创作来回应他周围的世界,创造与占统治地位的文化或统治集团不一样的意义。⑤应当说,青年亚文化的所谓"风格",是在走一种边缘化的路线,用奇特的方式来吸引受众关注,而当受众广泛关注后,才有了所谓风格的发现,风格的独特性造就了这种文化的被广泛认同,于

---

① Hall, S., Jefferson, T. (1976) (Eds.) *Resistance Through Ritual: Youth Subculture in Post-war Britain*, London: Hutchinson, p. 41.
② 同上, p. 53.
③ 【英】迪克·赫伯迪格:《亚文化:风格的意义》,北京:北京大学出版社2009年版,第17页。
④ 同上,第3页。
⑤ 【英】阿雷恩·鲍尔德温等:《文化研究导论》,北京:高等教育出版社2004年版,第348页。

是被商业化收编。这应当可以看作是风格的宿命。

3. 收编。文化研究学者认为,主流文化或商业文化并不会对亚文化的迅猛发展听之任之,它们对亚文化进行了持续的收编。对此,赫伯迪格在《亚文化:风格的意义》一书中进行深入的剖析,他以欧美的朋克摇滚乐为例,指出主流文化和商业文化通过两种途径将亚文化收编到社会秩序中去:第一种是通过"把亚文化符号(服饰、音乐等)转化成大众生产对象"的商品形式来实现这种整合。第二种途径是,在一个意识形态的整合过程中,"由统治集团——警察、媒介、法院系统——对异常行为'进行命名'并加以重新界定"[1]。赫伯迪格进一步指出,亚文化从产生到被收编,这一过程的前期充满了政治意味,富有价值即"对抗性意义",然而,当被收编并被重新贴"标签"后,这一意义就不复存在。"当蔓延世界的商品经济把亚文化符号转化为利润丰厚的商品时,这对亚文化无疑具有毁灭性的打击。"[2]

然而,从另一个角度看,正是这种主流文化、商业文化对青年亚文化的持续收编,才保证了大众文化发展能够获得源源不断的新鲜血液,本质上,是青年亚文化推动了大众文化不断向前发展。

我们今天常常可以看到,商业文化对青年亚文化的发现和利用,例如"超女"文化就是一个典型。2005年,"超女"风暴席卷全国,掀起一股"短信投票"的所谓"民主"热潮,成为一个另类的文化形式。于是很快全国模仿性的节目"加油,好男儿""绝对唱响"等纷纷出笼,开始是青少年自发的"海选"行为迅速演变成商业化操作模式,在第二、第三年,这类节目渐渐衰退。很显然,起初作为青年亚文化,"超女"得到很多青少年的响应,因为它抵抗了专制性的成年人文化,这种"超女"选择,代表了青少年群体的风格。由于受众庞大,媒体很快就看到了其中巨大的商业机遇,于是纷纷效仿,这就是收编行为。超女明星、超女的内容很快成为流行的文化内容。

二、当代媒介文化中的青年亚文化

青年亚文化在当代的变化,突出地表现为那种"披头士列侬式""充满愤怒"的抗争意识弱化,即反叛阶级、种族、性别主流文化的意识弱化了,取而代之的是以狂欢化的文化消费来抵制成年人文化。虽然这种反叛意识隐而不

---

[1] 【英】阿雷恩·鲍尔德温等:《文化研究导论》,北京:高等教育出版社2004年版,第348页。
[2] 胡疆峰、陆道夫:《抵抗·风格·收编——英国伯明翰学派亚文化理论关键词解读》,《南京社会科学》2006年第4期。

彰，但仍然可以找到蛛丝马迹，总体上看媒介文化中的青年亚文化特点是：

一、以反抗成年人文化即英国学者克拉克所说的"父母文化"为特征，例如，追星族与追星文化被约翰·费斯克看作是抵抗主流文化意义的一部分，费斯克在他的《追星族的文化经济》一文中说，追星文化即是对主流文化意义的抵抗，追星族典型地与主流价值系统所鄙视的文化形式有着密切的联系。我们可以找到偶像崇拜的心理学依据，但现实却远没有那么简单。近几年出现的"哈韩""哈日"现象，是偶像亚文化的典型。这表明偶像亚文化在青春期是不可避免的，我们的社会并没有为心理断乳期青少年准备好合适的文化形式，因此，他们对成年人强加的文化产生抵触在所难免。

二、突出了游戏、发泄特性，青少年对网络游戏的沉迷，就有类似的特点。"玩耍"成为接触媒介的一个主要特征。当下青少年使用的媒介主要是网络、电视、时尚杂志、卡通读物、言情类的图书，以及一些信息技术衍生媒体如MP3、手机等，而新兴媒介的使用主要表现在网络游戏、网络聊天、手机短信等，这些都带有玩耍的特性。

三、表现为旷日持久的狂欢活动，而这主要表现在媒介使用领域尤其是新兴媒介的使用上，青少年是把接触媒介看作是一种"狂欢仪式"，与以往不同的是，网络媒体的出现为青少年创造了自己的独立社区。进入这一社区意味着仪式的开始。

相比媒介内容的青年亚文化，最为突出的还表现为媒介使用中的青年亚文化。由于叛逆心理的作用，青少年往往在背离主流文化的道路上越走越远。随着网络技术的发展，青年亚文化也有新的变化，即青少年常常借助网络来展示自己的文化。例如，网络耽美剧、网络"养娃族"、网络恶搞等。在一个多元化社会，青年亚文化应该有其合理的存在空间。从某种程度上说，青年亚文化提供了青少年的精神空间，同时也带来媒介素养问题——青年亚文化中的媒介素养问题决不是技术层面的问题，而是精神领域的问题。

尽管青年亚文化之中可能包含厌世、颓废的成分，但在青少年看来，这些文化内容中充满了轻松、自由和愉悦，自然就很容易得到他们的认同。我们可以举出很多代表性的形式，各类网络游戏，周星驰的《大话西游》等"无厘头"电影，Hip-hop演唱、街舞……青年亚文化的消费在青少年那里成为一种对家庭、社会各种压力的"仪式抵抗"。当这些类型的青年亚文化拥有了大量的青少年消费群体后，它的商业价值就会得到市场的重视，于是，"收编"就不可避免。周杰伦的演唱方式、RAP和街舞等另类形式最终成为主流文化形式，就足以说明这一点。

三、媒介青年亚文化与媒介素养教育

媒介所传播的狂欢化青年亚文化里面有青少年认同的情感方式,有他们自己的沟通形式。情绪发泄、感官刺激是当今青年亚文化的外在特性,就思想性而言,它是消极的、非建设性的,也隐含着对主流社会潮流抵制、叛逆的倾向,这一倾向在现行体制下对青少年与社会的交流以及社会教育的开展都会形成障碍。青年亚文化在媒介使用中的客观存在,为我们的媒介素养教育提供了许多新的课题。从青少年媒介使用的现状来看,还存在许多突出的问题,这些问题是媒介教育必须首先面对的。解决这些问题的难点主要表现在以下几方面:

首先,青年亚文化既表现为个人身心躁动,也表现为社会反叛行为。现实生活中两种因素是混合在一起的,我们很难从根本上把两者区别开来。在青春期,性潜意识的"移情"和"代偿"转化为多种躁动不安的行为,这些行为表现为非理性、突发性和多变性的特征。网络游戏、收集明星信息、手机短信等媒介消费都是他们躁动不安的表现。因此,在这一情况下,要想使青少年像过去那样被成年人的规范和典雅所整合、缓和(软化),转化为一种温柔敦厚的文化形式是很难行得通的,因为新媒介已使社会教育环境复杂化了,媒介的仿真性和易得性使得媒介教育必须面对这一现实,在教育方法和教育手段上做出调整。

其次,长期以来我们的媒介文化大多是专制性的,即以训诫的口吻传播教化式的内容。缺少沟通,不讲究交往修辞是这类媒介文化的特点。因此,当我们沿用这样老一套的办法来进行媒介教育或在这样的语境下进行媒介教育时就很难引发青少年发自内心的认同。缺乏对现行主流文化的认同感是当前开展媒介素养教育的一个突出难点。而来自境外媒体机构往往深入研究青少年青春期的心理,针对其特点,开发媒介文化产品。近期韩国青春偶像剧、网络游戏在中国的流行正说明这一问题。青少年接受新事物的能力特别强,面对如潮水涌进的外来媒介产品,他们并没有构筑好伦理道德上的心理防线,美丑善恶的概念还比较模糊。道德无准则是媒介消费亚文化的典型特征。例如,对网络黑客的态度很典型地反映了这一点。上海市有关专家的调查统计显示,有16.3%的青年对羡慕网络黑客的观点持赞成态度,30.4%的青年未明确表态或是回避问题,这两者的比例虽然不是很大,但却反映了青少年中存在的模糊观念。当今发达的网络社区其成员以年轻人为主,相似的消费习惯和消费动机,使得他们彼此间很容易产生共鸣,由于青少年渴望摆脱现实世界的道德规范限制,因此,他们在网络社区寻找解脱、放纵,往往对各种现实问题不做

道德限制，以宽容的态度看待不合乎传统道德规范的事件。例如，近几年兴起的网络"博客"成为特殊的网络传播现象，不加约束的"博客"冲击的是传统的舆论环境和道德标准。"木子美""竹影青瞳""兽兽"在网上发布个人性体验文字或裸体照片，以此引来高的点击率。对这种做法，许多青少年对此持无所谓的态度，而这实际上就是典型的亚文化心态。虽不能说当今的青少年完全认同外来媒介产品的思想观念，但总体情形堪忧。如果当代青年对这一问题没有正确认识和道德养成，一味崇拜媒介着力宣扬的"数码精英"而不从道德伦理的角度加以认识，那么其潜在的问题将是很危险的。同样，当青少年把"木子美""竹影青瞳""兽兽"这样一类网络人物、事件看得无所谓的时候，我们建立在传统价值观念之上的社会秩序就岌岌可危了。因此，在新媒介时代，媒介伦理教育应当是媒介素养教育的最重要内容，也是媒介素养教育的又一大难点。

再次，在媒介素养教育过程中，我们不难发现，成人的情感形式是很难打动青少年的，青少年有自己的情感形式，在青年亚文化中表现出来的情感与成年人文化中的情感有很大的差异。这主要是由青春期的特点决定的，在青春期，青少年生理的变化使得他们进入心理断乳期，那种急于寻求精神上的独立和摆脱对父母依赖的情绪在此时的表现尤为强烈。赛伯空间是其能找到独立感觉的精神家园。这正是青少年对媒介虚拟的世界十分迷恋的根本原因所在。由于他们在虚拟世界中容易得到心理满足，自然就会觉得现实世界的无味。通过游戏的方式，游戏者可以将现实世界的意义降到很低。电脑游戏综合征不单是精神层面的，它直接导致身份乃至人格的分裂。游戏者在现实世界有一个身份，而到了游戏世界里，他则拥有一个或多个其他身份，彼此可以变换，获得高度刺激和多重满足。因此，如何使青少年摆脱网络虚拟世界的诱惑成为媒介素养的一大难题。

思考题：

1. 什么是青年亚文化？
2. 青年亚文化的发展历程是怎样的？
3. 如何针对青少年的亚文化消费特点开展媒介素养教育？

主要参考文献

【美】肯尼斯·博克等:《当代西方修辞学:演讲与话语批评》,中国社会科学出版社1998年版。
【美】约翰·费斯克:《电视文化》,商务印书馆2005年版。
【美】约翰·费斯克:《理解大众文化》,中央编译出版社2001年版。
【美】约翰·费斯克:《传播符号学理论》,台湾远流图书出版公司1995年版。
【美】约翰·费斯克:《关键概念——传播与文化研究辞典》,新华出版社2004年版。
【美】约翰·费斯克、[澳]哈特利:《解读电视》,台湾远流图书出版公司1996年版。
【英】尼克·史蒂文森:《认识媒介文化》,商务印书馆2001年版。
【美】道格拉斯·凯尔纳:《媒体文化》,商务印书馆2004年版。
【美】道格拉斯·凯尔纳:《媒体奇观——当代美国社会文化透视》,清华大学出版社2003年版。
【美】阿特休尔:《权力的媒介》,华夏出版社1989年版。
【美】E. E. 丹尼斯、D. M. 吉尔默、A. H. 易斯玛奇:《大众传播的恒久话题》,台湾远流图书出版公司1994年版。
【美】戴安娜·克兰:《文化生产:媒体与都市艺术》,译林出版社2001年版。
【英】吉姆·麦克盖根:《文化民粹主义》,南京大学出版社2001年版。
【英】安吉拉·默克罗比:《后现代主义与大众文化》,中央编译出版社2001年版。
卢岚兰:《现代媒介文化——批判的基础》,台湾三民书局2006年版。
【法】鲍德里亚:《消费社会》,南京大学出版社2000年版。
殷晓蓉:《战后美国传播学的理论发展》,复旦大学出版社2000年版。
罗钢、刘象愚主编:《文化研究读本》,中国社会科学出版社2000年9月版。

王一川:《语言乌托邦》,云南人民出版社1994年版。

【日】佐藤忠男:《黑泽明的世界》,中国电影出版社1983年版。

【美】杰姆逊:《后现代主义与文化理论》,陕西师范大学出版社1990年版。

【英】特里·伊格尔顿:《当代西方文学理论》,中国社会科学出版社1988年版。

【英】特伦斯·霍克斯:《结构主义和符号学》,上海译文出版社1987年版。

【法】布尔迪厄:《关于电视》,辽宁教育出版社2000年版。

【美】伯格:《通俗文化、媒介与日常生活中的叙事》,南京大学出版社2000年版。

【美】伯格:《媒介分析方法》,台湾远流图书出版公司1994年版。

【美】施拉姆:《大众传播的责任》,台湾远流图书出版公司1995年版。

【法】托多罗夫:《巴赫金、对话理论及其他》,百花文艺出版社2001年版。

【美】麦克·舒得森:《探索新闻:美国报业社会史》,台湾远流图书出版公司1993年版。

【英】奥利弗·博伊德-巴雷特、克里斯·纽博尔德:《媒介研究的进路:经典文献读本》,新华出版社2004年版。

【英】阿雷恩·鲍尔德温等:《文化研究导论》,高等教育出版社2004年版。

【英】迈克尔·古里维奇、托尼·班乃特等:《文化、社会与媒体》,台湾远流图书出版公司1994年版。

【加】麦克卢汉:《理解媒介——论人的延伸》,商务印书馆2000年版。

【美】艾伦:《电视与当代批评理论》,台湾远流图书出版公司1996年版。

【美】迈克尔·辛克来尔:《大众传播研究方法》,台湾五南图书出版公司1997年版。

【法】西蒙·波娃:《第二性——女人》,湖南文艺出版社1986年版。

【法】热奈特:《叙事话语·新叙事话语》,中国社会科学出版社1990年版。

【美】卡尔·豪斯曼:《良心危机:新闻伦理学的多元视点》,台湾五南图书出版公司1995年版。

梁欣如:《电视新闻神话的解读》,台湾三民书局1993年版。

黄新生:《媒介批评——理论与方法》,台湾五南图书出版公司1990年版。

肖小穗:《传媒批评》,黑龙江人民出版社2002年版。

刘建明:《媒介批评通论》,中国人民大学出版社2001年版。

鲍小兰:《西方女性主义研究评介》,三联书店1995年版。

【美】埃德温·埃默里、迈克尔·埃默里:《美国新闻史》,新华出版社1982年版。

【美】M. H. 艾布拉姆斯:《镜与灯:浪漫主义文论及批评传统》,北京大学出版社 1989 年版。

【美】洛维利、德弗勒:《传播研究里程碑》,台湾远流出版公司 1993 年版。

【美】赫伯特·阿特休尔:《权力的媒介》,华夏出版社 1989 年版。

【意】葛兰西:《狱中札记》,中国社会科学出版社 2000 年 10 月版。

彭家发:《新闻客观性原理》,台湾三民书局 1994 年版。

【俄】巴赫金:《陀思妥耶夫斯基诗学问题》,三联书店 1992 年版。

【美】D. C. 霍埃:《批评的循环》,辽宁人民出版社 1987 年版。

【德】H·马尔库塞:《单向度的人》,重庆出版社 1988 年版。

【美】韦勒克·沃伦:《批评的诸种概念》,四川文艺出版社 1988 年版。

【美】詹姆斯·库伦、迈克·古利维奇:《大众媒介与社会》,台湾五南图书出版公司 1997 年版。

【美】J. 科伦、M. 古利维奇:《大众媒介与社会》,台湾五南图书出版公司 1997 年版。

【美】莱斯比特:《大趋势》,新华出版社 1999 年版。

【德】哈贝马斯:《公共领域的结构转型》,学林出版社 1999 年版。

郝明工:《无冕国度的对舞》,云南人民出版社 2002 年版。

【美】伦纳德·小唐尼、罗伯特·G·凯泽:《美国人和他们的新闻》,中信出版社 2003 年版。

【英】戴维·莫利、凯文·罗宾斯:《认同的空间》,南京大学出版社 2001 年版。

【美】约翰·特贝尔、萨拉·迈尔斯·瓦茨:《从华盛顿到里根》,吉林人民出版社 1989 年版。

【美】罗杰斯·菲德勒:《媒介形态变化:认识新媒介》,华夏出版社 2000 年版。

【美】鲁道夫·阿恩海姆:《视觉思维》,光明日报出版,1986 年版。

【美】保罗·M·莱斯特:《视觉传播——形象载动信息》,北京广播学院出版社 2003 年版。

赵宁:《视听传播你和我》,台湾平氏出版有限公司 1995 年版。

【德】胡塞尔:《生活世界现象学》,上海译文出版社 2002 年版。

威尔伯·施拉姆等:《传播学概论》,新华出版社 1984 年版。

王甦、汪安圣:《认知心理学》,北京大学出版社 1992 年版。

【德】库尔特·考夫卡著,黎炜译:《格式塔心理学原理》,浙江教育出版社 1997 版。

【加】英尼斯:《帝国与传播》,中国人民大学出版社 2003 年版。

【德】海德格尔:《海德格尔选集》(下卷),上海三联书店1996年版。

【德】本雅明:《机械复制时代的艺术作品》,浙江摄影出版社1993年版。

【美】迈克尔·辛克来尔:《大众传播研究方法》,台湾五南图书出版公司1997年版。

陶东风:《社会转型与当代知识分子》,上海三联书店1999年版。

【英】大卫·麦克奎恩:《理解电视》,华夏出版社2003年版。

【英】尼古拉斯·阿伯克龙比:《电视和社会》,南京大学出版社2001年版。

【美】尼尔·波兹曼:《娱乐至死》,广西师范大学出版社2004年版。

[荷]胡伊青加:《人:游戏者》,成穷译,贵州人民出版社1998年版。

【德】席勒:《美育书简》,中国文联出版社1984年版。

【美】H·G·布洛克:《现代艺术哲学》,四川人民出版社1998年版。

【美】巴伦·李维斯、克利夫·纳斯:《媒体等同》,复旦大学出版社2001版。

张锦华:《媒介文化、意识形态与女性》,台湾正中书局1994年版。

王纬主编:《镜头里的"第四势力"》,北京广播学院(中国传媒大学)出版社1999年版。

蔡尚伟:《影视传播与大众文化》,四川大学出版社2005年版。

【美】杰姆逊:《后现代主义与文化理论》,北京大学出版社1997年版。

【德】霍克海默、阿多诺:《启蒙辩证法》,重庆出版社1990年版。

【英】马修·基伦:《媒体伦理与规范》,台湾韦伯文化国际出版有限公司2004年版。

【美】克利福德·G·克里斯蒂安等:《媒体伦理学》,华夏出版社2000年版。

【英】斯图尔特·霍尔:《表征——文化表象与意指实践》,商务印书馆2003年版。

翁秀琪等:《新闻与社会真实建构》,台湾三民书局1997年版。

汪琪:《文化与传播》,台湾三民书局1992年版。

Baehr, Heler & Ann Gray(1996) (ed.) *Turning It On: A Reader in Women and Media*. London and New York: Arnold.

Fred S. Siebert, Theodore B. Peterson & Wilbur Schramm (1956), *Four Theories of The Press*, Urbana: University Press.

Hall, E. T. (1959), *The Silent Language*, Greenwich, Conn.

Hall, S. (Ed) (1997). *Representation: Cultural Representations and Signifying Practices*. London: Sage.

Hartly, J. (1982), *Understanding and Mythmaking*, New York: Methuen.

Liesbet van Zoonen (1995), *Feminist Media Studies*, London: Sage.

Meyrowitz. J. (1985), *No Sense of Place*, Oxford University Press, New York.

Michell W. J. T. (1986), *Iconology: Image, Text, Ideology*, Chicago: University of Chicago Press.

Sparks, Glenn G. (2004), *Media Effects Research: A Basic Overview*, Peking University Press (影印版).

Taylor, Lisa, Willis, Andrew (2004), *Media Studies: Texts, Institutions and Audiences*, Peking University Press (影印版).

Turner, G. (1987), *British Culture Studies*, London: Unwin Hyman.

后　记

　　时间过得飞快,距离上一本书的出版又是三年过去了,三年前,微博作为新媒介形式还没有盛行,这三年,与媒介有关的话题不胜枚举:"躲猫猫"事件,腾讯、360的互相揭丑事件,维基解密事件……媒体制造种种事件,引发舆论狂潮,改变了我们的政治思维模式,也改变了当下的文化生态。微博使事件成为进行时,其"保鲜"程度让其他媒介望尘莫及。微博问政成为时尚,促进了政府危机管理能力的提升,媒介对社会的影响在不知不觉间已经产生。拉斯韦尔、施拉姆提到的媒介"监督环境""守望环境"的功能进一步凸显。一切都表明,媒介文化到了该重视的地步了。

　　这本媒介文化教材的初衷,并不只是满足于对一般知识的介绍,我在书中突出强调了批判和反思的立场。为什么这么做?因为媒介文化的发展得益于消费社会的形成,然而消费社会突出了生产与消费活动,而文化一旦进入市场轨道,卖点和效益即成为生产者考虑的重点,其他则放在次要位置。市场化的媒介文化形式可以说是五颜六色,人们往往把这简单地认为是繁荣的征兆,如果我们真的在各种浮云面前眼花缭乱、迷失方向,那么结果会相当可怕,批判的意义正在于此。

　　我们需要激活思想的马刺。他山之石可以攻错。把各种批判的理论视角都梳理一遍十分必要。

　　媒介文化的发展方向是难以预设的,它的演变趋势是无法完全操控的。在文化大潮中我们常常有被挟持前行的感觉,让人纠结的是传统文化该往何处去,文化的品位该如何提升,然而最让人忧心的是媒介文化中价值观念的异化。近几年,东方小国的文化产品居然成了我国青少年的精神正餐,动漫、游戏不一而足,影响着一代甚至几代人,惊诧之余不由得不反思:难道国力上升了文化却沉落了?

　　媒介文化的思想谱系可以追溯到麦克卢汉的"媒介即讯息"的观点,麦氏并未告诉后人,当媒介本身就是信息时,对社会的影响会怎样。媒介型塑我们的文化,我们需要以一种新的姿态、新的知识储备来吸收和消化这种文化。媒介素养教育已经提了很多年了,但基本上还停留在学院派的研究中,没有走向现实,在新媒体时代,媒介素养教育尤其迫切。Web2.0时代产生了很多新生事物,对舆论政治、政府管理等产生的影响也是巨大的。有时新媒介就像聚光灯,照亮社会的每一个角落,这是新媒介的功能。媒介化文化近年来的新动向是:文化实践大多是围绕网络、新媒体来进行,这是媒介文化研究的难点。围绕新媒介进行的文化实践本身也是一种文化。新媒介消解传统、秩序的能力可以说是摧枯拉朽,世界在新媒介时代的盲点似乎越来越少了。2011年6月,常州某地一官员误把微博当QQ,一段私情大白天下,出丑闻名都说是因为不懂网络。难道仅仅用"网盲"这样一个简单原因可以解释?显然,这留给我们思考的空间很大。各种稀奇古怪的事件不是以前没有,而是媒介的聚光灯没有照射到那些领域,因此,切不可一笑了之,新媒介的社会化功能及其在民主政治中的角色,需要以严肃的态度加以对待!

一国的文化总跟该国的国运连在一起,经济大国需要文化与之匹配。金融危机爆发以来,中国给世界的印象无疑是强大的,然而,经济繁荣的表象下,文化却像某些城市的下水道,不堪一击。商品拜物教的精神殖民化现象日益加重,诸如靠出卖隐私搏出位,"宁在宝马车里哭,不在自行车上笑"之类言行冲击着国人的道德底线,也预示着社会的巨大变迁。所有这一切,很大程度上与精神世界的疏于引导有很大的关系。经济建设为中心,推动了"物的体系"对全社会的包围,媒介也不能例外。消费成为现实中最主要的生活方式,也是文化实践的主要方式,异化最终伴随着文化实践而逐步加深。市场化的媒介文化能给我们民族留下什么?我们常常批判资本主义的媒介如何没有社会责任,殊不知,我们的情况更严重,因为我们从计划经济突然进入市场经济,一切都纳入市场化轨道,而在混沌的市场中,文化实践又是围绕着低素质人口这样的主体来进行的,这就是文化的现实!市场中的媒介,你能拿它怎么办?如此严重的现实,我辈学人责无旁贷,任重而道远!

本书写作、出版过程得到章俊弟、吉祖斌、周敬芝等编辑以及江苏教育出版社王瑞书总编、邵培仁等师友的关心和帮助,在此一并致谢!

衷心期盼学界朋友批评、指正。

作　者
2011年6月于姑苏

书　　名	媒介文化通论
作　　者	陈　龙
责任编辑	周敬芝
出版发行	江苏凤凰教育出版社（南京市湖南路1号A楼　邮编210009）
苏教网址	http://www.1088.com.cn
照　　排	南京前锦排版服务有限公司
印　　刷	江苏中山印务有限公司（电话0511-86917816　86917818）
厂　　址	丹阳市朝阳路1-3号
开　　本	787mm×1092mm　1/16
印　　张	11.5
版　　次	2011年9月第1版 2018年6月第3次印刷
书　　号	ISBN 978-7-5499-1046-5
定　　价	30.00元
网店地址	http://jsfhjycbs.tmall.com
公 众 号	苏教服务（微信号：jsfhjyfw）
邮购电话	025-85406265，025-85400774，短信02585420909
盗版举报	025-83658579

苏教版图书若有印装错误可向承印厂调换
提供盗版线索者给予重奖